GARCÍA LUNA, EL SEÑOR DE LA MUERTE

FRANCISCO CRUZ

GARCÍA LUNA, EL SEÑOR DE LA MUERTE

Planeta

Diseño de portada: Planeta Arte & Diseño / Christophe Prehu
Fotografía de portada: © REUTERS, Tomas Bravo / © Proceso foto, Octavio Gómez / © Cuartoscuro, Moisés Pablo

Bajo el sello editorial PLANETA M.R.
Avenida Presidente Masarik núm. 111,
Piso 2, Polanco V Sección, Miguel Hidalgo
C.P. 11560, Ciudad de México
www.planetadelibros.com.mx

Primera edición en formato epub: octubre de 2020
ISBN: 978-607-07-7284-9

Primera edición impresa en México: octubre de 2020
Primera reimpresión en México: octubre de 2020
ISBN: 978-607-07-7283-2

Impreso en los talleres de Litográfica Ingramex, S.A. de C.V.
Centeno núm. 162-1, colonia Granjas Esmeralda, Ciudad de México
Impreso y hecho en México – *Printed and made in Mexico*

ÍNDICE

Abuelos paternos
Bardomiano García
Romana Luna

Abuelos maternos
Gerónimo Luna
Hermelinda Aceves

Padre
Juan Nicolás García

Madre
Consuelo Luna

Hermanas
Esperanza García Luna
Luz María García Luna
Gloria García Luna

Esposa
Linda Cristina Pereyra Gálvez

Genaro García Luna

Hijo
Genaro García Pereyra

Hija
Luna García Pereyra

Protectores, padrinos, impulsores
Wilfrido Robledo Madrid
Jorge Tello Peón
Marta Sahagún Jiménez
Vicente Fox Quesada
Margarita Esther Zavala Gómez del Campo
Felipe Calderón Hinojosa
Carlos Salinas de Gortari

Socios, cómplices, protegidos
Luis Cárdenas Palomino
Ramón Pequeño García
Maribel Cervantes Guerrero
Víctor Gerardo Garay Cadena
Joaquín Guzmán Loera
María Vanesa Pedraza Madrid
Nahúm García Martínez
Mario Arturo Velarde Martínez
Francisco Navarro Espinosa
Ricardo Gutiérrez Vargas
Luis Manuel Becerril Mina
Osvaldo Luna Valderrábano
Ardelio Vargas Fosado

PRÓLOGO

¿Cómo quería Genaro García Luna que los gringos no lo encarcelaran, si se les fue a entregar? Tentar a la suerte es peligroso. Y aunque solía ser adicto a la adrenalina y a las emociones fuertes, su rostro desconcertado está muy lejos de aquel funcionario que parecía no inmutarse ante ninguna acusación, ni siquiera cuando el diputado federal Gerardo Fernández Noroña, con pruebas en mano y en plena comparecencia, de frente y mirándolo a los ojos, lo llamó asesino.

Decir que sorprende todo de cuanto se le acusa sería una completa mentira. Tal vez habrá quienes no sabían su nombre y su origen, pero era bien conocido el terror, la angustia y la extrema violencia a la que llevó al país. De poco le sirvió la careta de superhéroe que se afanaba en promocionar en los medios convencionales para defender una estrategia de seguridad que estaba convirtiendo a México en un cementerio, que pretendía hacer creer que los asesinatos y las desapariciones forzadas eran daños colaterales.

Hoy en día, el nombre del entonces secretario de Seguridad remite a una prueba fehaciente de la corrupción y podredumbre que ha imperado en el sistema político mexicano por más de 70 años. Se puede decir que el presente nos da la razón a quienes desde nuestra trinchera de periodistas nos hemos atrevido a denunciar a expensas del peligro que siempre ha representado decir la verdad. Con dolor, algunos hemos vivido para contarla y honrar a los compañeros que fueron víctimas del autoritarismo y la represión.

Desde mediados de 2010, cuando preparaba *Las concesiones del poder, el tráfico de influencias que ha marcado el sexenio* —publicado en junio de 2011—, tenía la impresión de que Genaro era un tipo de cuidado, no solo por el cargo que ostentaba, sino porque Calderón ya había dejado en claro que este se encargaría de hacer realidad sus sueños bélicos.

Como periodista independiente puedo asegurar que cuando se dice que no hay amenaza que silencie a la verdad, no se trata de una concepción idílica o romántica del periodismo, se refiere a una forma de defender principios y convicciones. Pero hay temas que lo persiguen a uno y este sobre García Luna me inquietaba. Hay una gran cantidad de investigaciones que lo muestran como un hombre poderoso ligado al narcotráfico. Aun así, mi inquietud me exigía ir más allá: reconstruir los orígenes de García Luna, adentrarme en historias y testimonios poco conocidos que me servirían para entender muchos porqués.

Un personaje que había llegado aparentemente de la nada y se había incrustado en el poder presidencial por obra y gracia del destino, en definitiva, no tenía sentido. Muchas preguntas quedaban en el aire: ¿de dónde había salido? ¿Cómo había llegado al Centro de Investigación y Seguridad Nacional (Cisen)? ¿En dónde había nacido y crecido? ¿Quiénes habían sido sus padres y de dónde eran originarios? ¿Cómo había crecido?

Buscando respuestas me adentré en la Romero Rubio, un barrio que conozco bien porque me vio nacer y vivir mi primera niñez en las calles de Jericó y Jerusalén, para buscar recuerdos no sobre mi persona sino sobre García Luna. Los testimonios de algunos habitantes de allí no dejaron de sorprenderme y muchos dieron sustento a esta investigación. Por ejemplo, una mujer, quien fuera su vecina, recuerda que los García Luna llegaron en la pobreza absoluta a la Ciudad de México huyendo de Michoacán en la década de 1960. De Genaro opina que siempre fue «un maldito», desde pequeño, por sobradas razones.

Tan clandestina y extraña fue la llegada de sus padres, Juan Nicolás García y Consuelo *Chelito* Luna, a la Ciudad de México que hasta un año después del nacimiento se presentaron a la oficialía del Registro Civil para dar constancia del nacimiento del hijo que llevaría por nombre

Genaro García Luna; al que en la secundaria conocerían como el Chango, una variante para evitar el de Gorila, por rencoroso y cruel.

¿Quiénes más —me preguntaba— podían conocerlo y quiénes hablar sobre el desconocido y tenebroso García Luna sino aquellos que estuvieron cerca o trabajaron con él? A algunos de aquellos exagentes los había conocido como agentes federales en activo cuando en 2005 y 2006 preparaba mi primer libro, *El Cártel de Juárez*. Uno de ellos es Tomás Borges, seudónimo bajo el que ha escrito títulos como *Maquiavelo para narcos*, quien estuvo bajo las órdenes de García Luna en las dos corporaciones donde trabajó.

Con su ayuda y la de otros exagentes de inteligencia de la Policía Federal tuve acceso al acta de nacimiento de Genaro, pero también a copias de la primera averiguación previa, de diciembre de 1987 —numeral 1ª/9455/987, que levantó un comerciante del mercado de la colonia Romero Rubio en la Delegación Venustiano Carranza—, en la que se involucraba a Genaro García Luna como cabecilla de una banda de asaltantes especialistas en el robo a casa habitación. Otra mujer me llevó de la mano hasta precisar que en la banda estaba incrustado Antonio Chávez, un michoacano a quien apodaban el Soldado o el Moco, que era cuñado de García Luna.

Con los documentos en la mano, las historias empezaron a fluir Luego se sumaron otras bien guardadas de exagentes del Servicio Secreto de la Ciudad de México y exagentes de la desaparecida, pero siempre temible, División de Investigaciones para la Prevención de la Delincuencia (DIPD) que sirvió de plataforma para impulsar la carrera del informante, oreja y joven delator Genaro García Luna.

Aquella averiguación previa que había quedado sepultada por más de tres décadas en los archivos muertos tenía la intensidad de una granada a punto de detonar. Ahí, el Chango aparecía como presunto delincuente, pero, amenazado de muerte por los mafiosos exagentes del Servicio Secreto, el agente del Ministerio Público «aceptó» borrar, aunque no pudo eliminar el nombre de Antonio Chávez, el cuñado, ni que este, después del robo, se refugió en la vivienda de su esposa, es decir, en la casa de los García Luna, protegido abiertamente por Juan Nicolás García.

Otro exagente se encargó de ilustrarme sobre cómo, el primero de diciembre de 2006, García Luna, al mando de un contingente de la Marina Armada de México, tomó por asalto el Palacio Legislativo para que Felipe Calderón pudiera, después de entrar por la puerta de atrás, colocarse por sí solo la banda presidencial y juramentarse como sustituto del pintoresco e incapaz Vicente Fox.

Para esos tiempos, García Luna ya era todo un personaje. La protección de Vicente Fox y la amistad de complicidad con la entonces primera dama Marta Sahagún le habían otorgado impunidad. Sus excesos, las sospechas que lo cercaban en una telaraña de complicidades con capos de los mayores cárteles de la droga y la corrupción eran temas importantes para la prensa tradicional que solía obtener, además de cuantiosas ganancias, información «confidencial» y «exclusiva» que era usada a conveniencia.

Era, a pesar de su fama, un funcionario desconocido, nervioso, compulsivo, tartamudo, ambiguo, misterioso y manipulador que escribía uno de los episodios más trágicos y sangrientos de la historia contemporánea de México. Desde 2006 Genaro se había convertido, al lado del presidente Calderón, en un manipulador sangriento. Un gran conspirador. Un *showman*, artista de múltiples rostros, que parecía disfrutar de la maldad, custodiado celosamente por una guardia pretoriana personal formada por la élite directiva de la Policía Federal. Y, desde luego, desde el despacho presidencial.

Bajo el manto protector y cómplice de Vicente y Martita, Genaro, la Metralla, como lo conocían sus subordinados por su forma de hablar, había escondido sus traumas, cubierto o tapado cuidadosamente las huellas de su pasado e iniciado el camino que lo llevaría hasta alcanzar el poder absoluto en el gobierno de Felipe Calderón y Margarita Zavala.

Para 2010 se habían escrito y publicado cientos de hojas con trabajos especiales de investigación —sobre todo libros y reportajes en contados medios— que documentaban su complicidad con el crimen organizado y la forma brutal de ejercer el poder para uso personal y de su grupo de incondicionales, algunos que lo seguían desde su época de espía en el Cisen, como su incondicional amiga y examante Maribel Cervantes Guerrero, su esposa Linda Cristina Pereyra Gálvez, Luis Cárdenas Palomino, Ramón Eduardo Pequeño García y Víctor Gerardo Garay Cadena.

Diestro como era, García Luna descubrió y empezó a guardar celosamente en sus archivos personales los secretos más oscuros del funcionamiento de la política presidencial mexicana y de la prensa tradicional que le perdonaba todo. Se sentía, por eso, predestinado, y aquellos incondicionales, su hermandad o sus apóstoles, lo consideraban un semidiós. Tenían una mística «secreta» en agradecimiento a las prebendas recibidas. Y en cuestiones de seguridad era un maestro, siempre cuidadoso de su imagen y de la gente a su alrededor.

Para agosto de 2020 García Luna —cuyos subordinados Cárdenas Palomino y Pequeño García también habían sido acusados por Estados Unidos— seguía siendo un desconocido de palacio presidencial, incluso después de haber sido el funcionario más poderoso del gobierno calderonista, arropado en los viejos usos y costumbres de la política mexicana mercenaria y corrupta, de su protección al Cártel de Sinaloa, de las decenas de miles de muertos que provocó esta, de su acercamiento al expresidente Carlos Salinas de Gortari, de los miles de millones de pesos que le trianguló el gobierno del presidente Enrique Peña Nieto a través de una empresa fantasma y del control efectivo que mantenía sobre la vieja Policía Federal.

Con el firme propósito de esconder su pasado e historia familiar, Genaro creó una historia oficial que lo pinta como un funcionario cuyo profesionalismo le había labrado camino en los altos círculos políticos. El poder y la influencia que llegó a alcanzar le daban para eso y más. Se sabe que tras concluir su periodo como secretario de Seguridad Pública dejó una bien estructurada mafia de comandantes en la Policía Federal, algunos de sus allegados infiltrados en la Fiscalía General de la República, así como en estados clave, con lo que se devela la existencia de una mafia criminal que solo conocen él y un puñado de sus protegidos.

Hubo informes de que, bajo su guía y consejos, Calderón había creado un *escuadrón de la muerte* o *pelotón de exterminio* para eliminar a supuestos criminales —civiles que García Luna etiquetaba como criminales y que muchos de ellos eran sus enemigos o rivales—, «tarea» que se encomendó al Ejército, siguiendo órdenes que habrían salido directamente del Comandante Supremo de las Fuerzas Armadas, es decir del mismísimo presidente.

Visto de esta manera, esta investigación sobre Genaro García Luna, el hombre poderoso y perverso, el topo, el conspirador que llegó a convertirse en el terror de muchos, me significó un reto porque quienes pueden testificar y dar información sobre él aún tienen miedo de ser alcanzados por sus acostumbrados métodos de venganza. No obstante, la historia, como me dicen en broma, me buscó y me encontró en las calles que recorrí en mi niñez.

Francisco Cruz,
septiembre de 2020

1
EL DÍA QUE EL PODER SE QUEBRÓ

La oficina asemejaba a un velorio. Las manos de Genaro García Luna recorrían las avemarías de un rosario invisible. Luis Cárdenas Palomino, su secretario particular, intentaba leerle las líneas de la frente. Las cejas en derrumbe, las cuencas del rostro fruncido y las dos entradas en su cabellera no decían mucho, y a la vez parecían anunciar un alarido furibundo. Las encuestas y el Cisen predijeron el resultado; sin tapujos declararon lo impensable, lo que bien podría ser sacrilegio en la política mexicana: el candidato presidencial del Partido Revolucionario Institucional (PRI), Francisco Buenaventura Labastida Ochoa, no sería el triunfador de ese domingo 2 de julio de 2000.

El cabello engominado a la perfección, producto de un aseo minucioso diario y declaratoria superficial de la personalidad impecable de Palomino, se desordenó entre las manos que parecían buscar una respuesta a la realidad que se imponía. Tras 71 años, el PRI perdía por primera vez las elecciones presidenciales. Y, como en muchas casas, restaurantes y bares del país, en esa oficina de la Policía Federal Preventiva (PFP) imperaba el desconcierto. Los equipos de inteligencia y espionaje, a cargo de aquellos dos y comandados por el vicealmirante Wilfrido Robledo Madrid, se habían negado a ese escenario.

El rosario invisible se rompió entre los dedos de García Luna, quien se puso en pie y recorrió la oficina con paso apresurado, como si lo esperara otra realidad: una lejana a aquella que ahora parecía tan surrealista. ¿Cómo era posible que el ranchero loco se convirtiera en presidente? Vicente Fox Quesada, el candidato del Partido Acción Nacional (PAN), con sus botas vaqueras y sombrero, ostentando la banda presidencial. Era el derrumbe de un imperio, el fin de lo que bien pudo ser Roma; era el apocalipsis, solo que el jinete de la muerte llegaba de Guanajuato y vestía como vaquero.

Wilfrido Robledo Madrid observaba a ambos desde la oscuridad, en un rincón de la oficina. Las paredes se le venían encima. El mundo era esa oficina grande que se hizo, de pronto, un cuartucho con tres hombres desamparados, entre oscuridades, con miles y miles de documentos, producto de la inteligencia policial y el espionaje ilegal, que ahora se veían inútiles y representaban un peligro. El andar de García Luna bajó de intensidad, por fin llegaba algo parecido a la resignación. Eran enjaulados del zoológico de la incertidumbre.

—Deja tú el país, ¿nosotros qué? —preguntó.

Genaro, como espía mayor o coordinador general de Inteligencia para la Prevención, Luis, como su secretario particular, y Wilfrido, como maestro y vicealmirante, temían por su futuro. El despido sería lo de menos. Le habían apostado todo al PRI, lo habían apoyado en la clandestinidad de los secretos, y...

—Tan bien que íbamos... y ya valió madres esto —renegó Luis, y sus palabras resonaron en la mente de los otros dos, como si fuera un eco de sus pensamientos.

García Luna había estado avanzando escaleras arriba desde sus tiempos en el Cisen, donde asumió cargos de mando o jefatura, para luego ascender otro peldaño hacia la Procuraduría General de la República (PGR) y, de allí, a la Agencia Federal de Investigaciones (AFI), siempre utilizando las mismas herramientas —la propagación de rumores, chismes y versiones extraoficiales—; finalmente, había llegado hasta la PFP, con su tejido de agentes de inteligencia, analistas y espías. Era, como como lo calificaban los mismos agentes federales bajo su mando, un nido de víboras. Sin embargo, ahora el escalón siguiente se disolvía. Ya solo quedaba el suelo, el descenso en caída libre sin una red de chismes que pudiera cacharlo, un sitio para aterrizar en blandito.

A pesar de lo oscuro del panorama, se tragarían todo el fracaso y ninguno de los tres presentaría su renuncia. Se trataba de un acto de orgullo; después de todo, habían realizado las predicciones erradas, entramando un sistema de respuesta para los posibles enfrentamientos postelectorales por la victoria presidencial del PRI, misma que nunca llegó. El domingo les había jugado chueco: en la mañana las cosas parecían marchar bien, pero, 12 horas después, la derrota era una ola inmensa, furiosa y veloz que los ahogaba por completo. Así finalizaban meses de arduo trabajo para los tres, lo que duró la campaña presidencial de Labastida, en los que el personal cercano juró que no dormían ni descansaban.

Habían montado una operación de espionaje ilegal e investigación política exhaustiva, impecable, capaz de derrumbar a cualquier candidato. Pero Fox, el vaquero loco, no era cualquier candidato. El botudo aprovechó la coyuntura del enfado de los electores y de la esperanza de un cambio; su figura de demócrata moralizador de extrema derecha encajó perfecto dentro del desencanto popular. Entregaron a la prensa documentos con la historia oscura del panista: sus alianzas empresariales, complicidades políticas, propiedades, patrimonio, financiamientos de campaña, detalles de su vida íntima, secretos de alcoba, supuestos problemas sexuales y psicológicos, e incluso la creación de una red ilegal de espías, coordinada por Ramón Martín Huerta (gobernador del estado de Guanajuato tras la salida de Fox para buscar la presidencia). Ese coctel molotov no hizo mella en el opositor, ni los pelitos del bigote le quemó. Meses más tarde, se le atribuiría la filtración de los documentos al secretario de Gobernación, Diódoro Carrasco Altamirano, a quien se le conocían las técnicas de secuestro y tortura como principal método de investigación.

Ahora, deslucido y triste, cuando más necesitaba de una mano salvadora, la Providencia parecía abandonar a García Luna. La devoción que reflejaría desde su primer día en las oficinas de la AFI, cuando llegó a construir un altar personal dedicado al Ángel de la Santa Muerte —mismo ritual que repetiría al llegar a la Secretaría de Seguridad Pública (SSP) en 2006—, le venía en falta ese 2 de julio de 2000. Cárdenas Palomino describiría después el rostro de su jefe comido por la angustia a causa de la hazaña imposible de Fox, la cual posteriormente bautizaría como «la revolución de la esperanza».

Nada le funcionó a la inteligencia del PRI, ni siquiera asociar a Fox con magnates como Lorenzo Servitje Sendra, fundador de Bimbo; Ricardo Salinas Pliego, dueño de Grupo Azteca, que incluía los canales de televisión 7, 13 y 40, Banco Azteca y Elektra; Roberto González Barrera, propietario de Grupo Maseca; el minero Alberto Baillères González, principal accionista de Grupo Peñoles, El Palacio de Hierro y GNP Seguros, y el banquero Alfredo Harp Helú. El PRI poseía carpetas y carpetas de información recolectada ilegalmente por la PFP a partir de interferir comunicaciones, grabar llamadas personales, filmar reuniones confidenciales y robar documentos oficiales.

En marzo de 2003 el semanario *Proceso* confirmaría los rumores en torno a la operación contra Fox:

> [...] Carrasco Altamirano fue el encargado de hacer llegar al entonces diputado sinaloense —cercano a [...] Labastida— Enrique Jackson [Ramírez] una carpeta del Cisen [que estaba sembrado de personajes cercanos a Robledo Madrid y García Luna] con información confidencial sobre la campaña [...] de Fox.
>
> Con las copias de unos cheques que daban cuenta del turbio financiamiento foxista, el actual coordinador de los senadores del PRI [Jackson] subió a la tribuna de la Comisión Permanente y exhibió las presuntas contribuciones ilegales recibidas por el comité de campaña [...] de Fox [...] detonando así el escándalo de los Amigos de Fox, cuyo cerebro financiero fue el empresario Lino Korrodi.

La mirada perdida de García Luna rondaba por las sillas vacías, las mesas repletas de papeles, de archivo que estaba muriendo frente a sus ojos. Su carrera se desmoronaba tras haber alcanzado todas las posiciones posibles dentro del Cisen gracias a la ayuda de Wilfrido Robledo: desde la subdirección de Protección, pasando por el puesto de secretario técnico del Subcomité para la Prevención del Tráfico de Armas, Explosivos y Municiones, hasta convertirse finalmente en el coordinador de la Unidad de Investigación de Terrorismo y de allí a la inteligencia de la PFP. Todo ese esfuerzo para que un botudo lo tumbara. Sin embargo, no estaba solo; la mayoría de los funcionarios de alto rango, priistas, se encontraban igual, paralizados por el miedo a un futuro incierto, inconcebible hasta hacía unas horas.

No tardaría en llegar la orden para desmantelar y desmontar las oficinas de seguridad que sirvieron para espiar ilegalmente a políticos, empresarios y a otros personajes, todo bajo los mandos superiores de la PFP. La escena sería recordada y vivida de nueva cuenta, con las caras desveladas por la prisa, un día de mayo de 2020, en un Vips de la Ciudad de México, por Tomás Borges, seudónimo que se dio a un exagente de inteligencia del Cisen y de la PFP, quien en 2013 publicó *Diario de un agente encubierto: la verdad sobre los errores y abusos de los responsables de la seguridad nacional en México.*

> Me enviaron con carácter de emergencia a base Chalco, una casa de seguridad, como tantas que había regadas por todo el país para espionaje ilegal y a las que fueron comisionados otros agentes, enclavada en la calle de Mirador, colonia Villa Quietud, casi esquina con Calzada del Hueso (al sur de la Ciudad de México). Esta, a simple vista, parecía una fábrica de madera. Al tocar el timbre se activa automáticamente una grabación de sierras funcionando para que en caso de que entreguen correspondencia, desde la recepción se escuche el bullicio propio de una maderera: voces de obreros trabajando con frenesí; no debía levantar sospechas entre los vecinos del lugar.
>
> Llegué acompañado por Miguel Villanueva y Luis Cárdenas Palomino, conocido por el Pollo, quienes me instruyeron para que destruyera todas las evidencias que había en el lugar. A mi arribo, sin embargo, vi a personal operativo rompiendo fotografías y documentos de archivos, así como deshilvanando audios y videos. La orden era clara: que no quedara nada que

> pudiera ser comprometedor [...] era una romería de imágenes. Unas atroces de destrucción [...] parecía más un mercado popular que una oficina de investigación y espionaje. Debían eliminarse todas las posibles evidencias [...] para que cuando llegara el gobierno de transición no encontrara nada anormal. Había urgencia por destruir las evidencias del espionaje ilegal y dejar, tanto como fue evidente, solo aquellas relacionadas con la investigación de la seguridad nacional.

García Luna, por cuestiones de rango y seguridad, se encargaría de desmontar y destruir los expedientes peligrosos, estratégicos o informes de alta clasificación —para consumo exclusivo de unos cuantos funcionarios y guardados con claves de secrecía— archivados en los sistemas informáticos de las oficinas centrales. Desde su llegada a la PFP, García Luna comenzó a espiar a todos los mexicanos desde casas de seguridad que sembró por todo el país; el énfasis fueron las ciudades más pobladas, las fronterizas con Estados Unidos y la Ciudad de México.

La orden era clara: eliminar todo rastro de los archivos y las carpetas que se entregaban a la PGR, a la Secretaría de Gobernación y, desde luego, a la Presidencia de la República. García Luna cumplió cabalmente y fue por ello que sobrevivió al cataclismo y ascendió hasta volverse uno de los hombres más poderosos del país. Pero esta es tan solo una versión. También existe otra en la cual se sospecha que García Luna sustrajo y guardó ese archivo; posteriormente lo utilizaría para recuperar su carrera, para hacer doblar las manos de políticos como Manlio Fabio Beltrones Rivera, quien abiertamente movía los hilos del PRI en la Cámara Baja del Congreso de la Unión.

Beltrones tuvo un encuentro con García Luna, que bien pudo ser semisecreto o confidencial de alto nivel. Se llegó a acuerdos. La bancada del PRI en la Cámara de Diputados, que en un momento de la presidencia de Calderón había representado su mayor obstáculo, dio un giro interesante. Beltrones se convirtió en una especie de vicepresidente del régimen panista y a partir de entonces Calderón convirtió a García Luna, su secretario de Seguridad, en su mismísima sombra.

El altar del Ángel de la Santa Muerte, ubicado en las oficinas de la SSP, demostraba el esplendor del poder de García Luna. Fue entonces cuando se hizo público que, en la casa de espionaje de Naucalpan, municipio del Estado de México conurbado con la Ciudad de México, había conversaciones grabadas de Fabio Beltrones, así como de los políticos opositores Andrés Manuel López Obrador, Marcelo Ebrard Casaubón y Ricardo Monreal Ávila, además de los panistas Santiago Creel Miranda y Juan Camilo Mouriño Terrazo, el hombre más cercano a Calderón.

En 2012 la política panista Josefina Vázquez Mota envió, a través de su aparato de comunicación y redes sociales, saludos «para Genaro García Luna, quien nos graba en lugar de grabar al Chapo; un saludo muy amoroso a Alejandra Sota que filtra todas nuestras llamadas telefónicas, ¡pinche Sota!». Alejandra Sota Mirafuentes era operadora de medios del entonces presidente Felipe Calderón.

El poder del espionaje sobrepasaba la fuerza militar. El general secretario de la Defensa Nacional, Guillermo Galván Galván, y el almirante de la Armada de México y secretario de Marina, Mariano Francisco Saynez Mendoza, callaron, se sometieron y aceptaron las políticas que seguiría García Luna. En los hechos, se ubicó por encima de su cargo, y sin ser militar se convirtió en una especie de ministro de Guerra apoyado a ciegas por el presidente Calderón: la frente en alto, la mirada marcial, el pecho salido, como quien sabe que no debe temer a nadie. La figura de García Luna se alejaría completamente de aquella otra de andar nervioso, de animal enjaulado, que ese 2 de julio del año 2000 desgajó un rosario invisible ante la mirada preocupada de Cárdenas Palomino y las marcadas cejas de Wilfrido Robledo Madrid.

Los años develarían otros secretos del poder inmenso de García Luna: el primero de diciembre de 2006 tomó el mando absoluto de un operativo especial para tomar por asalto el Congreso de la Unión, que sesionaba aquel día en la Cámara de Diputados, para que Calderón se impusiera la banda presidencial y se juramentara él mismo como sucesor de Vicente Fox.

Como nunca había pasado en la historia del país, aquel día el Estado Mayor Presidencial (EMP) cedió su mando a la Marina Armada de México para que coordinara la toma de posesión de Calderón; a su vez, el almirantazgo delegó todo el poder en un civil que se había comprometido a doblegar, incluso por la fuerza, a los legisladores, diputados y senadores de oposición que desaprobaban la juramentación de su jefe Calderón.

Con cierta brusquedad, pero dócil y obediente, el almirantazgo ocultó su vergüenza y cedió a García Luna el mando efectivo de 2 mil 985 soldados de los cuerpos de élite de la Marina Armada para que rompieran el protocolo y tomaran por la fuerza de las armas el Palacio Legislativo de San Lázaro. Después de ese día, Calderón no regresaría jamás al Congreso de la Unión. Llegó por la puerta de atrás y se fue con las manos manchadas de sangre.

Con la derrota del PRI y Labastida en 2000, los tres —Robledo Madrid, García Luna y Cárdenas Palomino— parecían presas fáciles de los futuros secretarios de Estado, quienes llegarían a tomar control de todas las instituciones y probablemente tendrían la tentación de poner en marcha una cacería de brujas. Temían sobre todo al titular de la Secretaría de Seguridad Pública. Había evidencia suficiente de que líderes panistas y otros dirigentes de oposición al PRI habían sido blanco no solo de la policía política que era el Cisen, sino también del espionaje ilegal de la PFP. Alejandro Gertz Manero, nuevo titular de la SSP y, por lo tanto, mandamás de la PFP, no congeniaría con el recién ascendido en la Marina Armada, Robledo Madrid, ni con García Luna.

Gertz tenía sus razones para desconfiar de ellos. Robledo Madrid envió, por su parte, señales directas inmediatas de que no se sometería a su nuevo jefe, ni le guardaría ninguna consideración. Sería un choque de trenes, si bien los choques internos debido a la entrada de un gobierno panista y la salida de uno priista no formaban parte de la agenda pública. Era la noche de un domingo memorable para la historia política del país, y aquella oficina parecía a punto de derrumbarse sobre ellos. Ninguno imaginaría que la caída, ese golpe de hocico contra el concreto de la política mexicana, era en realidad una oportunidad para remontar el vuelo por altos cielos.

—Esto ya valió pa' puras chingadas y ya nos cargó la chingada —remarcó Luis Cárdenas Palomino, lo que provocó el suspiro de asentimiento de Genaro García Luna y Wilfrido Robledo Madrid.

* * *

Estar ante un juez es estar ante un espejo sin misericordia. Narciso perdió la vida al enamorarse de su reflejo, pero García Luna no se le asemeja del todo. Se trata de un individuo paradójico en cuanto a su imagen. En su entorno era reconocido por su elegante y costoso traje sastre azul de corte inglés, camisa blanca de algodón con hilo fino de dos cabos, ojales cosidos a mano, botones de nácar, puños entretelados y la corbata de seda. Impecable en su vestir. Pero hasta ahí llegaba el reflejo que deseaba exponer, pues de su vida personal no se sabía nada. Sin embargo, los jueces no se engañan fácilmente, no se quedan con la fachada que se muestra.

Nuestro Narciso paradójico se encontraba desequilibrado. Tras su nueva caída, que tuvo como escenario Nueva York en 2020, García Luna vestía un pantalón caqui, sudadera gris y tenis sin agujetas —para que no se fuera a suicidar—, ya que ahora debía ajustarse a las reglas de la prisión neoyorquina en la que fue recluido. Sus manos parecían archivar documentos invisibles, como si buscaran deshacerse de la historia sucia que estaba a punto de emerger; debía quemar las pruebas, eliminar todo rastro que pudiese responder las preguntas que llenaban la mente de la jueza Peggy Kuo.

¿Cuántas caídas puede sufrir un hombre? La que padeció la noche del 2 de julio del año 2000 no se comparaba con su presencia ante la jueza en una corte estadounidense. Frente al mundo surgían las preguntas: ¿quién es García Luna? y ¿quién fue García Luna? Ambas cuestiones eran determinantes para el futuro del ahora detenido. Nunca en la historia se había encarcelado en Estados Unidos a un secretario de Estado mexicano. Los grandes diarios impresos, la televisión, la radio, las mayores agencias de noticias del mundo y los sitios web hicieron que comenzara a distinguirse con claridad ese lado oscuro de García Luna y la verdadera cara de Calderón, quien intentó de inmediato eludir su responsabilidad afirmando que «no sabía».

El hombre sin pasado, aquel de las dos caídas, el que cambió los zapatos bien lustrados por tenis sin agujetas, el que con sus manos inquietas parecía eliminar archivos invisibles e infinitos, estaba desnudándose ante el mundo.

Libros y trabajos especiales de periodistas o escritores como Carlos Galindo, Ricardo Ravelo, José Reveles, Anabel Hernández, Peniley Ramírez, Jorge Carrasco Araizaga, Jenaro Villamil, José Gil Olmos o el exagente de inteligencia Tomás Borges desnudaron otra parte de la vida oscura de Genaro García Luna y de aquel emporio de corrupción. La mirada estaba puesta sobre aquel fracaso como funcionario en la fallida guerra contra el narcotráfico, los nexos con el crimen organizado, empresas fantasma, triangulación de recursos públicos para beneficio personal o de grupo, sobornos, negociaciones secretas con capos de los cárteles de la droga y la iniciación en el esoterismo. Toda esta penumbra mostraba por lo menos una claridad: García Luna es un personaje oscuro que aún tiene secretos escondidos.

Genaro y sus allegados, a cuya cabeza se encontraba el Pollo Cárdenas Palomino, habían tenido tiempo —cinco meses entre los comicios presidenciales de 2012 y la asunción de Enrique Peña Nieto, y posteriormente los seis años que duró el mandato de este oscuro y conspicuo personaje, quien llegaría a gobernar con lo peor del PRI— para destruir pruebas, documentos confidenciales, lavar o esconder su fortuna y refugiarse en Estados Unidos. La situación se asemejaba a la derrota del PRI en el año 2000: una limpia desesperada de archivos; la historia se repetía.

De no haber sido porque el caso ocurrió en Estados Unidos —y a pesar de los libros en los que este personaje aparece como el hombre perverso que es, y de la infinidad de denuncias públicas que hay en su contra en México—, Genaro García Luna pudo haber pasado como un funcionario corrupto más, tragado por el olvido. Pero no hubo lugar para sutilezas después del triunfo de Andrés Manuel López Obrador (AMLO). Genaro se fue a vivir a Estados Unidos, aun conociendo mejor que nadie el peligro de llegar a una corte federal en ese país. Allá no le serían suficientes las prácticas esotéricas, ni los amuletos, ni la santería, ni los muertos convertidos en seres de luz.

Así se acabaron las protecciones. Así fue posible el declive de un personaje tan poderoso e intocable durante tres sexenios, por más que sus amigos en la prensa intentaran protegerlo. Y en especial, de alguien como García Luna, a quien Estados Unidos le había confiado secretos del crimen organizado.

El exfuncionario mexicano descubrió en carne propia que el pasado nunca muere. Por eso, su captura en diciembre de 2019, en Texas, y la consecuente presentación en el juzgado federal en Nueva York en enero de 2020 encendieron pasiones y hubo preguntas para las que nadie tuvo una respuesta: ¿cuáles son los orígenes de este personaje?, ¿de dónde salió su esposa?

Las actividades personales y familiares de García Luna constituyeron siempre un misterio que se fue revelando de a poco ante la jueza estadounidense en la corte federal en Nueva York. Primero, con las crónicas y notas de las agencias de noticias que hicieron una parte del trabajo. El resto había que buscarlo en las calles de la alcaldía Venustiano Carranza.

Pálido y despeinado, con el cuerpo estrecho, esposado y asegurado con grilletes en los tobillos, el actual García Luna contrastaba incluso con la imagen desesperada de aquel negro panorama del primer domingo de julio de 2000. Ahora tenía todo que perder. Parecía que cada molécula de su cuerpo representaba el papel de culpable, de miseria, de aquel que se alzó solo para caer con estruendo. Acorralado frente a la jueza Peggy Kuo, él sabía lo que había dejado atrás en México: la Secretaría de Seguridad Pública era un emporio de corrupción.

Consciente de los peligros que representaba la aparición de esos temas ocultos, el exfuncionario trataba de extraer en vano la energía y la fuerza que intentaban transmitirle su esposa Linda Cristina (exanalista de inteligencia del Cisen), su hijo Genaro, el primogénito, y su hija Luna, adolescente. Su madre había muerto unos meses antes. Y del fallecimiento de su padre ya nadie se acordaba.

García Luna sobrevivió al triunfo de Fox. Se cayó para arriba, dirían. Por esto mismo, reconstruir su historia es la clave para entender y explicar el infierno que significó para México la guerra contra el narcotráfico. Y quizá, para vislumbrar que la realidad violenta y de tortura dibujada por García Luna es la consecuencia de lo aprendido en su niñez. Además, resulta útil para entrever las pruebas tangibles de que esta guerra y la corrupción de su titular dejaron a muchos adolescentes y jóvenes atrapados en el mundo del narcotráfico. En la corte se exhibía no solo García Luna, sino todo un capítulo de la historia reciente mexicana, uno bañado en sangre y corrupción.

Su cabeza, erecta sobre el cuello y el torso macizo, se agachó. El hombre poderoso, el Policía del presidente, el Chango, el Tartamudo, el Diablo Azul, el Güero, había sido intimidado. Sucumbió. Parecía más pequeño que sus 1.67 metros de estatura. Así se vio porque así lo pintaron los primeros cables noticiosos y las crónicas posteriores, llorando. Sus lágrimas eran el prólogo para su historia de vida, reflejada en ese espejo inmisericorde que era la jueza de la corte estadounidense.

***

Aquellos primeros días de enero de 2020 nada se encontró sobre los orígenes de Genaro García Luna, el Chango, como se le conoció al entrar en la pubertad. De antes de su llegada como analista o espía en ciernes al Cisen no hay nada, como si una mano invisible se hubiera encargado deliberadamente de conspirar para borrar y desaparecer datos, anécdotas y documentos de su paso por la niñez, la educación primaria, secundaria y preparatoria.

En menos de 60 segundos es posible encontrar infinidad —hasta 15.5 millones de menciones en el buscador Google— de crónicas, reportajes y artículos de opinión, incluso una novela, sobre su ascenso y declive como personaje público. Prensa escrita, radio, televisión, YouTube e Instagram; todo sobre él, pero solamente a partir de su llegada al Cisen. García Luna es un hombre sin pasado.

Su auge mediático, mismo que acaparó las páginas de grandes periódicos como *The New York Times* y *El País*, no lo ensombreció ni siquiera la captura, unos meses más tarde, de Emilio Lozoya Austin, el exdirector general de Petróleos Mexicanos (Pemex), quien fue acusado de corrupción: otro príncipe de la política mexicana caído en desgracia. A pesar de las millones de menciones y a diferencia del pasado glamoroso de Lozoya —que puede rastrearse desde la Revolución de 1910 hasta la influencia de su padre como secretario de Energía durante el gobierno de Carlos Salinas de Gortari—, Genaro es un paria político, un misterio sin los suficientes datos para desentrañarlo.

Dicen que para conocer a alguien basta con fijarse con quién se junta. Pero sus amigos, excompañeros del gabinete presidencial y socios se desvanecieron, temerosos de ser los siguientes en estar ante una corte federal en Estados Unidos. Ni siquiera su exjefe y aliado, el expresidente Calderón, salió en su defensa. Ni la esposa de este, la exprimera dama Margarita Zavala Gómez del Campo, para quien Genaro preparaba apoyo, desde su empresa privada especializada en análisis de seguridad e inteligencia —sinónimos de espionaje ilegal distrazado—, para impulsar su nuevo partido político: México Libre. Los dos le dieron la espalda. Callaron por su bien.

De pronto resultó que no solo se cuestionaba a un hombre sin pasado, sino a uno sin relaciones. Era inverosímil que un individuo tan poderoso ahora luciera como un don nadie. Quizá el destino jugaba con lo característico de sus orígenes. Alguien sin conexiones importantes, sin familia inmiscuida en la política nacional, de origen humilde, tartamudo e inseguro llegó a habitar lo que otros, con años de grilla, no alcanzaban ni a acariciar. Pocos se atreverían a señalar cómo este hombre, que estudió tres años en la escuela Secundaria 70, enclavada en una colonia popular de la zona centro-oriente de la Ciudad de México (Primero de Mayo en la delegación Venustiano Carranza), y sin ningún antecedente de poder ni de alta burocracia ni registros de militancia partidista, se catapultó a la vida pública.

Peggy Kuo, la jueza estadounidense, lo miraba como lo haría una entomóloga frente a un insecto nunca antes estudiado. Desafiaba toda lógica, todo manual de reglas escrito sobre el juego de la política. En sus lágrimas se veía miedo, pero sobre todo una soledad inmensa. Ante la jueza estaba un vacío, un agujero negro que contenía la historia oscura del gobierno calderonista, con todas sus implicaciones devastadoras, la consolidación de la narcopolítica y un narcogobierno en las sombras, una amenaza regional porque el crimen organizado extendió sus tentáculos a Centro y Sudamérica… hasta Europa. El país tomó rumbos imprevisibles que antes asomaban solo en la peor de las pesadillas. Y Genaro fue esa pesadilla.

Un misterio, sí; un hombre oscuro, también. No obstante, García Luna es solo un hilo en la densa madeja de la corrupción de las élites mexicanas encumbradas con el PRI y con el PAN. La de García Luna es una historia interminable en la recomposición del mercado de las drogas, que germinó en la década de los ochenta durante los gobiernos de Miguel de la Madrid Hurtado y Carlos Salinas de Gortari, hasta consolidar al llamado crimen organizado y hacer permanente la escalada de violencia; finalmente, esta se transformaría en una fuerza letal, un fenómeno cotidiano en el sexenio de Calderón.

Entre sus logros está que los mexicanos empezaran a vivir con miedo. Y ese tema incluye decenas de miles de muertes de civiles inocentes, territorios en disputa, capos, cárteles, concesionarios de la droga, opioides sintéticos, desplazados, cultivadores y productores de marihuana, opio, tráfico de fentanilo, metanfetaminas, cristal y otras drogas de diseño, distribuidores, grupos de poder, infiltración del narco en las instituciones, tráfico de drogas ilegales y un culto casi romano y desquiciado por acumular cantidades inimaginables de dinero mal habido y su despilfarro; todo ello desembocó en una violencia irracional. Las lágrimas que derramaba en la corte ante la jueza eran una dosis homeopática del mar de llanto y dolor que inundó a México durante la llamada guerra contra el narco.

* * *

La guerra desatada por Felipe Calderón, la cual anunció simbólicamente en un desfile militar, con él mismo agarbado marcialmente, dejó huellas profundas en los mexicanos. Todos podrán contar escenas de terror, recuerdos que prefieren dejar en el pasado. Pero los sucesos jamás son hechos aislados: siempre hay un hilo conductor, un antes que explica el ahora y predice el después. De la mano de García Luna, el calderonismo propició un terremoto real en el ámbito de la inseguridad. Los criminales se armaron hasta los dientes y la violencia se desbordó, aunque, ciertamente, se arrastraba una herencia negra.

En un amplio análisis titulado «Calderón, aprendiz de brujo o la guerra como escape», el académico Arturo Anguiano escribió:

> Los regímenes priistas estuvieron marcados por hechos significativos de violencia, que fue una constante ineludible, y por los que son recordados Gustavo Díaz Ordaz, por la masacre de Tlatelolco; Luis Echeverría Álvarez y José López Portillo, por la guerra sucia contra la guerrilla; Miguel de la Madrid, por la violencia de la reestructuración productiva contra el trabajo y la parálisis estatal ante la devastación natural de los sismos de 1985; Carlos Salinas, por los asesinatos de Luis Donaldo Colosio Murrieta y José Francisco Ruiz Massieu —candidato a la presidencia y secretario general del PRI respectivamente— y Ernesto Zedillo Ponce de León, por su odio contra los indígenas zapatistas y su guerra de baja intensidad contra las comunidades rebeldes (¿quién olvida la masacre de Acteal?). Vicente Fox Quesada, quien llegó a la presidencia en 2000 sobre la ola de repudio contra el desgastado régimen priista, simbolizando el cambio de milenio evolucionó como un personaje lamentable que hizo trizas todas las expectativas

> de cambio creadas, y desembocó en la criminalización de lo social, la represión desmedida en [San Salvador] Atenco, al final de su mandato, y la judicialización de la política.

De este campo de cultivo, fértil en violencia y corrupción, surge la figura de Genaro García Luna: una nueva cara de la misma moneda. Desde su ingreso en 1989 al Cisen, donde el almirante Wilfrido Robledo Madrid lo tomó bajo su manto protector, y luego en su encargo como jefe de la Unidad de Inteligencia de la PFP, García Luna tuvo espacios y tiempo para conocer, estudiar y armar una amplia carpeta sobre los capos, los cárteles mayores del narcotráfico dedicados, además, a la extorsión, lavado de dinero, secuestro, tráfico de órganos, pornografía infantil y trata de personas con sus conexiones internacionales en América, Europa, Asia y África; del mismo modo, tuvo oportunidad para empaparse sobre la guerra de exterminio contra defensores de los derechos humanos, luchadores sociales y periodistas, una compleja telaraña que se ha usado también para saquear sistemáticamente las arcas públicas.

De nuevo estamos ante una duplicidad de imágenes o, en este caso, de historias. En lo oficial, nada hay que desentrañar. La historia autorizada de Genaro se pinta limpia, inmaculada, él es un ejemplo de superación personal. Inteligente y estudioso. Quienes la redactaron lo hicieron con cuidado, al tiempo que otros borraban la trama personal y familiar, la vida privada. Ni un reproche.

Pero al final dejaron algunos cabos sueltos imposibles de ocultar. En las calles de las colonias que recorrió en su juventud, la sola evocación de su nombre hace erizar la piel. Todavía tienen miedo. Lo sienten un personaje de poder. Tarde o temprano el pasado resurge, nada que se entierre quedará por siempre oculto. El hombre sin pasado, con los tenis sin agujetas para evitar un suicidio, con los ojos llorosos y la mirada de la corte puesta sobre cada centímetro de su miserable figura, sobre sus manos nerviosas que no dejaban de agitarse, ese hombre sería develado.

2
UN NIÑO PERDIDO EN LA OSCURIDAD

«Era un gandalla y maldito». Así lo recuerdan algunos de sus excompañeros de la secundaria.

Hijo de Consuelo Luna y Juan Nicolás García, quienes llegaron a la Ciudad de México huyendo de su natal Michoacán, Genaro García Luna nació en el seno de una familia de clase baja rayando en la pobreza absoluta, en la calle Herón Proal número 6 —cuadra conocida entonces como la Bolsa, porque agentes del Servicio Secreto contaban y se repartían allí ganancias de sus pillerías, asaltos y control de delincuentes de la zona—, el 10 de julio de 1968 en la Ciudad de México.

Aunque desde que llegó al Cisen se empeñó en pasar por invisible, su acta de nacimiento —expedida por el Registro Civil del Distrito Federal, que quedó asentada en el libro 15 del Juzgado I y la Delegación I, entidad 9, y la cual dicta que fue registrado hasta casi un año después de su alumbramiento— confirma que sus abuelos paternos y maternos fueron, respectivamente, Bardomiano García y Romana Luna, y Gerónimo Luna y Hermelinda Aceves. Las malas lenguas de la colonia Primero de Mayo, a la que pertenece la Herón Proal, afirman que el niño nació en tierras michoacanas y que doña Chelito y don Juan Nicolás lo registraron un año después porque tenían miedo, casi pánico, de salir en la capital. Temía don Juan Nicolás que lo llegaran a cazar.

La vida primera de Genaro, hasta que entró a la Universidad Autónoma Metropolitana (UAM), transcurrió en las calles de siete colonias de la alcaldía Venustiano Carranza: Damián Carmona, Primero de Mayo,

Revolución, Simón Bolívar, Aquiles Serdán y Ampliación Simón Bolívar. Todas tenían como eje la colonia Romero Rubio.

Pero estos orígenes son parte de la información que García Luna intentó mantener soterrada. Esto no lo hizo sin ayuda. Comprados, disfrazando el dinero de venta de contenidos editoriales y noticiosos como servicios de publicidad, convencidos de que hacían su trabajo, pero abiertamente complacientes mientras recibían carretadas de dinero, los medios y algunos de sus principales comunicadores, en ocasiones hasta mercenarios, ignoraron el pasado, los altibajos emocionales o ánimos cambiantes, inseguridades y complejos de García Luna, como después lo harían con Peña Nieto —en cuyo gobierno se saquearía, una vez más, al país— y como antes lo habían hecho otros comunicadores, o los mismos, con Salinas, De la Madrid o José López Portillo.

Y ese no es un dato irrelevante porque, el ser invisible ante los llamados comunicadores más influyentes, la élite del periodismo mexicano y la intelectualidad orgánica le dieron a García Luna tiempo y espacio para comprar impunidad mediática e imponer una narrativa personal y presidencial sobre la guerra contra el narcotráfico. Si no hablan de ti, si incluso logras que borren tu pasado, entonces tienes licencia abierta para construir tu propia narrativa. La de Genaro era una llena de misterio en los ayeres y supuesto éxito en el presente.

Hoy es difícil saber si García Luna creía de veras todo lo que decía, declaraba o escribía, pero hay elementos de juicio para advertir que en Estados Unidos reinaba la incredulidad y que lo tachaban de funcionario servicial y fracasado, un perdedor, por más reconocimientos que le entregaran sus dependencias de seguridad y espionaje. La versión oficial, moldeada por Genaro, chocaba con la realidad.

Nuestro Narciso, fuese mitómano o maquiavélico, sabía perfectamente el valor de la información, los datos personales, la historia de vida. Desde el principio de su carrera como empleado del Gobierno federal, él mismo se empeñó con esmero en mantener oculta toda su vida privada y familiar. Y lo logró. Su imagen sería siempre la del funcionario exitoso;

extinto cantante Juan Gabriel. Esas calles, que fueron transitadas por celebridades, deportistas y músicos, también soportaron el andar de aquel que sería recordado como un gandalla y perverso. En esas cuadras se forjaron sus habilidades, su personalidad, gustos y primeras enseñanzas.

Quizá como herencia de su barrio, el Chango García Luna mantendría su fanatismo por la comida mexicana callejera: tacos, sopes, guaraches con guisado, gorditas, tortas —sobre todo si estas últimas eran preparadas en la tortería El Árbol—, y las costillas asadas con frijoles de la olla, todo lo cual consumía en las calles cercanas a la oficina central del Cisen. En su nueva imagen se colaba el olor a fritanga, a cebolla picada y cilantro.

«Era un garnachero», recuerda un viejo agente del Cisen. Genaro era muy humano con su primer círculo. Nunca comía solo. Y allí, en confianza, les recordaba a sus allegados por qué era necesario alimentar los chismes y los rumores... y *japonesear*, una palabra que él se inventó para alentar a su personal a plagiar a través del *copy paste*. La labor de inteligencia, de recopilación de datos, se hacía desde abajo, sentado en la fonda o parado frente al puesto de tacos, oídos atentos a cualquier información que en un futuro podría llegar a ser de valor.

Lo de los apodos no es un tema que deba menospreciarse, pues en este caso indica parte importante de su formación. Uno de los viejos estudiantes de la Secundaria 70 —quien aún siente temor y ve peligros al hablar de García Luna— recuerda que el del Chango se lo impusieron para evitar el más agresivo de Gorila. En ese entonces, aún muy joven (15 y 16 años de edad), a García Luna se le veía acompañado por un par de malencarados agentes de la DIPD, el Servicio Secreto o grupo de Servicios Especiales de la policía de la Ciudad de México. Este grupo tenía la mala fama de encargarse, en todo el país, de torturar, desaparecer, extorsionar, ejecutar extrajudicialmente y reprimir.

Genaro inspiraba miedo, tanto como sus acompañantes, gorilas, estos sí, dedicados a robar. Y hay quienes pensaban, sin temor a equivocarse, que el papel de García Luna era el de *oreja, soplón, dedo* o *halcón* de la comunidad, un delator de las siete colonias. Una *madrina*, como se llamaba en la DIPD —también en la federal— a los soplones o delatores aspirantes a ganarse una plaza de agente; también los llamaban agentes meritorios. En la Romero Rubio también sobreviven las versiones de que el joven García Luna empezó trabajando como mandadero y recadero para aquellos dos policías, y que incluso tenía como segunda base de operaciones la colonia Agrícola Oriental, en el oriente de la Ciudad de México, en la delegación Iztacalco. Es decir, que su territorio, su poderío, empezaba a extenderse. Aquello que años después llegaría hasta Europa inició en estas colonias del entonces Distrito Federal. Frente a la jueza de la corte estadounidense estaba desplegada una telaraña inmensa, pero su núcleo, su origen, sus primeros tejidos fueron hechos por este Genarín.

Corría el rumor de que uno de aquellos siniestros elementos de la Policía Secreta era su *tío*, pero no se ha comprobado. Sin embargo, se sabe que en los recorridos por las siete colonias el trabajo del Chango con aquellos agentes de la DIPD consistía en identificar delincuentes de poca monta conocidos como *zorreros*, rateros nocturnos de casa habitación; *boqueteros* o ladrones que se dedicaban a abrir boquetes a través de una puerta o pared, para robar en negocios o casas habitación; *dos de bastos* o *carteristas*, delincuentes dedicados a robar carteras en el transporte público o lugares muy concurridos, sobre todo en los mercados públicos.

En este mundo de la delincuencia callejera se empleaba un léxico específico. El catálogo de delincuentes era numeroso, y extenso el repertorio de delitos: *zorreros, carteristas, chacales, paqueteros, chineros, cristaleros, la bolita, farderos, narcos, retinteros, cirujanos, chorleros, paqueteros, chicharreros, cristeros, descuenteros, boleros, goleros, cadeneros, coscorroneros, paleros, cortineros, cirujanos, espaderos* y *cajueleros.*

Y todo ese lenguaje tan extraño, sofisticado y rico, cuyos rasgos fueron definidos por la delincuencia de aquella zona, una réplica de otros barrios y colonias de la Ciudad de México, tenía sus sinónimos en los pasillos y oficinas del Poder Judicial: *timar, hurtar, asaltar, aporrear, atacar, despojar, apañar, acometer, delinquir, robar, pillar, agredir, desvalijar, saltear.* El Chango habitó dos ecosistemas con sus propios dialectos criminales. Algunos delitos permanecerían con la misma técnica, si bien la mayoría de ese lenguaje entraría en desuso cuando García Luna estaba bien asentado como titular de la AFI en el sexenio de Fox y daría paso a otros más lucrativos y violentos con palabras nuevas: *secuestro exprés, extorsión* o *pago de derecho de piso, capo, levantón, secuestro, asalto a cuentahabientes, dealer, sicario, narcojúnior, robo a cajero automático, taxi pirata* y *huachicolero.* Nadie en esa corte, a inicios de 2020, se imaginaría que el hombre lacrimoso poseía un bagaje lingüístico tan amplio como oscuro.

García Luna mudó su léxico y la imagen sombría de la DIPD se desintegró en 1983 por una orden presidencial. Sin embargo, la medida fue, como en muchos casos mexicanos, una mera simulación, un borrón y cuenta nueva mediático. Sus agentes activos pasaron a corporaciones como la temible Dirección Federal de Seguridad (DFS), la policía política del régimen, y la Policía Judicial de la Procuraduría General de Justicia de la Ciudad de México. Pero, con todo y estos cambios de imagen, el aprendizaje permaneció en el Chango, un personaje que hacía parte de la tarea sucia de aquellos agentes, hacía de topo, denunciando a supuestos delincuentes y «trabajando» para el *tío* —quien para entonces tenía un cargo de poder en el grupo de homicidios de la DIPD— y su pareja, el segundo agente de la Policía Secreta.

La pandilla de la Romero Rubio encabezada por los agentes secretos se desbarató en 1985, cuando se hizo público en la colonia el suicidio del infame *tío*, quien, enfermo de esquizofrenia, terminó tirándose de un edificio. Algunos de los jóvenes reconocidos como parte del grupo de delatores ingresó a la Policía Judicial y otros pudieron más tarde incrustarse en la policía de la Ciudad de México, comandada por Arturo *el Negro* Durazo Moreno, que vendió plazas policiales a criminales, asesinos y delincuentes menores. De aquí surgen las conjeturas sobre el ingreso de García Luna y su pronta escalada por los puestos burocráticos del Cisen, pues resulta demasiada obvia la ilación y no deja lugar a la casualidad.

Libre del *tío*, el Chango García Luna formó su propia pandilla de asaltantes de casa habitación entre cuyos cómplices destacaban su cuñado Antonio *Toño* Chávez, alias el Soldado o el Moco y quien fue traído expresamente del estado de Michoacán; Serafín Patiño Carreño; Saúl, a quien se identificaba como el Oso; Carlos, alias el Callos, amigo de Genaro, y un tal Lalo, entonces un asaltante bien conocido en las colonias Primero de Mayo, Damián Carmona y Romero Rubio.

Los primeros dos años la banda dio golpes certeros pero pequeños. Su gran oportunidad llegaría la noche del 25 de diciembre de 1987. Sería su gran golpe, después de planearlo por semanas en uno de los cuartos del número 6 de la calle Herón Proal, la vivienda de la familia García Luna.

Según se sabe ahora gracias en parte a un recuento que aparece en la averiguación previa numeral 1ª/9455/987 y en parte a una serie de entrevistas con los vecinos, los delincuentes salieron de aquella vivienda al filo de las 10 de la noche, caminaron tres minutos hasta pararse frente a una casa en la calle Emiliano Zapata, desde donde tuvieron acceso a la azotea de otra vivienda, propiedad de un comerciante del mercado de la Romero Rubio, de donde, en menos de media hora, sustrajeron unos 250 millones de pesos, 10 mil dólares en efectivo, centenarios y joyería fina.

Una hoja escrita a mano integrada en aquella averiguación previa con los nombres de los cómplices del Chango detalla parte del monto de lo robado, pero contiene una observación que es oro molido: después del robo, Antonio Chávez, el Soldado —esposo de una hija de doña Chelito Luna y Juan Nicolás García—, estuvo escondido por semanas en la vivienda número 6 de Herón Proal.

Protegido por Juan Nicolás García, el Soldado logró huir a Michoacán, donde montó un rancho con parte del botín. Y un viejo policía, ahora en retiro y con una pensión con la que apenas sobrevive, recordó que dos exagentes de la ahora desaparecida Policía Secreta presionaron y amenazaron de muerte al agente del Ministerio Público para no incluir el nombre de Genaro García Luna en esa lista ni en la averiguación.

El viejo exagente también tenía presente que los ladrones entraron a aquella casa habitación, la del golpe, por la azotea y que la investigación se dejó de lado porque los agentes responsables se quedaron con una tajada del botín, y que doña Chelito estaba dispuesta a declarar contra su hijo Genaro, el Chango, hasta que su esposo y un abogado defensor hablaron con ella y la convencieron de no echar a perder el futuro del hijo ladrón.

«Es bien probable que en otras latitudes se documente la corrupción, pero hacerla parte del sistema fue significativo en el caso mexicano. La policía gestionó el desorden para capitalizarlo lucrativamente con base en mecanismos que toleraron la sospecha, tortura y extorsión», concluye el académico Diego Pulido Estrada, investigador del Instituto Nacional de Antropología e Historia (INAH), en su amplio análisis «Gendarmes, inspectores y comisarios: historia del sistema policial en la ciudad de México, 1870-1930».

Para 1989, cuando estaba por terminar la licenciatura en Ingeniería Mecánica en la UAM y con algunos millones mal habidos en sus bolsillos, García Luna llegó al Cisen. Hacía seis años que había desaparecido la DIPD, pero los viejos agentes todavía recuerdan que «el que era cabrón, un desgraciado mala madre, extorsionador desalmado, malaleche, entraba con seguridad a la DIPD, si lo solicitaba. Quien fuera delator, *chiva*, *oreja*, *soplón*, *madrina*, *ponedor* o informante tenía garantizada una plaza».

* * *

La Romero Rubio y las seis colonias que la rodean son barrio puro, un barrio histórico también —y esto es literal— de eterno pavimento gris. Nacer aquí, en las anchas calles y avenidas de cualquiera de ellas, es crecer a golpes de pandilla, caminar con actitud de caza, esperando golpear o ser golpeado, en perpetuo estado a la defensiva. Y, quizá por eso, cuando empezó a ascender en la escalera del poder, a García Luna le apenaba vivir aquí. Este hombre, el Chango o el Güero o el Tartamudo, un día descubrió que quería salir y sobresalir. Y lo hizo. Pero el mismo ambiente hostil fue el que le suministró las herramientas para abandonarlo. García Luna crecería tratando de vencer esa desventaja de sus orígenes humildes y el poco auspicioso futuro por carecer de una familia de tradición política o burocrática incrustada en el poder central. Trataría de vencer sus problemas de comunicación, que se manifestaban en una especie de tartamudez, así como su predisposición a la violencia.

La Romero Rubio se levantó en 1909 en honor a la segunda esposa del dictador Porfirio Díaz, Carmen *Carmelita* Romero Rubio y Castelló, hija del presidente del Senado, canciller y secretario de Gobernación del porfirismo, Manuel Romero Rubio, y ahijada del presidente Sebastián Lerdo de Tejada.

Todavía en la década de los sesenta salían los niños a jugar, lo ancho de las calles se los permitía. Eran aventuras que podían terminar en las flautas, los flanes o la lucha libre en el Cortijo. Todo esto acompañado del espectáculo de ver pasar un avión, porque allí al lado está el Aeropuerto Internacional de la Ciudad de México (AICM) Benito Juárez. Todos se conocían en la cuadra. Genaro no podía pasar inadvertido. Este andar es difícil de desaparecer.

¿De qué huía aquel hombre que un día registraría su imagen ataviado con su elegante traje azul? ¿Qué dejó atrás? Las mismas lágrimas del que ahora vestía una sudadera gris y unos pantalones caqui frente a una jueza fueron un día derramadas entre pobreza, drogas y mucha violencia. *Marginal* es la palabra que podría describir el entorno: la colonia compuesta por sus camellones atestados de basura, los negocios con rótulos viejos, las taquerías y el olor a grasa quemada. Como escribió alguna vez el periodista Carlos Acuña, la pulquería Los Dos Cacarizos (o Los Cácaros) —aquel expendio de pulques finos que sobrevivió en la avenida África casi esquina con Transvaal, en la colonia Aquiles Serdán, de 1945 hasta mediados de 2017—, entre otros elementos, hace de la Romero Rubio un lugar pintoresco, pero no dan ganas de residir allí. Sin embargo, a fin de cuentas, uno vive donde puede.

Ahora bien, la Romero Rubio, un barrio de comerciantes con sus otras seis colonias, tiene una parte oscura que no puede esconder: la venta de drogas, las pandillas, la corrupción de menores y la prostitución. Sobrevivir aquí, en la amplitud decadente de calles y avenidas del viejo barrio que tuvo como proyecto enaltecer la figura de la primera dama del porfirismo, se volvió difícil desde antes de la década de los ochenta, cuando García Luna cursó los tres años de la educación secundaria.

Uno de los alumnos de aquella época recuerda:

> Fuimos la generación 80-83. Los tres años los cursamos en el grupo D. Era él un gandalla, si bien tenía problemas en su lenguaje, lo que lo hacía parecer tímido e inseguro. Era nervioso con las manos. Le entraban los nervios al participar en clase, pero todos le temían. Así se hacía entender.

Este último tic sería un problema que nunca lo dejó.

> Sobrevivir aquí es difícil. El comercio no da para todos. Por eso desde antes de 1980 despegó el tráfico de drogas y se consolidó junto con el robo a transeúntes, casa habitación y asalto. Aquí uno puede encontrar de todo, desde buena mariguana a cocaína, lo que se necesite. Y el contacto puede ser cualquiera. Un taquero o un vendedor de *hot dogs*. El enganche es rápido. El declive de la Romero Rubio es todo el país.

La oscuridad de Genaro García Luna es la oscuridad de su tiempo. En ese hombre con pasado oculto, con orígenes entre las calles donde abundaba la delincuencia, tenemos el reflejo exacto de la historia nacional. Similar a una simple gripa que evoluciona en un virus letal hasta invadir todo el cuerpo, y torna en corrosiva a la sangre y amorata la piel, así es un país putrefacto en vida. El soplón de los dos policías de un barrio marginal llegó a ser el titiritero detrás de una guerra de Estado contra el narcotráfico, de una estrategia bélica que marcó bandos y dejó acorralada a la población, muerta de miedo en el mejor de los casos, en el peor, muerta de verdad.

Este cambio, esta corrupción del personaje inició en esa colonia. Aquellas, Las Auténticas Flautas, donde confluyen las calles de Marruecos y Cantón, donde la vida de barrio sigue siendo barrio, atestiguan muda y neciamente una parte de la vida del Chango o Genarín, apodos que, más adelante, darían paso a los otros sobrenombres no tan cándidos: se convirtió entonces en el Metralla, la Metralleta, el Diablo Azul, el Policía del presidente, cuando negociaba con los capos del narcotráfico, cuando su transformación estaba terminada y las manos inquietas se centraban en jalar los hilos del país y no en señalar a criminales de poca monta.

Las enseñanzas de los agentes de la DIPD se convertirían en la fuerza para impulsarlo, para incluirlo en las élites burocráticas del PAN y encumbrarlo hasta convertirse en el segundo hombre más poderoso de México, apenas atrás o al lado del presidente Felipe Calderón Hinojosa; no obstante, hay quienes aseveran que en la guerra contra el narcotráfico se convirtió en el poder tras el trono.

Esos inicios y su posterior encumbramiento en las esferas más altas del poder aún revisten al barrio con una sombra ominosa. Es un recuerdo vivo, capaz de apresar con sus garras si alguien habla de más. En la memoria de uno de los comerciantes del mercado de la Romero Rubio, casi frente a las flautas, está el recuerdo de cuando «García Luna no era nada. Era un joven que estudiaba en la Secundaria 70», la diurna Mahatma Mohandas Gandhi en el turno matutino, «en Marruecos y León Trotsky, en la colonia Primero de Mayo y que todo mundo piensa que es todavía parte de la Rubio».

Y por allí, en una de esas calles —una vecindad en la calle de Herón Proal—, vivía Genaro. Pero nadie habla de él. Es un hombre de poder con muchas amistades en la policía. Lo protegen. No importa que haya cambiado el fino y elegante traje azul y la corbata de seda por el naranja de la prisión, no importa que las crónicas lo describan esposado de pies y manos o a punto del llanto infantil. Desconfían de que le den más de una cadena perpetua en prisión, como pasó con el Chapo Guzmán. Temen que haya gente merodeando por allí y apuntan a policías federales. Esas calles grises tienen orejas y soplones, la misma ralea de la que salió Genarín.

* * *

El ecosistema explica parte del origen del sujeto de estudio, pero no lo agota. Genaro no se bastó a sí mismo para escalar, hubo ciertos personajes que lo ayudaron. Por una parte, está el *tío* que tuvo un final trágico, pero también su hermana Esperanza. Nada se le conocería a Genaro fuera del gobierno si no fuera por algunas indiscreciones que, sin querer, brotan de las calles de la Romero Rubio, y porque, como apéndice, llevaba siempre pegada en la vida laboral a Esperanza. Muy pocos, un círculo íntimo, saben cómo sirvió ella de palanca primaria para impulsar la carrera inicial del hermano una vez que él logró colocarse en 1989 como espía del Gobierno federal en el Cisen, aunque el plan inicial era conseguir trabajo en el sistema de mantenimiento.

La cultura del barrio mexicano dicta que las calles y su identidad se llevan en la piel, nunca se abandonan sus cuadras por más lejos que se encuentre uno. Las delimitaciones y representaciones de pobreza daban un sentido de pertenencia que, sin embargo, García Luna parecía no tener. El mismo hecho de que el pasado personal y familiar de este hombre público sea tan nebuloso dice mucho sobre su psicología interna. Lo dice también que haya cambiado sus lealtades del PRI al PAN. Un hombre sin pasado, al menos uno que no lo reconoce, es un hombre sin lealtades.

En ese barrio, al que dio la espalda, están convencidos y saben que, aunque se le mencione poco, Esperanza García Luna fue fundamental en el ascenso de Genaro. Sin ella, advierten, no habría habido esperanza de futuro para él.

Los policías, el *tío*, la hermana, todos fueron agentes que lo encumbraron. Las calles y la delincuencia que era habitual en ellas lo forjaron. Pero desde muy joven demostró, por medio de ciertos episodios, llevar la violencia en las venas. De ser sincero con su *curriculum vitae*, quizá cierta anécdota, esa que relató uno de sus compañeros de secundaria, aparecería entre sus pininos profesionales.

En 1981 Genaro García Luna cursaba el segundo grado de secundaria; cierto día en el Taller de Encuadernación fue protagonista de una trifulca álgida con sus compañeros de clase después de que el profesor salió para acudir a las oficinas de la dirección del plantel.

El sonido de los pasos del profesor se perdía por el pasillo hasta desaparecer por completo. Entonces Genarín, el Chango, dio la orden a todo pulmón. Como esbirros salidos de una película de mafiosos, sus amigos se alzaron de los pupitres y cerraron la puerta del salón. De nuevo, la voz, que comúnmente tartamudeaba, pero que en ocasiones de mando se mantenía firme, se alzó. La nueva orden era golpear a uno de los compañeros que permanecía petrificado mirando al pequeño vándalo.

Los gritos no pudieron ser sofocados por las manos de los esbirros de película. Por el resto de los salones de la escuela, por el patio, por los pasillos e incluso en los baños, se escuchaban los aullidos de dolor de la pobre víctima. Varios maestros abandonaron sus lecciones y salieron disparados al salón que estaba cerrado. Tras varias amenazas, lograron que Genarín y su banda abrieran. La masacre se detuvo.

Todos estaban expectantes, algunos con morbo, otros con el regusto que anuncia la llegada de la justicia. Se esperaba que viniera un castigo ejemplar, incluso definitivo, quizá expulsión. Pero no pasó nada. En ese momento la escuela completa, alumnos, profesores y directivos, entendió que el Genarín no era otro adolescente más. Había recurrido a la protección de los agentes del Servicio Secreto, el terror de la sociedad. Amenazaron a los maestros y directivos. Nadie lo iba a tocar.

Genaro le había abierto la puerta al futuro. Así iniciaba su *curriculum vitae*, su larga carrera del miedo, del tráfico de influencias e información. De allí que haya excompañeros de secundaria que lo recuerdan como un «orquestador» de conflictos, un joven hermético y raro, gandalla, sinónimo de abusivo, intolerante y maldito, que solía verse acompañado de gente de la Policía Secreta.

Poco antes de terminar su carrera en la UAM, de la mano de sus mentores de la Policía Secreta o agentes de la DIPD —organización que había desaparecido en 1983—, García Luna tomó en 1989 la decisión de presentar una solicitud y los exámenes correspondientes para ingresar al Cisen. Aquí se formaría como espía, bajo el glamoroso nombre de agente de inteligencia.

En su currículum oficial no se lee la violencia, pero un analista astuto sabe leer entre líneas, en especial al tener conocimiento sobre sus orígenes. Entre cada logro se intuye el miedo de las personas que tuvieron que lidiar con él. Genaro García Luna es egresado de la licenciatura en Ingeniería Mecánica, en el campus Azcapotzalco, y formó parte de la generación 1986-1993, con el número de cédula profesional 2048572. En un documento digital de la UAM —«Egresados Destacados»— figura su perfil profesional: se le describe como un político que se ha desempeñado en áreas de seguridad del Gobierno de México; entre 1989 y 1998 figura su participación en el Cisen como investigador; de 1998 a 2000 fue coordinador general de Inteligencia para la PFP; y a partir de 2000 fungió como director general de Planeación y Operación de la entonces nueva AFI, para posteriormente convertirse en su titular. Meros títulos sin historias, silencios que aturden, que recuerdan al grito del alumno de secundaria, encerrado en el salón y sin posibilidad de salir.

Asimismo, fue coordinador del Comité Técnico de la Policía Judicial o Ministerial de la Conferencia Nacional de Procuración de Justicia, y figuró como jefe de la Delegación Mexicana durante la LXXIII Asamblea General de la Organización Internacional de Policía Criminal, conocida por su acrónimo de Interpol. Puestos de mando, desde los cuales su voz desecha el tartamudeo habitual para ejercer la orden impecable, sin titubeo, certera e inmisericorde. Dentro de la Interpol, ocupó los cargos de vocal ejecutivo para el continente americano y presidente del Subcomité de Información Estratégica, para el periodo 2004-2005. Además, se le consideró asociado regular número 06062 y vicepresidente de la International Association of Law Enforcement Intelligence Analysts (IALEIA), capítulo México, para el periodo 2005-2007. Así como su telaraña se expandió desde la Romero Rubio hasta abarcar las seis colonias aledañas, su poder también alcanzó las esferas internacionales.

Su currículum está elaborado cuidadosamente para impresionar: diplomado en Planeación Estratégica por la Facultad de Contabilidad y Administración de la Universidad Nacional Autónoma de México (UNAM), integrante de la XXIV Generación del National Executive Institute (NEI), un programa impartido por el Departamento de Justicia de Estados Unidos, en el que únicamente participan los directores más destacados de las policías del mundo, de acuerdo con los estándares del Buró Federal de Investigación (FBI, por sus siglas en inglés). Cursos y reconocimientos que abonaban a su inteligencia de calle, a su léxico de delincuencia de poca monta. Ya no es el Chango, ahora es un erudito del crimen.

Todos sus cargos en el Cisen también suman: investigador de la Subdirección de Asuntos Extranjeros, donde prestó servicios de 1989 a 1998, jefe del Departamento de Investigación Técnica de la Dirección de Servicios Técnicos, subdirector de la Dirección de Protección, secretario técnico del Subcomité para la Prevención del Tráfico de Armas, Explosivos y Municiones, y coordinador de la Unidad de Investigación de Terrorismo. Sin olvidar su desempeño como coordinador general de Inteligencia para la Prevención en la PFP (1998-2000). Hojas y hojas de un historial, de una carrera que inició en las calles de la mano de su hermana Esperanza y de los policías.

Nada deja de lado su currículum oficial. Es riguroso al resaltar su cargo como director general de Planeación y Operación de la Policía Judicial Federal (2000-2001), corporación que posteriormente se transformaría en la AFI por encargo del presidente de la República, en noviembre de 2001, y de la cual fungiría como director general de 2001 a 2006. Parecería que su empeño por borrar su pasado se compensa por lo puntilloso que resulta al enunciar sus condecoraciones, los escalones del poder.

Durante cuatro años consecutivos obtuvo el Reconocimiento a la Excelencia que entrega el Cisen a los funcionarios destacados, así como la Medalla al Valor otorgada por la misma institución debido a su participación en las investigaciones sobre el secuestro; el 2 de octubre de 2001 el Gobierno de España lo condecoró con la Orden del Mérito Policial con Distintivo Rojo, por su destacada labor en las tareas de investigación y cooperación policial entre España y México. Un hombre admirable. Aunque tal parece que dicha admiración se asemeja mucho más al miedo, ese terror que sintieron los profesores de la secundaria al sentir la amenaza de la Policía Secreta.

No puede dejar de mencionarse, tampoco, la Insignia Policía Nacional, otorgada por la Policía Nacional de Ecuador en reconocimiento a su valioso aporte y cooperación con la Policía Nacional de ese país (26 de mayo de 2005), así como el Distintivo de Plata de la Secretaría General de Interpol en agradecimiento y aprecio por sus distinguidos servicios como vocal del Comité Ejecutivo de Interpol (2004-2005), durante la Asamblea General número 74, llevada a cabo en Berlín, Alemania (septiembre de 2005). Este García Luna parece internacional e inmenso, lejano a un barrio de nombre Romero Rubio.

Este hombre se sabía vender, y lo hacía caro: en abril de 2004 obtuvo el Premio al Servicio Profesional en su Categoría 8, que refiere «al ejecutivo de áreas de procuración de justicia por un extraordinario soporte y reconocimiento a la función de análisis de inteligencia», otorgado por la IALEIA, capítulo México. Extraordinario, sin duda. Nadie se opondría a este adjetivo: ni el compañero que recibió la golpiza, ni la jueza que lo miraba al borde del llanto.

Y por si hiciera falta, la lista continúa con muchos más reconocimientos: uno por parte del FBI, por las investigaciones y arrestos de fugitivos (septiembre de 2004); otro más de parte de la Administración de Control de Drogas (DEA, por sus siglas en inglés) en agradecimiento por la valiosa colaboración en la lucha contra el narcotráfico (junio de 2005); se suma uno más por su labor contra la delincuencia, otorgado por la organización México Unido contra la Delincuencia (noviembre de 2005). Y, finalmente, se encuentra el reconocimiento por su invaluable apoyo al Consejo de Participación Ciudadana de la Procuraduría General de la República durante el periodo 2005-2006 (febrero de 2006).

Es así como termina el *curriculum vitae* de Genaro García Luna, el Chango.

3
EL ESPÍA QUE APRENDIÓ DE SALINAS

En el rostro ya empiezan a desvanecerse los rasgos de la adolescencia, pero en la mirada sigue esa atención al detalle, ese estar achispado porque nada se le pierde, nada que pueda utilizar en un futuro, para su beneficio o el de alguien más. Desde que estudia en la UAM explora esa nueva faceta de su personalidad, la del buen alumno que piensa tres movimientos a futuro. Ahora responde un examen, pero no es dentro de las instalaciones de la universidad: se trata de la prueba que debe superar para su ingreso al Cisen. Las manos se detienen por momentos en un nerviosismo que parece perpetuo: juguetean con el aire como si archivara documentos invisibles por orden de importancia, por orden de magnitud o de utilidad para hundir o para ensalzar a alguien.

Tiene 21 años y las calificaciones que alcanzó en su examen de ingreso le garantizaron de inmediato una plaza permanente. El Cisen fue creado el 13 de febrero de 1989 por el presidente Carlos Salinas de Gortari para borrar, en papel, la historia negra y la descomposición de la Dirección de Investigación y Seguridad Nacional (Disen), la cual había sustituido a la no menos siniestra Dirección Federal de Seguridad.

Los nuevos comienzos para la investigación policial en México fueron también nuevos comienzos para el joven que dejó atrás su pasado de simple soplón de calle, en aras de convertirse en un espía del Estado. A diferencia de muchos de sus compañeros, Genaro García Luna resultó ser un agente audaz, sin escrúpulos, metódico, frío, obsesionado con el estudio de la inteligencia y sus ramas dentro del Subcomité para la

Prevención del Tráfico de Armas, Explosivos y Municiones, de la Unidad Especializada en Investigación de Terrorismo, Acopio y Tráfico de Armas, y de la Unidad Especializada en Investigación de Delitos en Materia de Secuestros. Llegaba al Cisen con su experiencia callejera, con el bagaje que adquirió al servicio de los agentes de la División para la Prevención de la Delincuencia o Servicio Secreto, y con la disciplina e intelectualidad que le exigía su formación universitaria. Un buen currículum para un joven de la Romero Rubio y con tan solo 21 años.

Estas instituciones, con sus borrones y cuentas nuevas, cambio de nombres mas no de estrategias, representan un sinónimo de lo más sombrío de nuestro país, son el símbolo de la corrupción y el espionaje ilegal institucional, la cloaca de la alta política mexicana impuesta por el PRI y copiada al carbón por el PAN entre 2000 y 2012; una tradición pasada de generación en generación que consistía en rastrear y desaparecer lo mismo a estudiantes que a insurgentes o supuestos guerrilleros, opositores y activistas. Servían de tiempo completo a la DEA y a otras corporaciones policiacas o de espionaje pertenecientes a Estados Unidos, cuyas filas estaban repletas de policías secretos corruptos y agentes dobles.

Algunos comandantes federales como Miguel Nassar Haro, Rafael Aguilar Guajardo, Manuel Ibarra Herrera, Guillermo González Calderoni, José Antonio Zorrilla Pérez, Arturo Durazo Moreno y Rafael Chao López habían usado la DFS como una escalera sólida para delinear un plan que los llevaría a controlar al crimen organizado y a los cárteles que en ese momento se disputaban el tráfico de drogas ilegales: el del Pacífico o Sinaloa, el de Tijuana o de los Arellano Félix, el de Juárez y el del Golfo. Era un trabajo de mancuerna entre policía y crimen: ambas partes trabajaban para adquirir más poder, convertirse en el nuevo capo de capos, jefe de jefes. La llegada de Genarín al escenario no era novedosa en este aspecto. Se trataba de un *modus operandi* que llevaba años repitiéndose entre sujetos del gremio, algunos de los cuales eran incluso abiertamente asesinos: policías con licencia para matar.

Para 1989 el gobierno salinista no podía tapar el sol con un dedo, aunque lo intentó, ni aquellos agentes podían ocultar sus pisadas en el mundo del crimen. Salinas dejó el combate contra la inseguridad y los cárteles en manos de Guillermo González Calderoni, un delincuente violento y salvaje, cuyos métodos de investigación «científica» tenían como base el uso refinado de la tortura. González Calderoni conocía todas las formas mañosas para ocultar el dinero que recibía, tomaba o robaba de las organizaciones criminales y de delincuentes de alto perfil. Ya luego buscaría la manera de lavarlo en Estados Unidos.

La policía de la DFS no solo era una escuela para capos del tráfico de drogas o una especie de academia para formar agentes dobles. También amaestraba policías para ponerlos al servicio de Washington, quienes eliminaban a la disidencia comunista mexicana y seguían la pista de agentes cubanos y soviéticos, y de cualquier personaje indeseable para las instancias de seguridad de Estados Unidos. Cobraban en México y servían a Washington, como lo hicieron algunos presidentes.

El Cisen surgió de una necesidad específica: la de espiar y castigar enemigos políticos. Después del escandaloso fraude electoral en los comicios de julio de 1988, Salinas necesitaba deshacerse de sus rivales y apuntalar su frágil y cuestionado gobierno que inició el primero de diciembre de aquel año. Lo haría con el apoyo ciego del PAN, hasta conseguir, vía legisladores federales panistas, la quema de todas las boletas electorales.

En las calles había agitación por parte de los seguidores de Cuauhtémoc Cárdenas Solórzano, candidato presidencial del Frente Democrático Nacional (FDN). Crecía el movimiento petrolero que había votado por Cárdenas. A su vez, la situación se volvería aún más tensa debido a la movilización de los trabajadores de Pemex tras la detención y encarcelamiento ilegal de su líder Joaquín Hernández Galicia, la Quina, en enero de 1989. El petrolero no era el único sector inestable, la dirigencia nacional de los maestros —el mayor sindicato de América Latina— también se rebelaba y, del mismo modo, lo pagaría en los ajustes de cuentas del salinismo.

La respuesta de Salinas empezó antes de los comicios del 2 de julio de aquel 1988 con una señal ominosa que nadie vio ni supo interpretar: el asesinato de Francisco Javier Ovando, responsable del cómputo electoral del FDN, que postulaba a Cárdenas, y de su colaborador Román Gil Heráldez.

Salinas no temía mancharse de sangre las manos; era, después de todo, un justo heredero de los intocables expresidentes Adolfo López Mateos, Gustavo Díaz Ordaz, Luis Echeverría Álvarez y José López Portillo. La maquinaria del PRI operaba de esta manera, se había convertido en una masa amorfa en la que cabía de todo, incluso pillos de cuello blanco que enriquecieron con los recursos del erario a narcotraficantes y asesinos. Eran negociadores del poder.

Salinas era parte de una unidad impune, de una lógica del poder bien delineada y aceitada. No solo en el ejercicio de la violencia, sino en el tráfico de información. Existían pruebas sólidas de que varios presidentes habían trabajado como informantes al servicio de la Agencia Central de Inteligencia (CIA, por sus siglas en inglés), una dependencia estadounidense dedicada al espionaje internacional e involucrada en operaciones encubiertas para desestabilizar gobiernos, asesinar a líderes políticos, activistas y dirigentes sociales.

En resumen, el nuevo Cisen salinista se convirtió, casi desde el día de su concepción, en un organismo sórdido de gobierno, responsable de identificar a los supuestos enemigos del Estado —entendido este como Salinas y su grupo en el poder—, ubicarlos, recabar datos de ellos y castigarlos.

Después de concluir el examen, no tardó mucho en saber que había sido aceptado, que se internaría hasta los rincones más ocultos del Cisen. García Luna dedicó sus primeros meses al estudio de todas las áreas encomendadas a la inteligencia, contrainteligencia —no otro, sino el combate contra la guerrilla— y al espionaje, actividades a las que posteriormente se entregaría muchos años más. Con la cabeza gacha, las manos inquietas, la mirada fija en documentos, absorbería toneladas de información hasta convertirse en un especialista del combate al secuestro, de las intervenciones telefónicas, del espionaje político ilegal, de la desactivación de artefactos explosivos improvisados (comúnmente conocidos como bombas caseras) y de la tecnología, hasta llegar a la ciberseguridad. Un joven espía con un futuro tenebroso por delante; un apasionado por su trabajo, por tejer esa telaraña de saberes que retomaba lo aprendido en la calle y que se enriquecería cada día con lo ofrecido por el aparato de inteligencia priista.

* * *

Pero no todo era habilidad de escritorio y archivos. García Luna captó la atención de los altos mandos por sus métodos adquiridos en la calle. Apenas iniciada la década de 1990, fue seleccionado para realizar trabajo de campo en el área de inteligencia y contrainteligencia. La misión consistía en detectar e identificar a los «agitadores» o supuestos puntos de agitación que, a su vez, pudieran culminar en alzamientos armados contra el gobierno de Carlos Salinas de Gortari. Para esto fue enviado a Chiapas y su selva.

Para ese entonces comenzó a cuidar su imagen física, y lo inquieto de sus manos menguaba cuando tomaba un libro y hundía la atención en él. Un veterano exagente de inteligencia relata:

> Devoraba, literalmente, todo lo que debía leerse; por ejemplo, sobre explosivos, secuestros y armas. Y estaba obsesionado con la pulcritud en el vestir [...] tenía siempre un aspecto elegante en azul, vestía traje de casimir —al principio económicos, financiados por el gobierno en Trajes Robert's, que tenía incluso una sucursal dentro del Cisen—, camisa a la medida, corte de pelo a la navaja, rostro bien afeitado, manos cuidadas con esmero y zapatos bien lustrados.
>
> Además de que exigía lealtad y fidelidad absoluta, sumisión, la vestimenta era esencial. Era afable. Aunque pareciera una contradicción,

> se hizo un hombre amado y temido que también sobresalía por sus uñas debidamente pulidas y tratadas con manicura. Fue esa época cuando empezó a rodearse de algunos personajes fieles e incondicionales, sumisos.

Así como en la secundaria ejercía un reinado del terror, siempre custodiado por sus secuaces, sus esbirros atentos a sus órdenes, amigos fieles, en el Cisen cultivaba esa doble cara que brincaba de un rostro amigable a uno capaz de quitar el sueño.

Quizá el personaje que García Luna se inventó, tanto en apariencia como en hábitos, no es del todo original. Parece ser la calca al carbón del extinto J. Edgar Hoover, un desalmado policía estadounidense que dirigió por casi cinco décadas (de 1924 a 1972) el FBI. Compartía con Hoover obsesiones temibles: combatir, como sinónimo de aniquilar, a líderes sociales, activistas, periodistas, insurgentes o guerrilleros. Todo bajo la fe de limpiar a México de peligros, idea que llegaría a cultivar junto con su amigo y protector, el presidente Felipe Calderón Hinojosa. Aunque tras la caída de Genaro este último diría que «desconocía por completo los hechos que se le imputan, ya que jamás tuve información o evidencia sobre ellos». O miente y fue cómplice, o se trataba de un presidente incapaz, una marioneta en las manos de García Luna, un mero adorno muy caro en Palacio Nacional.

Pero los hechos del gobierno calderonista arrojan una imagen tanto de corrupción como de negligencia. Se destinaron al menos nueve mil millones de pesos para construir una barda perimetral, solo eso, de lo que sería supuestamente una refinería en el pueblo de Atitalaquia, en el estado de Hidalgo. Sería la primera refinería en 30 años, pero terminó en un costoso y burdo intento. La barda se convirtió entonces en la metáfora de una gestión incompleta, de la mera fachada de un supuesto progreso. ¿Qué más había detrás de la barda?

En seis años, la administración calderonista dilapidó más de 313 mil millones de dólares que recibió tanto de ingresos petroleros como de una deuda externa. No solo eso, también propició la debacle de la industria petrolera nacional y llevó al desastre a su propio partido, el PAN, que en 2012 cedió el poder al PRI, al dejarlo en las manos del diabólico e incapaz Enrique Peña Nieto. El calderonato manejó más ingresos petroleros que los sexenios de Vicente Fox Quesada, Ernesto Zedillo Ponce de León y Carlos Salinas de Gortari, los cuales en conjunto sumaron 228 mil 617.6 millones de dólares.

En este barco, tras los años de formación, se subiría aquel joven Genaro. Embonaría a la perfección con la «moral» del presidente y se convertiría en «un asesino, lo más negro del gobierno usurpador de Calderón», en palabras del sociólogo y senador Gerardo Fernández Noroña, quien fue de los primeros, si no es que el único, que se atrevió a decírselo en persona.

No solo están las semejanzas con Hoover, también hay quienes comparan a García Luna con el temible general Juan Manuel Guillermo Contreras Sepúlveda, el Mamo: el agente represor del dictador chileno Augusto Pinochet y fundador de la tristemente célebre Dirección de Inteligencia Nacional (Dina), organismo gubernamental responsable del secuestro, tortura, desaparición y muerte de miles de opositores al régimen pinochetista.

La guerra contra el narcotráfico, que García Luna estructuró y ejecutó con mano de hierro al lado de Calderón, dejó en seis años al menos 121 mil 683 muertos, más de 26 mil desaparecidos, 40 mil huérfanos, siete mil homicidios por razón de género, casi cuatro mil desaparecidas, 3 mil 847 feminicidios, cuatro mil asesinatos de niños, 70 masacres colectivas, 63 asesinatos de defensores de derechos humanos, ejecución de al menos 15 activistas, 6 mil 314 secuestros, 60 periodistas asesinados, 15 desapariciones forzadas de periodistas y cerca de 200 funcionarios asesinados.

Estas no son las cifras del Mamo o de Pinochet; son las del México de García Luna, el Policía de Calderón: dos asesinatos masivos (con al menos 265 víctimas en conjunto, decenas de ellas de Centro y Sudamérica) en

San Fernando, Tamaulipas; la muerte por quemaduras de 49 infantes, todos menores de cinco años, y 196 heridos, niños también, en una guardería pública en Hermosillo, Sonora; la masacre en el Casino Royale de Monterrey, Nuevo León, que dejó un saldo de 53 muertos, y la caravana de la muerte del Cártel de los Zetas en Allende, Coahuila, que terminó como una masacre colectiva que dejó hasta 300 personas asesinadas y desaparecidas. Esto, al igual que sus trabajos de soplón de la Romero Rubio, no aparecería en la versión oficial de su currículum. Y, sin embargo, son actos más característicos que simples diplomados internacionales. Pero cuando se cuenta con amigos en la prensa, es fácil que las masacres pasen desapercibidas.

Calderón fingió demencia sobre el baño de sangre que envolvía a México bajo las órdenes de su amigo y protegido. Pero nada permanece por siempre en silencio. El 24 de diciembre de 2012, dos años después de los hechos de la masacre de Allende, el periodista y escritor Juan Alberto Cedillo publicó en el semanario *Proceso* el reportaje «El apocalipsis de Coahuila». Fue el primero en relatar los asesinatos, secuestros de familias enteras, quema de viviendas y extorsiones perpetradas en esa tragedia.

Mientras García Luna negociaba y recibía parte de las narcoganancias, México se convertía en un narcoestado en las manos de Calderón, y se extendía la psicosis que generaba la violencia. Al respecto, escribió Cedillo:

> Las atrocidades de los Zetas en Nava y en este municipio [Allende] eran un secreto a voces: hordas de narcos arrasaron con estos dos poblados del norte de la entidad, destruyeron y quemaron decenas de casas, se llevaron a familias enteras, asesinaron a dueños de ranchos y violaron a mujeres y niñas.

Hubo hechos de carácter sistemático. Es insostenible la versión de una presidencia calderonista ignorante e inocente. A la distancia, después de atar cabos, de mirar los restos o la cifra de torturados y ejecutados, y los torsos o huesos de algunos desaparecidos, puede señalarse que hubo procesos de planificación para otorgar permisos ilegales en función de que la Policía Federal, las Fuerzas Armadas y los sicarios al servicio de los cárteles del narcotráfico desaparecieran, secuestraran, torturaran y aniquilaran.

Calderón daba licencia ilimitada a las operaciones de García Luna. El caso de Allende no fue un hecho aislado, desgraciadamente pertenece a un museo del dolor y la injusticia. Cada vitrina posee diferentes pérdidas humanas, desapariciones, torturas, asesinatos. Entre los pasillos del museo reina el silencio cómplice, aterrador, que parece contener una amenaza para cualquiera que busque exponer la inhumanidad que lo caracteriza.

Dejemos atrás la vitrina de Allende, y dirijámonos a otra no menos dolorosa e inconcebible.

Las últimas horas de la noche del 30 de enero de 2010 un comando armado, a bordo de cuatro vehículos, ingresó a la colonia Villas de Salvárcar en la fronteriza Ciudad Juárez, Chihuahua. Uno de los domicilios reunía a unas 60 personas, entre ellas jóvenes estudiantes de bachillerato que habían ganado un torneo deportivo. Festejaban también el cumpleaños de uno de ellos. Ya en las primeras horas de la madrugada del 31, llegó el comando. Los pistoleros bajaron, irrumpieron en la vivienda, se abrieron paso entre los jóvenes y, en una de las habitaciones, abrieron fuego en forma coordinada e indiscriminada. Salieron, treparon a los vehículos y huyeron. El saldo se contabilizó de inmediato: 15 muertos. En el piso quedaron los cadáveres de cinco adultos, seis menores y cuatro jóvenes de entre 18 y 19 años.

De gira por Japón, y antes de que conociera los detalles de la matanza, Calderón hizo una declaración que sorprendió a más de uno: «Si los mataron es porque en algo andaban». Los jóvenes, dijo, formaban parte de las pandillas criminales juarenses. De nuevo se desmorona la versión de un García Luna que actúa de manera independiente y a espaldas de Calderón. La declaración del presidente, su apresurada fiscalización de un grupo de jóvenes inocentes, demuestra el pacto de guerra que había acordado.

No es ninguna leyenda urbana: fue un pacto que permitió negociaciones con los cárteles del narcotráfico, que incentivó levantones aleatorios, que colocó en una esquina a la ciudadanía, consumida por el miedo y paralizada, sin lugar a dónde huir. Mataron los policías federales, mataron los militares y mataron los criminales. Tenían aval para actuar. García Luna usó el poder que le entregó su jefe, y lo hizo sin control ni medida.

Incluso, se documentaría que García Luna usó a sus subordinados como carne de cañón para mantener contentos, favorecer o no entorpecer negociaciones y acuerdos con algunos capos de los cárteles de la droga. Ese fue el caso de 12 agentes federales —11 hombres y una mujer— capturados, secuestrados, torturados en forma salvaje, violados y ejecutados en julio de 2009 por sicarios de La Familia Michoacana al servicio de Servando Gómez Martínez, la Tuta.

La historia la reconstruiría 11 años más tarde la periodista mexicana Dolia Estévez, radicada en Washington, y se publicaría bajo su firma en varios periódicos y sus sitios web: un grupo de élite del Grupo Especial de Operaciones contra el narcotráfico y del área de la Dirección de Investigación contra el Crimen Organizado de la Policía Federal —al mando de Ramón Enrique Pequeño García— fue enviado a Arteaga, Michoacán, a realizar un operativo encubierto. Pero fue una decisión pésima porque los agentes fueron descubiertos de inmediato por sicarios al servicio de la Tuta.

> Pequeño y los jefes directos de los capturados —Genaro García Luna, Luis Cárdenas Palomino e Iván Reyes Arzate— decidieron no hacer nada. [Los agentes] Fueron cruelmente torturados y asesinados. La compañera, violada por más de uno de los sicarios. Fue el día más negro para la Policía Federal. [...] En su afán por complacer a los cárteles, García Luna, Pequeño García, Palomino y Reyes Arzate seguramente cometieron muchos crímenes, ciertamente la violación del juramento como

servidores públicos, pero quizá el más despreciable fue haber traicionado a sus subalternos.

Los federales se infiltraron como estudiantes de la Normal de Arteaga para rentar un inmueble cerca de la ubicación de la madre de la Tuta. Ignoraban que, desde su llegada, por ser un grupo numeroso y llevar un corte de pelo que los delataba como policías, de inmediato fueron identificados por *halcones* (informantes) al servicio del capo.

Sobre la culpabilidad de la Tuta nunca hubo dudas. Un audio de poco más de dos minutos de duración, difundido por el mismo capo y la Policía Federal, dio cuenta de la masacre:

> —¿Qué hay, viejo?
>
> —Ahorita me tocó un caso, viejo —responde la Tuta.
>
> —Pues yo pienso que son puros..., pues han de ser puros de las cinco letras (SEIDO), de esos que andan en las camionetas. Me aventé doce güeyes.
>
> —No pelearon los culeros. Nomás tumbé al primero y se culearon todos... Nadie sabe nada —precisó la Tuta en tono burlón.

Los doce agentes fueron emboscados por una célula comandada por Francisco Javier Frías Lara, el Chivo —un sicario que operaba bajo órdenes directas de la Tuta— y sus restos fueron localizados el 9 de julio de aquel 2009 en un entronque carretero de la autopista Siglo XXI (Lázaro Cárdenas-Morelia) y en el poblado Nuevo Centro de Población, municipio de La Huacana, con un mensaje de amenaza contra la Policía Federal.

Decenas de cuerpos serían encontrados después en fosas clandestinas de panteones improvisados. México se convirtió en una tierra desbordada por cadáveres. Tus muertos, mis muertos, los de otros países, los que nadie reclamó, los que siguen siendo buscados por sus madres. En ocasiones, solo hay que escarbar por encima.

Si Pinochet entregó al Mamo la Dina, la brutal Policía Secreta de la dictadura militar, Felipe Calderón creó para García Luna la no menos temible SSP, desde donde se lanzó en diciembre de 2006 la tramposa guerra contra el narcotráfico. Policías y funcionarios de Michoacán y policías de Hidalgo serían sus primeras víctimas.

Sin embargo, no era solo un permiso y un pacto desde lo institucional o lo meramente profesional. García Luna tenía ciertas consideraciones especiales por parte de Margarita Zavala Gómez del Campo, esposa de Felipe Calderón y, por lo mismo, primera dama de México. Y, antes, contó con las de Marta Sahagún Jiménez, quien, en los hechos, cogobernó con Fox y en algún momento soñó con llegar a la presidencia. La monstruosidad de Genaro no borraba su encanto, su don para engatusar a las personas. Además de saber provocar miedo en sus adversarios, el Policía del presidente era un seductor capaz de agenciarse alianzas poderosas.

Nadie sabe qué hizo, pero García Luna tuvo el poder para seducir primero a Martita y luego a Margarita. Las llenó de alabanzas y les informó sobre el futuro prodigioso para el PAN desde los negros archivos del Cisen. Les dijo lo que querían escuchar. Les contó, según se dice, algunos de los secretos oscuros de ese viejo Cisen. Y él aprovechó a las dos primeras damas para cambiar de bando: pasó de las simpatías y los trabajos para el PRI a ser un fiel y obsequioso servidor de las élites del PAN, y estas lo hicieron uno de ellos.

La alianza con Margarita no solo le sirvió para enlistarse en el PAN, también le brindó una senda a seguir, un proyecto electoral a futuro. Hay elementos para advertir que Genaro fue parte fundamental para la fallida campaña presidencial de Margarita Zavala. Tras esto continuarían las pistas para vincularlo con México Libre, la organización que los Calderón buscan convertir en partido político para la presidencia. Esta organización ha requerido de labores de inteligencia y ciberseguridad, por lo que no resulta extraño pensar que estos servicios los suministró García Luna. Su plan parecía consistir en seguir de la mano de sus dos aliados, Felipe y Margarita, y llevarlos a la nueva candidatura presidencial en 2024.

4
EL PODER DETRÁS DEL PODER

El tiempo no es lineal, contrario a lo que solemos entender. La realidad se asemeja más a una espiral furiosa en la que somos personajes repetidos, cual cartas de un montón de barajas arrojadas. Y no es diferente para Genaro García Luna. Ya hemos visto características suyas en otras figuras políticas. Pero no se agotan ahí, su modo de vida forma parte de un tipo de personaje que interpreta siempre el mismo papel en la obra de teatro llamada *Política y represión*. Se trata de aquellos seres oscuros, esas sombras que se colocan detrás de una figura estelar, pero son quienes en realidad llevan las riendas de la situación. Son los que se infiltran en las alcobas del poder, susurran secretos y ven caer a sus enemigos sin necesidad de mancharse las manos de sangre. Topos que escarban una red de túneles en las penumbras de la política y el crimen.

El expresidente peruano Alberto Fujimori se mantuvo en el poder de 1990 a 2000. Su gobierno es recordado por haber sido cruel, corrupto y vengativo, pero, como fue el caso de Genaro, su mano represora no le pertenecía del todo. Fujimori, como Calderón, utilizaba a un personaje de nombre Vladimiro Montesinos, apodado Rasputín o el Doctor.

Una de las coincidencias que guardan Montesinos y García Luna está en los tiempos. Mientras uno se alzaba hacia la cima del estrellato en su carrera de espionaje, el otro comenzaba a tocar fondo. En 2000, Genaro encontró el manto protector del PAN y una nueva oportunidad tras la caída del PRI. En cambio, en Perú se descubría una vasta red de corrupción y una maraña de actividades ilegales vinculadas con Montesinos, quien había sido el hombre más poderoso de su país e incluso un informante de la CIA.

La caída de Montesinos fue tal que Fujimori se vio obligado a renunciar. Era, después de todo, el asesor en materia de seguridad del Estado y director *de facto* del Servicio de Inteligencia Nacional (SIN). Habría sido desfachatado que Fujimori, el presidente y cabeza de ese cuerpo gubernamental, declarara no saber nada al respecto.

Montesinos se dedicó a manejar el país y a acumular una gran fortuna a través de una serie de actividades ilegales, incluido el narcotráfico, comisiones por venta ilegal de armas y la transacción de favores políticos. Tras tomar el SIN con el visto bueno presidencial y, una vez sometidas las Fuerzas Armadas, el Rasputín peruano conformó una enorme red de información que le rendía cuentas solo a él, por lo que no tuvo frenos para espiar ilegalmente la vida privada de políticos, opositores y leales a Fujimori, periodistas, empresarios, militares, líderes sociales y activistas (lo mismo que hizo García Luna).

Tras un reinado del terror que se caracterizó por desapariciones forzadas y torturas, estaba más que claro que Rasputín, el Doctor, era un criminal. Y como tal, el 24 de septiembre de 2000, después de la renuncia de Fujimori, Montesinos huyó a Panamá (como haría García Luna, unos años después, al refugiarse en Miami, Florida).

Se observa entonces la mano fuerte de un mandatario, un especialista en manejar y borrar información. También, alguien a quien no le tiembla la consciencia al terminar con la vida de otro ser humano. El poder detrás del poder. Las manos que mueven al títere, hilos manchados de sangre.

El caso de Montesinos no es el único que muestra paralelismos con Genaro García Luna. El general chileno Juan Manuel Guillermo Contreras Sepúlveda, el Mamo, sembró su propia semilla del mal. Tenía su historia oscura. Nada escapaba a su brazo corruptor: magistrados, funcionarios, jueces, dirigentes políticos, periodistas, legisladores, agentes del Ministerio Público, estrellas de televisión. Todos tenían un precio y él lo pagaba.

Como Montesinos, el general Guillermo Contreras Sepúlveda y el mexicano Genaro García Luna construyeron, cada uno en su momento, una estructura violenta y peligrosa que sembraba terror y comprometía la estabilidad de su respectivo país.

De esta galería tan infame como siniestra, en la cual un mandatario fue capaz de sembrar sus ideas en las élites del poder presidencial, no puede quedar fuera el policía argentino José López Rega, el Brujo. La versión argentina de nuestro personaje fue la sombra y mano asesina de Isabel Perón y quien llenó espacios de poder con los despiadados escuadrones de la Triple A (Alianza Anticomunista Argentina), un grupo terrorista paramilitar.

Y allí, al lado del Chango García Luna, el Mamo y el Brujo, puede colocarse la negra imagen del Depravado, traducción del nombre del verdadero Rasputín, no otro sino Grigori Yefimovich Novykh, el brujo del zar Nicolás II y protegido de Alejandra, la última zarina de Rusia. A través de los tiempos tenemos la desgracia de este personaje repetido. El espiral furioso se cubre de sangre con su presencia, la historia se repite pero al parecer de la mano de estos orquestadores maquiavélicos y despiadados.

El 28 de septiembre de 2000 el periodista argentino Mario Grondona publicó en *La Nación* un artículo titulado «Vladimiro Montesinos, López Rega, Rasputín...», en el cual apunta:

> Como la sombra sigue a la luz, el sigilo y la violencia acompañan los destellos del poder. Pero ningún rey, ningún presidente quiere encarnar el lado oscuro de la política. Alguien queda a cargo del «trabajo sucio» para liberar a su jefe: el favorito.
>
> Cuando el lado oscuro del poder tentaba a San Nicolás II a torturar y a fusilar, para eso estaba Rasputín. Cuando Isabel enfrentó la posibilidad de reprimir por «izquierda» la subversión, no fue ella sino José López Rega el que organizó la Triple A. También él, como Rasputín, había invocado poderes ocultos para subyugar la voluntad del matrimonio presidencial argentino.
>
> [...]

> Al igual que las historias de Rasputín y López Rega, la de Montesinos mostró que el ser humano saca de adentro lo peor de su naturaleza cuando los demás no lo vigilan. Ya se llame Nicolás, Isabel o Fujimori, si el príncipe no elimina al favorito antes de que lo identifiquen con él, lo sigue en su caída.

Al recuento de Grondona podríamos agregar al mandatario Felipe Calderón y a su verdugo caído, Genaro García Luna.

Y como todos esos personajes, Genaro gozó de su ascenso, de años gloriosos siendo el poder detrás del poder. Hasta que la ley de la gravedad, o de la espiral furiosa del tiempo, se impuso a su escalada y lo arrojó al abismo tras siete años de sentirse libre de toda responsabilidad, siete años tras el término del gobierno calderonista. La justicia estadounidense lo capturó en Texas y lo envió a una juez federal en Nueva York, misma que llevó el caso del capo mexicano Joaquín *el Chapo* Guzmán Loera, otro caído.

* * *

Genaro García Luna se prepara ante un espejo: el traje azul impecable, el cabello corto que asemeja un estilo marcial, el rostro serio, la corbata en un nudo de antología. Pero en este ritual de aseo de la imagen personal, que bien pudo repetirse a diario durante su carrera como el Policía del presidente, algo sucede. El espejo parece alterarse y el hombre que refleja se vuelve otro por unos instantes. El cambio es tan sutil que perturba. Pero ese ya no es García Luna. Ahora vemos a un hombre cuyo traje es de un azul más oscuro, el nudo de la corbata se adelgaza y el rostro serio se deforma en una mueca que se tuerce hacia la derecha. Este hombre es John Edgar Hoover, el primer director del FBI.

Hoover fue director de la agencia de investigación durante casi 50 años. Su imagen, que ahora miramos reflejarse en el espejo, no solo se asemeja a la de García Luna en cuestiones de aspecto físico. Las estrategias de

Genaro tenían como fin permanecer durante años, quizá décadas, como el poder detrás del poder, desde la SSP. No tuvo el éxito de su contraparte estadounidense, pero sí empleó las mismas herramientas para gestionar la información y convertirla en un báculo de poder.

De Hoover, García Luna tomó los modelos elegantes, las formas suaves en público. Quería ser estimado y respetado por la aristocracia del PAN. Hoover reinó detrás de ocho presidentes de Estados Unidos: Calvin Coolidge, Herbert Hoover, Franklin D. Roosevelt, Harry S. Truman, Dwight D. Eisenhower, John F. Kennedy, Lyndon B. Johnson y Richard Nixon. Sabía recurrir a la mano dura y al chantaje para controlar y someter, sin necesidad de perder cierto encanto. Genaro pretendía lo mismo. Tal parece que se sentía el elegido, destinado a ser el gran espía de los mexicanos, aunque su camino fue tornándose más oscuro conforme ascendía en el poder.

¿Qué más refleja el espejo? Según los indicios, Hoover habría negociado con la mafia. Y García Luna, quien anhelaba ser su clon, negoció con los capos del narcotráfico. La niñez de Hoover y su adolescencia todavía forman parte de los enigmas de lo que fue su vida. García Luna nació en una vecindad de la Ciudad de México, en un barrio popular, era de familia humilde y su pasado familiar representa todavía un misterio.

Fue una especie de copia tenebrosa en la que cada detalle parecía coincidir: el ambiente laboral en el FBI era formal, sin tonterías, la misma disciplina que se adoptó en el Cisen, luego en la AFI, y al final en la SSP. Para evitar fuga de información, se prohibió incluso pasar de un área a otra o de un piso a otro sin el color del gafete correspondiente.

Dicen los biógrafos de Hoover que los expedientes oficiales y confidenciales del FBI incluían todo tipo de información acerca de políticos, presidentes, activistas y líderes sociales para mantenerse en el cargo. Eso mismo intentaba hacer García Luna. Tenía la ambición de conocer qué hacía cada mexicano: la información como arma coercitiva. Si le conoces los trapos sucios a alguien, no se pondrá en tu contra por temor a la luz de la verdad.

Ese camino guiaba las pisadas de García Luna. Muchos de los medios, sobre todo los de la Ciudad de México, publicaban lo que él quería. A su vez, Hoover es considerado un visionario que anticipó la importancia de los medios de comunicación y los usó en beneficio propio, creándose una biografía de héroe.

La filtración de expedientes con fines políticos comenzó a ser utilizada por García Luna cuando Fox lo nombró titular de la AFI. El nombramiento vino después de que convenció a Martita de destruir la Policía Judicial Federal (PJF). Luego trasladó el modelo a la SSP, época en la que convenció a Calderón de destruir a la PFP para crear una policía científica. A Hoover no le gustaba ser segundo en nada, tampoco a García Luna.

La AFI había entrado en funciones el primero de noviembre de 2001, con el propósito de desterrar los vicios que adquirió la PJF. A esta agencia de inteligencia se le atribuye una serie de filtraciones de expedientes confidenciales, tres videos y rumores malsanos en mayo de 2002, para destruir y acabar con la subprocuradora María de la Luz Lima Malvido.

Un diagnóstico que se hizo entonces sobre la PJF, y cuyo resultado fue hecho público por Lima Malvido, encontró que «desde hace muchos años se sabe que la Policía Judicial Federal fue penetrada por el narcotráfico, algunos agentes están prófugos y los andamos persiguiendo, y otros más trabajan para los cárteles de la droga en diversos estados».

En julio de 2012 se dio a conocer la creación de la Policía Federal Ministerial (PFM), misma que sustituiría a la AFI, ya que esta corporación adolecía de los mismos vicios de la PJF: agentes y comandantes, entre otros, estaban involucrados en delitos de delincuencia organizada, contra la salud y homicidio calificado. Eran asesinos, como sus pares de la DFS.

Uno de los videos confidenciales se difundió a mediados de 2002; consistía en una entrevista donde Lima Malvido reconocía que en su juventud había robado el portafolios de un obispo, fumado mariguana y formado parte de un grupo considerado de ultraderecha, además de confesar haber presenciado la violación de los derechos humanos de una persona detenida a manos de su escolta. El material se difundió gracias al exprocurador Jorge

Carpizo McGregor, luego del anuncio de la reapertura de las investigaciones sobre el asesinato del cardenal Juan Jesús Posadas Ocampo. Pero tanto en público como en privado fue clara la mano de García Luna, el exespía del Cisen, quien para entonces se había convertido en uno de los hombres indispensables en la vida de Marta Sahagún Jiménez.

Si bien a la muerte de Hoover se destruyeron algunos expedientes, la mayoría quedó en los archivos del FBI. En México, nadie sabe dónde quedaron los archivos que elaboró la AFI ni los de la SSP de García Luna. En el espejo, las manos de ambos reflejos, de ambos hombres, juguetean con archivos invisibles: no sabemos si los acomodan para una rendición de cuentas o para una selección meticulosa, un guardadito para el futuro, para asegurarse poder sobre algunas personas. También puede ser que, fuera del reflejo del espejo, se prepara una hoguera para quemar lo más comprometedor, aquello que puede hundir al reflejado, aquello que sin duda no quisiera que una jueza estadounidense supiese.

Algunos de los más conspicuos exagentes de inteligencia del Cisen, quienes después lo siguieron a la AFI, advierten que los archivos importantes se los llevó García Luna a la SSP, donde desaparecieron después de los comicios de 2012. Era un hecho: el nuevo presidente, el priista Enrique Peña Nieto, prescindiría de sus servicios de espionaje y de los de su policía científica, aunque, por temor, el gobierno peñista le entregó oscuros contratos millonarios y nunca lo persiguió.

Los más socarrones opinan que habría que hurgar en los archivos de los negocios personales de García Luna, sobre todo los de Nunvav Inc., empresa dedicada a las soluciones tecnológicas, telecomunicaciones y software, a partir del programa de espionaje Nicetrack, que obtuvo en 2008 de la SSP. Además, están también los archivos de la GLAC Security Consulting, Technology and Risk Management —o GL & Associates Consulting LLC, su nombre no comercial—, una firma de espionaje y seguridad creada también por García Luna el 4 de diciembre de 2012, cuyas sedes corporativas se hallan en la exclusiva zona de Santa Fe, en la Ciudad de México, y en Miami, Florida.

La imagen de Hoover desaparece del espejo, y con ella se va el éxito de reinar por casi medio siglo, emplear métodos brutales de investigación y nunca, jamás, estar ante una corte con los ojos lacrimosos. De cuerpo entero queda García Luna. El lector lo observa cada vez con menos niebla, cada vez con más luz en la oscuridad de su vida y su persona.

***

Genaro, además de ser de los muy pocos espías que hablaban bien inglés, era un galán con aires de don Juan. Por lo menos lo intentaba. Tenía su fama en el Centro, le obsesionaban los pequeños detalles tanto como las mujeres. Este rasgo lo emparejaba con la secrecía guardada en torno a su vida personal y su pasado. En el Cisen, lo más que se llegó a contar, y eso a nivel de rumor, era que un hermano avecindado en San Luis Potosí aparecía como la figura paterna y que le había costeado parte de su carrera. Todo el pasado parecía una especie de secreto de Estado o quizá un mal recuerdo.

Parte de su coquetería con las mujeres se basaba en su cuidada imagen. Su exigencia por el aseo se extendía a todo agente de inteligencia, le molestaba que salieran a la calle vestidos como lo hacían los viejos investigadores y policías secretos a quienes, literalmente, cualquiera podía identificar hasta por los escupitajos que lanzaban, su lenguaje *florido*, su parado peculiar de perdonavidas o su forma de fumar.

Era un joven originario de una colonia popular, en la que recorrió el bajo mundo del hampa y conoció de cerca la delincuencia. Sin embargo, rechazó esos modos informales cuando se hizo un funcionario manipulador y reaccionario de derecha que no rehuía la confrontación. Así, se volvió un analista de inteligencia metódico, educado, ambicioso; comprobó que su problema vocal, el cual rayaba en tartamudez, sería un activo en la medida en que lo hacía llamar la atención y lo convertía en un hombre carismático, incluso seductor.

García Luna manejaba sus cuestiones familiares y personales con discreción y cautela, aunque se le salieron de las manos los temas de Maribel Cervantes Guerrero y Linda Cristina Pereyra Gálvez —dos jóvenes analistas del Cisen—, y su *alter ego* Luis Cárdenas Palomino. A su manera, y desde los años del Cisen, confió en Maribel y Linda Cristina y en Luis para guardar los secretos íntimos y más oscuros del llamado *garcialunismo*. Con ellos mostró un lado humano y afectuoso, su parte blanda que bien podría ponerlo en riesgo.

No obstante, desde antes se observan ciertas relaciones personales que le cobraron factura. En 1989 García Luna había caído en el empleo perfecto. Estaban hechos el uno para el otro: policía-guardián. Con esa fachada y lleno de aptitudes, lo descubrió el aún vicealmirante Wilfrido Robledo Madrid —ingeniero naval por la Universidad de Trieste, en Italia, y especialista en trabajos de contrainteligencia—, sin importarle que parte del personal heredado de la DFS y del Cisen lo viera solo como un ingeniero mecánico que podría ser destinado al área de mantenimiento.

Ingenieros mecánicos los dos, compartían el mismo lenguaje, por lo que Robledo Madrid reclutó a García Luna para el área de Terrorismo y Contraterrorismo. Lo tomó como un compromiso personal, un protegido. Y García Luna, además de convertirse en la sombra de Robledo Madrid, fue su discípulo más aventajado en el combate a grupos guerrilleros. Así continuó en ascenso permanente dentro del Cisen. En 10 años, aquel joven de barrio se había hecho un personaje indispensable, muy alejado de los modos de la Romero Rubio, de la forma de vestir y de hablar.

¿Qué le vio Robledo Madrid al nuevo empleado del Cisen? Un ingeniero mecánico frío, regordete, macizo, de baja estatura (1.67 metros), sinuoso, enigmático, con una voz aflautada, delgada, de metralla y en ocasiones hasta sibilante e ininteligible, pero sobre todo supersticioso y con un agudo sentido del tiempo. Aún a estas alturas, solo él lo sabe. Sin embargo, en términos policiales, se dio a la tarea de reclutarlo, capacitarlo y guiarlo en calidad de maestro.

Robledo haría despegar a Genaro García Luna y este cobijaría a Luis Cárdenas Palomino, Maribel Cervantes Guerrero, Édgar Eusebio Millán Gómez, Facundo Rosas Rosas, Roberto Velasco Bravo, Iván Reyes Arzate, Javier Garza Palacios, Monte Alejandro Rubido García, Ramón Eduardo Pequeño García y, de rebote, Linda Cristina Pereyra Gálvez.

Veteranos exagentes del Cisen se atreven a señalar que si García Luna no hubiera conocido al almirante jamás habría llegado hasta donde llegó; aseguran que «fue una sucesión de cuestiones extrañas porque, de alguna manera, Robledo Madrid trabó amistad con una jovencita fea llamada Esperanza García Luna». Nadie sabe cómo conoció a la hermana de Genaro, todo parecía ser un secreto a voces. Incluso hubo quienes sospecharon que el mismo Genaro movió piedras para juntarlos. Y, por supuesto, están los que especulan que la amistad Esperanza-Wilfrido llegó al terreno sentimental, pero nadie habla abiertamente del tema. Fue en esa sucesión de cosas inexplicables cuando el joven Genaro García Luna empezó a tener información de primera mano gracias a Maribel Cervantes Guerrero, una joven analista que trabajaba en otra área del Cisen.

Fue un flechazo a primera vista, una especie de romance interno que se prolongaría por años. La relación sentimental era chisme de cada día. Se conoció la otra faceta del nuevo espía de la nación: la del galán, la del que cuidaba su imagen para atraer mujeres y no solo para intimidar o extender vínculos políticos y de inteligencia. Le gustaba casi cualquier mujer, aunque tenía una marcada debilidad por las bonitas. Llamaban a Maribel la eterna amante de García Luna. Y con él subió como la espuma.

Fue esta, la de Maribel y Genaro, una historia que fascinó y escandalizó a todo el Cisen, un mundo de espías, chismes, escándalos y corrupción. Con el paso del tiempo, el lugar de Maribel como analista en el Cisen fue ocupado por otra jovencita de nombre Linda Cristina Pereyra Gálvez, quien se convertiría en el nuevo romance de García Luna. Esta nueva relación sentimental se prolongaría hasta el registro civil y se consolidaría en matrimonio con un hijo y una hija: Genaro (el primogénito) y Luna García Pereyra.

A pesar de ser desplazada en el terreno sentimental, Maribel se mantendría como parte del leal equipo de García Luna. Posteriormente, se casaría con un militar (hoy general en retiro). Por su parte, Linda Cristina dedicaría mucho de su tiempo a la administración y multiplicación del dinero, los negocios, bienes y propiedades de la familia García Pereyra. Dejó el Cisen y se hizo esposa, madre y empresaria.

***

No solo es la imagen del mismo Genaro García Luna la que debía cuidarse y lucir pulcra. Las agencias de inteligencia, las labores de espionaje y sus agentes se muestran con cierto glamour en las películas y libros de ficción. Este trabajo se visualiza como la rectitud paradigmática, vestida de traje y con el cabello imposible de despeinar. Parecería que el espionaje, por más ilegal que fuera, tendría brillo por la gallardía de sus agentes, el estilo, la arrogancia y la finura inusitada. Pero, como en toda película de espías y agentes secretos, nada es lo que parece. Una cosa es la trama de ficción y otra la realidad. Los espías mexicanos se dedicaban más a negociar con los capos del narcotráfico, a la caza de enemigos del régimen y a poner en práctica fórmulas para infundir terror y miedo en aras de controlar a la sociedad.

El espionaje mexicano nunca tuvo una pizca de astucia ni de elegancia. Desde que empezó a vislumbrarse en la década de 1940, pretendía adueñarse de destinos y voluntades espiando a todo el mundo, sometiendo y actuando por encima de la ley. El Cisen transportaba el aire malsano de cada uno de aquellos personajes.

En septiembre de 2018 Tello Peón, director del Cisen de 1994 a 1999, considerado uno de los impulsores y protectores de García Luna, advirtió en una conferencia de prensa:

> En general, en América Latina hay muy poca cultura de los sistemas de inteligencia, confundimos los niveles de abstracción; tú puedes distinguir un albañil de un arquitecto, una enfermera de un médico porque hay esa cultura, pero no puedes distinguir un experto de inteligencia de campo a un estratégico [...] no sabes ni siquiera qué es estratégico, porque no existe una cultura del tema.

El filósofo y lingüista Noam Chomsky, por ejemplo, ha señalado con claridad: «El motivo principal del secreto de Estado no tiene nada que ver con la seguridad, sino simplemente que la población no sepa lo que sucede [...], ya que todo gobierno tiene la necesidad de atemorizar a la población, y una manera eficaz es rodear sus actuaciones de un aura de misterio».

A la poca elegancia que porta la realidad del espionaje se suma el hecho de que en materia de inteligencia cualquier grupo puede generarla. La información no está a la mano solo de los «elegidos». Prueba de esto es el *Reporte Yale*, auspiciado por Sherman Kent, considerado por algunos como el padre del análisis estratégico; Kent afirmó que 95% de la información que contienen los reportes de inteligencia proviene de fuentes abiertas. Para probar su teoría, pidió a cinco historiadores de la Universidad de Yale que elaboraran un informe, entre otros, sobre el poderío estadounidense. El resultado difería poco, casi nada, de los informes y análisis de la CIA.

Bajo el mismo principio, resultaba fácil demostrar que García Luna era un criminal de cuello blanco. Sin embargo, frente a las acusaciones, Felipe Calderón siempre se hizo el desentendido como todo un jefe de pandilla, mientras García Luna recibía sobornos de los capos del narcotráfico, en especial del Cártel de Sinaloa. No apoyarlo significaba admitir que tanto su administración como el programa de seguridad pública eran un verdadero fiasco. A la distancia da la impresión de que, por razones desconocidas, el presidente sentía una especial admiración y afecto por su subordinado.

Tal como era costumbre en todas las presidencias, y como era del conocimiento general en los altos círculos del poder político, cada mandatario mexicano tenía un funcionario cercano al que le encargaba los trabajos sucios en el tema de la seguridad pública. En este caso, la labor recaía en García Luna, después de la muerte, en un avionazo, del secretario de Gobernación, Juan Camilo Mouriño.

García Luna era un excelente actor: intentó mantener una imagen pública de funcionario honesto años antes de que sus negocios con el narcotráfico se hicieran evidentes. No obstante, hay pruebas de que desde 2006 ya estaba asociado al narco, y de que su guerra personal contra los cabecillas más peligrosos del crimen organizado —Heriberto Lazcano Lazcano, el Lazca; Alfredo Beltrán Leyva, el Mochomo; Arturo Beltrán Leyva, el Barbas, y Édgar Valdez Villarreal, la Barbie— eran una mera pantalla para cimentar el poder de Joaquín *el Chapo* Guzmán e Ismael *el Mayo* Zambada, líderes del Cártel de Sinaloa.

Genaro trabajaba, sobre todo, para sí mismo. Con el poder y el dinero que obtuvo del narcotráfico saltó a la cima del mundo empresarial, desde donde empezó a transformar su patrimonio con compras siempre de contado para lavar el dinero y evadir al fisco. Pero sus estrategias se cuidaron de mantener un perfil bajo, pasar inadvertido, ser invisible: siempre trabajando y escarbando como un topo en busca de secretos cada vez más oscuros.

Sin embargo, hay quienes advierten que había temor a la reacción de Washington, porque al mismo tiempo que se establecía una relación cercana, de entendimiento y confianza mutua e incluso se recibían recursos para la lucha contra los cárteles a través de la Iniciativa Mérida, García Luna se burlaba y engañaba a la inteligencia estadounidense. Aquello, por supuesto, era demasiado atrevimiento: Estados Unidos nunca perdona a los traidores.

Seguro de su reinado de inteligencia desde México, un país donde nadie más podría sostener los hilos que él manejaba, García Luna pecó de confiado. Olvidó que las dependencias responsables de la seguridad y el combate contra las drogas y el crimen organizado trasnacional de Estados Unidos —el FBI, la DEA, el Pentágono o la Fuerza de Seguridad Fronteriza— tienen orejas y ojos por todo el territorio mexicano. Y, al final, son incrédulas y brutales en la venganza.

Terminado su encargo como secretario de Seguridad Pública en el gobierno de Calderón, García Luna hizo maletas y se marchó para refugiarse en una exclusiva zona de Miami, Florida. En el paraíso ya lo esperaban su esposa Linda Cristina, su primogénito Genaro y su hija Luna. Desde allí se sentaría plácidamente a relanzar sus empresas de seguridad y, desde luego, su imagen como un empresario exitoso, un personaje limpio, pulcro. Un hombre alejado de todo ese mundo sucio del espionaje, sin tierra en su traje azul.

Con la mirada fija en el apacible oleaje del mar, Genaro creía que había enterrado efectivamente las negociaciones con los cárteles de la droga, las decenas de miles de muertos de la guerra contra el narcotráfico, el desvío de recursos públicos, la corrupción, las columnas inmensas de archivos secretos y los incontables gritos de cuerpos torturados. Pero ese entierro dejó un montículo de tierra, pues es imposible esconder un universo de abusos y sufrimiento. Tarde o temprano, el pasado regresaría en forma de jueza. La incertidumbre de su futuro se volvería una realidad que deja atrás su estrategia meticulosa. Solo hay una verdad: todo está por verse.

5
CONSPIRACIONES Y AJUSTES DE CUENTAS

García Luna pagó caro infravalorar a los estadounidenses. Se le acusó de cuatro cargos criminales ante la corte del Distrito Este de Nueva York, procedieron penalmente y le confiscaron todos sus bienes. Nadie sabe aún cuánto acumuló en 12 años en los que se insertó entre la *realeza* panista que gobernó el país de 2000 a 2012. Su fortuna total es un misterio. Los fiscales de Estados Unidos hablan de mucho dinero, cuantiosos recursos. Se filtran números cercanos a 200 millones de dólares. Es un acertijo porque tuvo seis años, después de salir del gobierno, para tejer un entramado de relaciones financieras y una extensa telaraña de complicidades en función de triangular recursos a través de prestanombres y empresas fantasma.

Genaro reconoció su error muy tarde. La primera presentación en corte ante la jueza Peggy Kuo lo dejó en lágrimas. Ahora, ante el juez Brian Cogan, en una de las salas de la Corte Federal del Distrito Este en Brooklyn, uno de los cinco barrios neoyorquinos, García Luna perdió por completo lo poco que le quedaba de su apariencia impecable y jovial. El carisma de aquel policía que era capaz de seducir a presidentes y a primeras damas, pactar con cabecillas de cárteles del narcotráfico y enriquecerse, se esfumó. La imagen era miserable. Pero era de esperarse.

Su línea de flotación fue destruida en diciembre de 2019, cuando la Unidad de Inteligencia Financiera (UIF) de la Secretaría de Hacienda detalló que solo durante los años 2013, 2017 y 2018 se registraron pagos con recursos públicos por 2 mil 623 millones de pesos o unos 139 millones de dólares, además de otra emisión por 77 millones de dólares más a la empresa Nunvav, creada en Panamá en octubre de 2005, la cual empezó a operar abiertamente en México en 2011 para triangular recursos a cuentas de García Luna y familia a través de siete países: Israel, Letonia, Panamá, China, Estados Unidos, Barbados y Curazao. Se engolosinó.

Esas cantidades no incluían los sobornos que le entregaron los cárteles de la droga y que se utilizaron como base para las acusaciones criminales en Estados Unidos. Tampoco otros capítulos nebulosos poco conocidos como el fraude de 2007 con «la ouija maldita», un supuesto dispositivo británico de tecnología de punta, como aquellos que usa el agente 007, James Bond, y cuyo nombre de compra fue el de detector molecular de drogas ilegales, explosivos y cuerpos humanos. Este fue uno de los episodios más vergonzosos de la guerra contra el narcotráfico. Solo por ese engaño de millones de dólares, Felipe Calderón y García Luna, además de algunos militares de alto rango, debieron haber sido enjuiciados y encarcelados. Pero nada pasó.

De los cuatro cargos criminales por los que se le acusaron —luego se sumaría uno más—, según la denuncia CR 19-576, tres están relacionados con una operación criminal organizada, sistemática y trasnacional, que desde 2001 actúa para introducir drogas ilegales a Estados Unidos. En concreto, se le acusa de conspiración internacional para distribuir cocaína a nivel internacional; conspiración para distribuir y poseer premeditadamente cocaína, y conspiración para importar cocaína. El cuarto cargo es por realizar declaraciones falsas al Servicio de Aduanas y Migración, en las que negó haber participado en la comisión de algún delito.

García Luna y sus exsubordinados Cárdenas Palomino y Pequeño García enfrentarán a la justicia estadounidense por delitos que involucran la importación y distribución de cantidades masivas de drogas peligrosas a Estados Unidos, según informó Seth DuCharme, fiscal federal interino para el Distrito Este de Nueva York.

Su impuesto autoexilio lleno de lujosas propiedades en Estados Unidos, una de ellas en Golden Beach, un exclusivo suburbio de Miami, mostraba el fuego inextinguible o su mundo oscuro y perverso. García Luna fue en México un cáncer protegido por presidentes y por un sistema corrupto.

Ante el juez Cogan quedaba poco del hombre más poderoso de la política mexicana, de aquel intocable. En esa pérdida de personalidad fue incluso capaz de presentar justificaciones inverosímiles, como una extraña, humorística y patética constancia de salud, por lo que la justicia estadounidense le recomendó usar generosamente el agua y el jabón de su celda en la prisión. El hombre fuerte ahora era una imagen debilitada, enfermiza.

La constancia fue solicitada por su esposa Linda Cristina y firmada por Enrique Herrera Ascencio, un médico de la Ciudad de México, en atención a «una leve dificultad respiratoria», un cuadro moderado y transitorio que presentó García Luna en junio de 2015 —casi un lustro antes de que lo apresaran—. Se pretendía su inmediata liberación bajo fianza, por temor a morir si llegara a contagiarse, encerrado allí en la prisión neoyorquina, de Covid-19.

La corte estaba enjuiciando a un ser miserable, derruido y abandonado por sus supuestos aliados. Calderón se lavaba las manos, como si fuese él quien hubiera presentado la constancia de salud. Pocos le creen al exmandatario cuando dice estar sorprendido por la captura de su amigo y exsubalterno e insiste que solo tenía conocimiento de señalamientos no confirmados sobre «irregularidades operativas y administrativas», pero no por una supuesta complicidad con el crimen organizado.

Alguien miente porque en diciembre de 2019, cuando todavía se sentían fuertes y las reverberaciones de la captura de García Luna llegaban en oleadas, el exlíder nacional panista Manuel Espino Barrientos, político de altos vuelos y eslabón fundamental para que el PAN llegara en 2000 a la presidencia de la República, hizo un señalamiento que cimbró a los calderonistas y a todo el panismo: Felipe Calderón sabía desde 2008 de los vínculos criminales que Genaro García Luna tenía con el crimen organizado.

En una entrevista con Carmen Aristegui, una de las periodistas más serias e influyentes de México, Espino, conocedor de todos los vericuetos del poder, fue todavía un poco más allá. Declaró que, en 2008, en un encuentro de alto nivel en Bogotá, capital de Colombia, convocado por el presidente Álvaro Uribe, varios exmandatarios latinoamericanos advirtieron a Calderón sobre los nexos de su secretario de Seguridad Pública con cárteles del narcotráfico.

Parece que en esos tiempos Calderón todavía le cuidaba las espaldas a García Luna y nadie se limpiaba las manos. Espino tendría la respuesta vengativa de Felipe. En el mes de agosto del siguiente año se organizó en la fronteriza Ciudad Juárez, Chihuahua, el II Foro Internacional «Inseguridad, Dolor Evitable», donde un grupo de especialistas de Europa y América Latina haría el mismo planteamiento que el de Bogotá. El presidente Calderón no asistió, aunque había confirmado. En su representación envió a García Luna. Espino fue expulsado del PAN en 2011, acusado de hacer uso excesivo de su libertad de expresión.

***

El 7 de mayo de 2008 el periodista Jesús Lemus Barajas sufrió en carne propia la política sangrienta y brutal de Genaro García Luna y Felipe Calderón. Su historia no es otra sino la de un ajuste de cuentas o una conspiración del poder que sobrepasa cualquier pesadilla y entra en el terreno de la ficción de las mentes más torcidas. Su vivencia tomaría forma años después en *Los malditos, crónica negra desde Puente Grande*, y en las entrevistas que concedió.

Todo empezó cuando Luis Carrillo, un comandante federal que hasta entonces había sido una de las mejores fuentes informativas de Lemus Barajas, lo entregó a un comando de policías vestidos de civil. Lo esposaron, le pusieron una capucha y lo mantuvieron secuestrado dos días en un lugar desconocido. Ahí sufrió la «tortura que yo ni siquiera me imaginaba que existía». Lemus, quien se salvó de milagro, responsabilizó directamente a Calderón y a García Luna de su secuestro, tortura y posterior reclusión en una cárcel de máxima seguridad.

Así lo cuenta:

> Carrillo me lleva y me entrega a un grupo de los Zetas para que me ejecuten en Guanajuato, es obvio que era una orden que bajó de Felipe Calderón, a través de su amigo el gobernador de Guanajuato, Juan Manuel Olivas Ramírez; ese personaje es el que me manda secuestrar para que me desaparezcan, para que me ejecuten, y me entregan al grupo de los Zetas. [...] claramente lo escuché —y son palabras que nunca se me van a olvidar—, cómo le dijo: «Ahí te lo encargo, dale pronto y lo tiras al río». Esas palabras no se olvidan. [...] La orden venía del entonces presidente Calderón [...] De nadie más pudo haber venido [...] Yo no tenía ni la más mínima relación con el gobernador de Guanajuato como para que él me haya mandado a su Policía Ministerial.
>
> Calderón es un farsante, un loco, un mitómano. Es increíble que quiera que nos traguemos la mentira de que él no sabía lo que hacía el secretario de Seguridad Pública. Por supuesto que sabía y tan lo sabía que cuando yo estaba en Puente Grande, tenía de vecino de celda al Grande, José Enrique Villarreal Barragán, el jefe de los sicarios de los Beltrán Leyva, y de la voz del Grande escuché las versiones de cómo era la relación de Felipe Calderón, a través de Genaro García Luna, no solo con el Cártel de Sinaloa, sino con el Cártel de los Zetas, con el Cártel del Golfo, de la Familia Michoacana.

Sufrió Lemus de todo, desde toques eléctricos en los testículos, golpizas con tablas, la bolsa de plástico en la cabeza, la asfixia que llevaba a la inconsciencia, hasta el aislamiento en una celda en donde nunca se apagaba la luz. Sarcástico y punzante, a pesar de la experiencia vivida, el periodista llegó a señalar que solo faltó la orden de violarlo.

Y no andaba lejos ni estaba despistado. Su experiencia fue una muestra de los métodos «científicos» que practicaba la nueva policía de Genaro

García Luna y Felipe Calderón para arrancar confesiones de culpabilidad. Y, en su caso, para que se declarara uno de los cabecillas de La Familia Michoacana.

Lo de los toques o descargas eléctricas en el cuerpo mojado, en genitales y el ano, aunque también en otras partes sensibles como encías, dedos de los pies y el interior de la boca, era una práctica común heredada de las policías federales y las Fuerzas Armadas que se formaron en la década de los setenta, en el periodo de la llamada guerra sucia. Así, los agentes federales que García Luna le preparaba a Calderón, o militares cuyo comandante supremo era el mismo presidente, arrancaban confesiones a estudiantes, guerrilleros, activistas, insurgentes, líderes sociales, maestros, campesinos o presuntos sospechosos que muchas veces resultaban inocentes.

Lemus fue obligado a rodar por el piso, mientras le lanzaban chorros de agua a presión. Acto seguido, le llovían golpizas con una tabla. Finalmente lo dejaban recluido en una pequeña celda en la que lo mantenían, casi siempre, desnudo. Las posturas incómodas también formaban parte del catálogo de tortura de la policía científica de García Luna para fortalecer a su jefe el presidente Calderón, urgido de legitimidad, y era también una herencia de la guerra sucia. Y él lo sabía porque conocía bien los archivos secretos y clasificados del Cisen en los que se documenta la tortura.

El submundo de la nueva Policía Federal calderonista estaba lleno de horrores. Para 2008 y con un Consejo Nacional de Seguridad Pública integrado por Calderón, los representantes de cinco secretarías y la PGR, además de los gobernadores —aunque estos últimos eran en realidad un cero a la izquierda—, uno de los más socorridos métodos de tortura consistía en una especie de vuelos de la muerte: las víctimas eran subidas a helicópteros y, ya en pleno vuelo, las tomaban por los tobillos y las suspendían en el aire, con la amenaza de dejarlas caer.

Lemus era fundador y director del periódico *El Tiempo* de La Piedad, un municipio de Michoacán. Fue víctima de la barbarie calderonista cuando documentaba los vínculos entre las organizaciones criminales de Michoacán con las del vecino estado de Guanajuato, donde despuntaba no solo el narcotráfico, sino el robo de combustible —al que llamarían *huachicol*— a niveles jamás imaginados. Para entonces ya había sospechas fundamentadas de que el calderonismo estaba involucrado en el narcotráfico y el *huachicoleo* desde Pemex.

Lemus entró a terrenos prohibidos y caminó sobre arenas movedizas porque develó acercamientos de Luisa María Calderón Hinojosa, la hermana consentida del señor presidente de la nación, con el capo Servando Gómez Martínez, la Tuta o el Profe, un verdadero cabecilla de La Familia Michoacana, y luego de Los Caballeros Templarios.

Torturado y acusado de asociación delictiva y fomento al narcotráfico como cabecilla segunda de La Familia Michoacana —la tierra natal de Calderón—, Lemus finalmente fue recluido en la cárcel federal de máxima seguridad de Puente Grande en el estado de Jalisco. En esa cárcel convivió durante tres años con asesinos, capos, secuestradores, violadores y narcocaníbales. Fue condenado en 2011 a una pena de 20 años, pero consiguió su libertad debido a que en el proceso de apelación pudo demostrar su inocencia.

«Fui víctima de venganzas desde el poder y me vi envuelto en la vorágine de Felipe Calderón, que acusaba a todos de narcotraficantes para eliminar enemigos políticos», señaló. En otras palabras, no solo Calderón sabía de las prácticas policiacas científicas que empleaba García Luna, sino que formaba parte de ellas o incluso las ordenaba.

Espino, que no necesita quién lo defienda, y Lemus, un periodista decente y arrojado, fueron parte de las víctimas de dos tipos astutos, taimados y amorales que se comían su entorno a dentelladas después de la impugnada elección de julio de 2006, misma que los llevó a la presidencia y al poder absoluto. El binomio García Luna-Calderón fue responsable de montajes descabellados, situaciones absurdas y, sobre todo, atrocidades.

***

Era extraño que Genaro García Luna sonriera, pero en 2006 esbozó una sonrisa que le recorrió el rostro de lado a lado y levantó aún más sus pómulos ya de por sí prominentes. Había motivos para festejar: Felipe Calderón había ganado las elecciones presidenciales y Genaro le demostraba que sus estrategias de inteligencia eran efectivas.

No todo debió ser festejo. El país no sabía lo que se venía. Con la política de guerra calderonista, que bien aplicaría García Luna, nadie estaría a salvo: cayeron niños, adolescentes, adultos mayores, hombres y mujeres inocentes. México se llenó de fosas clandestinas y de las 20 organizaciones criminales que operaban en 2006, incluidos siete cárteles mayores, para 2012 el número había aumentado exponencialmente a 200 grupos. Solo los cárteles controlaban a unas 80 células delictivas.

También aumentaron todos los delitos de alto impacto: secuestros, cobro de piso, ejecuciones, desapariciones forzadas, trata de blancas, robo de vehículos, instalación de laboratorios para procesar cristal y otras drogas de diseño, tortura y, desde luego, el narcotráfico. Con las facilidades que el gobierno de Calderón y el control de García Luna otorgaban, los cárteles impulsaron su crecimiento hacia Centro y Sudamérica, y países europeos.

Pero esta maquinaria perversa de guerra tuvo un origen. García Luna procuró un acercamiento serio con Calderón y su esposa, Margarita Esther Zavala Gómez del Campo, en 2005, antes de que iniciara la campaña presidencial de 2006. Su plan era asegurarse, a través de su trabajo, un lugar en el próximo gobierno.

No era la primera vez que buscaba nuevas lealtades usando su sonrisa ensayada frente al espejo con el fin de ganarse confianzas. En 2000 traicionó al derrotado PRI. No se hundiría con el barco. Brincó a los brazos de Vicente Fox Quesada y Marta Sahagún Jiménez, y estrecharía alianzas con esta a través del esoterismo y de sus hijos, los jóvenes Bribiesca Sahagún (hijastros incómodos de Fox). Finalmente, ella era el verdadero poder en la residencia presidencial. Más tarde, García Luna terminaría desechando al foxismo, sin romper lazos con Marta ni con sus hijos. Utilizó su afinado olfato político para detectar que Calderón dejaría en el camino, por no decir aplastado, al precandidato presidencial de Fox y Marta: Santiago Creel Miranda.

Astuto como era, desde 2005 y en su puesto de titular de la AFI, García Luna entendió que la balanza panista interna para los comicios federales de julio de 2006 se inclinaría por Calderón. Hizo arreglos para entregar esta información estratégica y secreta sobre su rival panista, Creel Miranda, que había obtenido a través del espionaje ilegal.

La misma seducción que utilizó con Martita la emplearía con Margarita Zavala. Endulzó los oídos de Calderón y de su esposa hasta volverlos su «familia». Pero no solo fue con palabras bonitas que se ganó la confianza, o mejor dicho, el temor de los Calderón. Era dueño de una amplia colección de grabaciones secretas, documentos confidenciales, otra información valiosa que recopiló a lo largo del foxismo, primero en el área de Inteligencia de la PGR y luego en la AFI. Su seducción se complementaba con la amenaza de un chantaje. En 2005 García Luna comentó a una parte de su círculo cercano que tenía la clave para meterse en los humores de Calderón y Margarita Esther, por lo que haría a un lado a Fox y al opacado y frío Creel, a quien veía como una copia al carbón del priista Labastida.

El desempeño de García Luna lo haría ver como un mago de la logística. Incrustado entonces desde 2005 en el equipo de precampaña de Calderón, sin dejar su puesto en la AFI, sometió a una estrecha vigilancia ilegal a personajes que se encontraban cerca del opositor Andrés Manuel López Obrador. Genaro empezó no solo a entregar información sensible a Calderón, sino que operó en cada ciudad importante una amplia red de informantes y escuchas para tratar de detener el avance lopezobradorista.

También fue responsable de los operativos para infiltrar la campaña de López Obrador en grandes mítines del Partido de la Revolución Democrática (PRD) que, el tiempo lo demostraría, se pondría al servicio incondicional del presidente Felipe Calderón Hinojosa a través de algunos dirigentes importantes. Sabía quiénes podían corromperse para integrarse, sin abandonar las filas perredistas, al proyecto de Calderón. La entrega ciega del perredismo a la dirigencia panista se prolongaría sin rubor hasta los comicios presidenciales de 2018.

De este último punto gozaría Luisa María Calderón Hinojosa, más conocida por el apodo de Cocoa, quien quería ser gobernadora de Michoacán. Cobijada por una numerosa escolta del Estado Mayor Presidencial (EMP) y la Policía Federal que respondía a García Luna, y con la ayuda de personajes del PRD en la Ciudad de México, en 2009 intentó aplastar al gobernador Leonel Godoy Rangel, salido de las filas perredistas. Se rumoró que para erradicarlo del estado llegó a negociar con cabecillas del crimen organizado. Y fue allí cuando hizo presencia el periodista Jesús Lemus Barajas, quien pagó caro su trabajo.

***

Sin la operación ilegal de García Luna es probable que el equipo de Calderón no hubiera tenido operatividad ni capacidad para revertir los resultados de aquellos comicios presidenciales de 2006. Felipe y el PAN supuestamente ganaron con 0.56 puntos porcentuales; es decir, nada, un empate técnico, pero tenían de su lado otra poderosa arma secreta: el Instituto Federal Electoral (IFE), un amañado y cuestionado árbitro de elecciones. ¿Realmente ganó Calderón? Ni idea. Lo único seguro es que sí llegó a la presidencia.

A finales de 2005, ya bien colocado en el equipo de campaña calderonista, García Luna recibió luz verde para delinear la que sería la política de seguridad pública del calderonismo. Según algunos señalamientos, fue entonces cuando nació la idea de que, una vez que Felipe tomara posesión de su cargo, recurrirían a un novedoso dispositivo británico para combatir el narcotráfico y a la insurgencia: la ouija maldita, un avance tecnológico de última generación.

Se trataba de una «ultramoderna» pistola o detector molecular, desarrollada y comercializada por la empresa Global Technical Ltd., que serviría para detectar toda clase de drogas ilegales —heroína, LSD e, incluso, aquellas de diseño y hasta piedra—, cuerpos humanos, papel moneda y explosivos, incluida la dinamita casera.

El proyecto incluiría otras estrategias torales, como el cuerpo de informantes y testigos protegidos, la acción militar llamada guerra contra el narcotráfico, el monumental aparato de espionaje y la cooperación directa con dependencias de seguridad de Estados Unidos. No eran necesarias ciertas propuestas, como la que realizó el general Guillermo Galván Galván, encargado de la Secretaría de la Defensa Nacional (Sedena), la cual consistía en que la Presidencia apelara al artículo 29 de la Constitución para decretar el «estado de excepción» en varias regiones; aquello permitiría que las fuerzas de seguridad actuaran contra los derechos humanos. No había necesidad, la Policía Federal y las Fuerzas Armadas ya violaban los derechos humanos sin ningún freno ni contratiempo.

Con el tiempo, filtraciones de la mediática WikiLeaks —una organización internacional sin fines de lucro que fundó el australiano Julian Assange— confirmarían esa posición de la milicia mexicana. Además, haría públicos otros cables con «secretos» que incomodarían a Calderón. Por ejemplo, uno de ellos, fechado en 2011, establecía con claridad que el Gobierno federal favorecía al Cártel de Sinaloa. Tales señalamientos debieron alertar el sentido común de García Luna para abandonar la idea de autoexiliarse en el país vecino, pero su arrogancia fue mayor.

La sonrisa de García Luna solo sería superada por la de Calderón. Su triunfo los hermanaba. Fuera de Mouriño Terrazo, Calderón tendría con García Luna la relación más leal durante los seis años de su mandato. El presidente sería el operador político y García Luna el brazo armado ejecutor de las políticas sucias. Solo Calderón sabe qué vio en García Luna, cuyos antecedentes no investigó. Exagentes de inteligencia tienen una explicación banal y prosaica sobre por qué Calderón aguantaría seis años al secretario de Seguridad: este había descubierto algunos de los secretos inconfesables de Calderón y otros de Margarita Esther. Al igual que Hoover, García Luna se ganaba la confianza de todos aquellos que lo rodeaban para chantajearlos.

Poco después de asumir el cargo, García Luna dejó en claro que haría una limpia en la Policía Federal, aunque parte del gabinete ya lo sabía. Con esa medida, reconocería implícitamente su fracaso en la AFI, un experimento que intentaba formar un híbrido entre las características de la CIA y el FBI. Su jefe, el mismo presidente, le daría licencia y presupuesto abierto, en detrimento de las Fuerzas Armadas, para crear la policía científica.

Al llegar a la presidencia, Calderón hizo sus sueños, y los de García Luna, realidad. Lo incluyó en su estrecho e íntimo grupo de colaboradores, el *jet set* del gabinete presidencial. En seis años, García Luna había dado el gran salto: de ser un espía que servía al régimen del PRI, la familia presidencial lo había acogido en su círculo personal. Desde allí armaron, casi de inmediato, todos los entresijos de lo que sería la guerra contra el narcotráfico.

García Luna parecía bastante prometedor, incluso a pesar de que en ese momento todavía se encontraba por debajo de Juan Camilo Mouriño Terrazo, quien aquel diciembre de 2006 había llegado al Gabinete para manejar toda la política interna del país.

La estima que Calderón guardaba para Genaro quedó en evidencia cuando en 2006 desoyó los señalamientos del general Tomás Ángeles Dauahare —nieto de un héroe revolucionario, el general Felipe de Jesús Ángeles Ramírez, el Gran Artillero—, los cuales alertaban sobre el involucramiento de García Luna con el Cártel de Sinaloa.

La venganza de Genaro por la afrenta del general Ángeles tardaría en llegar, pero llegaría. En abril de 2012, a nueve meses de que terminara el sexenio calderonista, Tomás Ángeles fue acusado de vínculos con el narcotráfico, de proteger al Cártel de los Beltrán Leyva y de fomentar el consumo de drogas entre cadetes del Heroico Colegio Militar cuando fue director de esa institución.

García Luna utilizó a la procuradora Marisela Morales Ibáñez —como lo haría en otras ocasiones cuando quería deshacerse de sus enemigos— para arraigar y posteriormente encarcelar al general en una celda del penal de máxima seguridad de Almoloya de Juárez, en el central Estado de México. Se tomó como base una dudosa denuncia anónima y declaraciones de testigos protegidos por el mismo García Luna: «Jennifer» o el abogado Roberto López Nájera, y «Mateo», nombre clave que se dio al narcotraficante Sergio Villarreal Barragán, alias el Grande.

Los gobiernos panistas de Fox y Calderón habilitaron y mantuvieron en nómina al menos a 609 testigos protegidos, todos cómplices, colaboradores o integrantes de grupos criminales y cárteles de la droga; se dispusieron para ellos ocho casas de seguridad que dependían del Centro Nacional de Arraigo y rendían cuentas a García Luna. Así se nutrirían los archivos secretos y oscuros que bien pudo quemar o esconder y utilizar para su empresa particular.

Irónicamente, y como si se tratara de una venganza de la vida, por aquello de que todo lo que uno da siempre regresa, Estados Unidos recurriría en parte al uso de testigos protegidos o testigos colaboradores en el juicio del alicaído exfuncionario mexicano.

6
LA OUIJA MALDITA

El 11 de diciembre de 2006 marcó el inicio de la guerra contra el narcotráfico en la presidencia de Felipe Calderón Hinojosa, con el envío de siete mil soldados al estado de Michoacán. La medida se vio como una coartada para tratar de legitimarse y dar carpetazo a las dudas y los episodios negros sobre su ascenso como mandatario en sustitución de Vicente Fox Quesada.

Los michoacanos vieron desde las ventanas de sus casas cómo llegaban los interminables convoyes militares. La escena se repetiría, a lo largo del sexenio, en varios estados de la República. Pocos se imaginaron que con el arribo del Ejército las cosas empeorarían en lugar de mejorar. Aún menos se imaginaron que detrás de esos soldados estaba la mente maquiavélica de un personaje como Genaro García Luna. Para cuando tomó posesión como secretario de Seguridad Pública, ya era un especialista en juegos de intriga: había logrado ascender políticamente, era popular entre un grupo de periodistas influyentes, sabía quiénes eran sus enemigos y podía sentir el poder real, el poder presidencial, de su lado.

Tal como en el inicio de una película de terror, en la que todavía no se vislumbran los horrores que se alcanzarán, la llegada de los militares vino acompañada de una cacería despiadada. El saldo de lo que posteriormente se conocería como el *Michoacanazo* concluyó en la detención de 12 alcaldes, ocho servidores públicos de primer nivel, un juez, 12 policías y dos exdirectores de Seguridad Pública de esa entidad; sobra decir que nunca pudieron probarles ninguna acusación. Esta película de terror también tendría elementos sobrenaturales gracias a la charlatanería y la corrupción de la llamada ouija del diablo o la ouija maldita.

Concebida como una simple idea en 2005 y 2006, la ouija maldita o GT-200, detector remoto de drogas, cuerpos y papel moneda, se volvería una realidad espantosa tras confirmarse la extraña victoria —o imposición electoral— de Calderón.

Con el GT-200 (Global Technical Model 200), una pistola molecular, Genaro García Luna y Felipe Calderón Hinojosa despreciaron a la ciencia y, literalmente, intentarían hacer historia recurriendo al azar, la magia negra, la ingenuidad o la ignorancia. Con este episodio bastaba para enjuiciarlos, pero nadie se habría atrevido a tocarlos dado que tenían aliados poderosos. De acuerdo con informes de la Secretaría de Hacienda y Crédito Público (SHCP) y del Servicio de Administración Tributaria (SAT), la oficina responsable de recaudar los impuestos, en sus seis años de gobierno Calderón perdonó a los empresarios mayores del país el equivalente a cuatro billones de pesos, casi un presupuesto sexenal, a través de las prerrogativas fiscales.

La protección de García Luna y del presidente estaba garantizada también porque Felipe, que además de derramar generosas partidas de publicidad para la llamada gran prensa, llegó a un acuerdo con 715 medios de comunicación —en una iniciativa convocada por Televisa, TV Azteca, *El Universal* y *Milenio Diario*— para redefinir la cobertura y el tratamiento dado a las noticias sobre violencia, crimen organizado y narcotráfico.

Toda esta potencia militar, con un trasfondo billonario de empresarios y un manejo de imagen perpetrado por los principales medios de comunicación del país, sería dirigido por el funcionamiento de un pedazo de plástico. La ouija maldita se presentaba como un producto de la más alta tecnología británica. Funcionaba, según se dijo, gracias a los «campos paramagnéticos» y los «campos diamagnéticos» (cualquier cosa que eso pudiera significar) que se generaban a partir de plásticos, químicos, acetato de uranio, nitrato de amonio, drogas y el cuerpo humano, entre otros tipos de materia. Supuestamente tenía la capacidad de detectar hasta un nanogramo —una milésima de millonésima de gramo de droga ilegal, cualquiera que esta fuera— de una lista enorme de sustancias.

El GT-200 era un dispositivo similar a una pistola de silicón con un mango de color negro y una antena giratoria parecida a la de un coche, aunque más pequeña, medio metro, quizá. En otras palabras, una antena metálica y telescópica con un pedazo de plástico y un peso promedio de 500 gramos, que incluía un juego de 18 tarjetas intercambiables, según lo que se buscara. Los vendedores afirmaban que detectaría cualquier tipo de droga ilegal a unos 700 metros lineales de distancia, a profundidades de hasta 60 metros bajo tierra y cinco mil metros de altura —a bordo de una aeronave, de esas que los narcos mexicanos aprendieron a usar con el Zorro del desierto de Ojinaga o Pablo Acosta Villarreal y cuya técnica luego perfeccionó su alumno, el Señor de los Cielos, hecho del cual Amado Carrillo Fuentes obtendría su sobrenombre—, e incluso a una profundidad razonable en el mar. Por si fuera poco, no usaba ningún tipo de batería y se aseguraba que se nutría de la energía electrostática de la persona que lo manipulaba. Con el nuevo aparato se transformarían en paranoia los miedos de los enemigos del Estado. Pondría a temblar a los narcotraficantes.

Fascinados por sus capacidades milagrosas, compraron el diabólico artefacto ofrecido por la empresa británica Global Technical Ltd., a través de su accionista mayoritario Gary Bolton y una subsidiaria mexicana.

Nadie sabe con precisión de quién fue la idea de comprar el detector, pero se llegó al acuerdo de imponer el «maravilloso» dispositivo al general Guillermo Galván Galván, titular de la Secretaría de la Defensa Nacional, y al almirante secretario de la Marina Armada, Mariano Francisco Saynez Mendoza. Serían ellos los «afortunados» servidores públicos en estrenar la moderna arma secreta, la que haría parecer como héroe a su comandante, el presidente Calderón.

Algunos mal pensados llegaron a filtrar informes con la intención de atribuir la idea del aparato al general Galván y otros al almirante Saynez, pero nadie creyó que la ignorancia y superstición de los jefes militares —dos hombres estudiados— llegara a esos niveles tan bajos. No pocos se convencieron de que estos dos militares fueran capaces de sustraer dinero del gobierno. Luego, volvían los ojos a las «creencias» de García Luna en el esoterismo, las fuerzas oscuras del universo, y su fe en el Ángel de la Santa Muerte, demostrada en el altar que montó en las oficinas de la SSP. Su persona coincidía más con un dispositivo de tal naturaleza, al grado que el Ejército mismo lo bautizó como la ouija del diablo.

Amparados en ese modelo empírico, o la falta de uno, se llegó a ponderar al detector molecular como el arma secreta para atacar a los cabecillas del narcotráfico. Confiaban en los poderes extrasensoriales de García Luna y en su fe en la Santa Muerte. Se llegó a pensar que, efectivamente, el titular de la Secretaría de Seguridad Pública era un iluminado que en seis años había ascendido al cielo. ¿No bastaba eso para creer en él y abrirse a la fe?

Nada sería tan representativo en esa guerra contra el crimen organizado, ni la movilización de 50 mil soldados en la ofensiva de García Luna y Calderón, como la ouija maldita. No tendría parangón siquiera que comandantes de la Policía Federal, bajo directrices de la Secretaría de Seguridad Pública, se convirtieran en subdivisiones criminales de los cárteles.

El calderonato, con García Luna a la cabeza y su endiablado aparato, poco se diferenciaría de los sexenios anteriores al foxismo: el de Ernesto Zedillo Ponce de León con sus secuestros de alto impacto y la formación de los Zetas desde el Ejército mexicano, y la de Carlos Salinas de Gortari, que puso el combate a la violencia y al narco en las manos del capo-asesino Guillermo González Calderoni y que sirvió para darles protección a los capos del Cártel del Golfo y al extinto Amado Carrillo Fuentes, el Señor de los Cielos, para que se hiciera de la jefatura del Cártel de Juárez. González Calderoni asesinaría a Pablo Acosta Villarreal, el Zorro del desierto de Ojinaga, el único que entorpecía el ascenso de Amado. Las vueltas del tiempo, la repetición incesante y nauseabunda de los personajes de la política y el crimen, se enterraban en la historia reciente de México.

La gestión de Genaro tenía un modelo sólido en la administración de José López Portillo y Pacheco, quien en 1976 había puesto la lucha contra la inseguridad y las drogas ilegales en manos del pillo, asesino y capo, quien fuera su amigo de la infancia, Arturo Durazo Moreno, el Negro Durazo. Desde la Jefatura del Departamento de Policía y Tránsito del Distrito Federal, el Negro levantó uno de los mayores imperios criminales en los anales de la historia.

Ahora, en el sexenio de Calderón, la situación no sería distinta. Con los buenos oficios de García Luna, el engranaje se echó a andar: primero fue la Defensa Nacional que ordenó la compra de al menos 700 —luego el número subiría a 963— de aquellos aparatos diabólicos que combinaban la tecnología de punta con las ondas cerebrales y los campos «paramagnéticos» y «diamagnéticos» para detectar droga y dinero mal habido.

A través de los distribuidores de Gary Bolton en México, los ordenarían también la Marina Armada, la PGR (hoy Fiscalía) y los gobiernos de los estados de México, Morelos, Guanajuato, Oaxaca, Chiapas, Michoacán, Colima, Campeche, San Luis Potosí, Sinaloa, Chihuahua, Hidalgo y la Ciudad de México.

Al final, gracias a García Luna, que tenía bajo control a los secretarios de Seguridad Pública, se contabilizó que 27 de 31 gobiernos estatales, la capital y algunos gobiernos municipales poseían el aparato para detectar bombas en instalaciones estratégicas; a ellos, posteriormente, se unirían Pemex y el Instituto de Seguridad y Servicios Sociales de los Trabajadores del Estado (ISSSTE). Lo compraron etiquetado como sistema programable de detección molecular GT-200 marca global Technical ltd., aunque el «ingenioso» aparato carecía de respaldo científico y certificación técnica que avalara su funcionamiento, credibilidad y supuesta eficacia.

Luego se filtraría que el Gobierno federal y los estatales, Pemex y el ISSSTE habían gastado cerca de 50 millones de dólares que nadie notó porque se ocultaron en las partidas de esta compra. El calderonato empezó a recibir dólares a carretadas gracias al precio del petróleo, que superaba 70 pesos por barril, y a la contratación generosa de deuda externa e interna, valiéndose de los legisladores del PAN, del PRI y algunos del PRD que, extrañamente, habían pasado a ser aliados incondicionales del presidente. Dejaría Calderón una deuda de cinco billones de pesos y un derroche de cerca de 400 mil millones de dólares, producto de la venta del crudo mexicano y deuda.

Anticipándose a cualquier cuestionamiento por la compra del dispositivo, el EMP, que solo rendía cuentas al presidente Calderón, intentó salir al paso y aseguró que «antes de decidir la compra de los equipos GT-200, estos aparatos fueron probados por personal experto en explosivos perteneciente a este órgano técnico militar». A su vez, el Gobierno federal escondió los documentos y se negó a entregar información sobre el proceso previo para la adquisición. Tampoco se hicieron públicos los costos reales de los equipos ni el número exacto. Puede ser que las manos inquietas de García Luna se encargaran de estos archivos, de su pronta desaparición.

Para entonces, en 2007, Felipe y Genaro habían calibrado bien la situación y se dio luz verde al empleo masivo de la ouija maldita. Sin contar los detectores de los estados, el Gobierno federal reconoció haber adquirido al menos mil 112 de los GT-200 británicos y que cada uno había costado desde 290 mil hasta 450 mil pesos. Sin embargo, algunos gobiernos estatales llegaron a pagar hasta 800 mil pesos por unidad, mientras el costo de producción, por cada uno, no superaba los 20 dólares, tomando en cuenta que se trataba de un tubo de plástico vacío que, supuestamente, funcionaba con el sentido común y, desde luego, con la «energía estática del operador».

Aunque los registros oficiales de la compra se ocultaron por un tiempo para evitar un escándalo político de grandes dimensiones, la sórdida historia del detector molecular emergió a través de los persistentes blogueros Andrés Tonini (de *El viaje de Lonjho, un humilde blog perdido en el ciberespacio*) y Martín Bonfil Olivera (de *La ciencia por gusto*), ambos reconocidos en el campo de la divulgación científica. También fue notorio el trabajo del doctor Luis Mochán Backal, investigador de la Academia Mexicana de Ciencias (AMC) de la UNAM. A ellos se sumarían el periodista Carlos Galindo con el libro *La ouija del diablo: crónica de un fraude en la guerra contra el narco y otros fragmentos de ciencia*, y el doctor e investigador Luis Reyes Galindo.

La cruzada de Tonini, Bonfil Olivera y Mochán Backal dio resultados y mostró las barbaridades sangrientas y otros horrores de aquella guerra. El ejercicio violento del poder y las dialécticas cambiantes crearon un explosivo coctel que expuso un escandaloso fraude: el detector molecular no servía. No era nada que justificara los millones gastados. El Gobierno federal (García Luna y Calderón) y las Fuerzas Armadas habían engañado y estafado a un país entero. De paso se habían realizado detenciones arbitrarias guiadas por un pedazo de plástico.

El dispositivo, la ouija maldita, la ouija del diablo o como se le quisiera llamar, era un tubo de plástico vacío, a veces adornado con calcomanías y cableado eléctrico falso, sin partes electrónicas que funcionaran. Los fabricantes sabían que era inservible, como escribió en agosto de 2016 el doctor e investigador mexicano Luis Reyes Galindo en el extenso ensayo «Molecular Detector (Non)Technology in Mexico», mismo que publicó en la revista académica *Science, Technology and Human Values*. Y, en ese contexto, con un posdoctorado en la Escuela de Ciencias Sociales de la Universidad de Cardiff, en Gales, y un doctorado en Sociología en la misma institución del Reino Unido, Reyes Galindo hizo otras aportaciones:

> La historia del uso de detectores moleculares en México podría escribirse como una farsa política en la que funcionarios militares de alto rango, altos funcionarios públicos, expertos en seguridad y los medios de comunicación fueron engañados cómicamente para gastar millones de dólares en cajas de plástico inútiles, si no fuera por el hecho que el uso de estos dispositivos ha tenido consecuencias trágicas para miles de mexicanos comunes.

> En México, los detectores moleculares se han utilizado para detener y encarcelar ilegalmente a miles de personas que podrían ser falsos cargos relacionados con el narcotráfico y el tráfico de armas: [...] más de cinco mil personas han sido detenidas con base en la «prueba» del detector molecular, a pesar de que no hay otra evidencia que respalde los cargos; mil 980 permanecen bajo custodia y 625 casos de condenas a prisiones federales han involucrado a los detectores.
>
> [...]
>
> La violencia extrema, que hasta ese momento —diciembre de 2006— había caracterizado casi exclusivamente los conflictos entre cárteles, se extendió rápidamente, acompañada de escalofriantes manifestaciones públicas de violencia, así como el deterioro social mucho más allá de lo que el país había experimentado anteriormente por el narcotráfico.

El pueblo mexicano estaba aterrorizado y sin vistas a recibir ayuda de fuera. Fieles a sus formas, funcionarios de inteligencia y de seguridad de Estados Unidos actuaron complacientemente, mimaron a García Luna, lo premiaron. Como a los enemigos, lo tuvieron cerca, muy cerca, y le soltaron algunos secretos, mientras el país se llenaba de sangre y él se convertía en una especie de agente doble... o triple. Atendía y negociaba con los estadounidenses; atendía y negociaba con los cárteles y se servía del Gobierno de México. Era un infiltrado habilidoso, una especie de topo, un conspirador capaz de escarbar hasta las profundidades más oscuras de la política y el crimen organizado.

Nada importaba. El detector mágico daba números, capturas y decomisos para impresionar a los gringos. García Luna había hecho sus cálculos y medido sus riesgos cuando abrió las puertas al horror de la violencia. Como titular de la AFI en el sexenio de Fox (2000-2006) y como exespía de inteligencia en los gobiernos de Salinas y Zedillo, es seguro que estaba enterado que desde la década de 1990 se había probado que los detectores moleculares eran un fraude y que había generaciones fraudulentas de esos aparatos: desde el Quadro Tracker hasta el sistema de detección programable MOLE, el Sniffex y el ADE-651. Si alguien sabía de artefactos bélicos, era García Luna.

Asomados por las ventanas, con el miedo metido en el cuerpo, los mexicanos no tardaron en descubrir la afición de Calderón por los «juguetes» bélicos y las armas de poder. Y así se presentaba el detector británico, como un «juguete» bélico en una nueva guerra, un «juguete» con el que no contaban las Fuerzas Armadas. Al presidente no solo le gustaba fanfarronear rodeado de militares —sobre todo del general secretario y del almirante secretario—, sino que le atraían las armas de fuego que usaban en la guerra contra los narcotraficantes y otras unidades de combate.

A menudo, rodeado por militares de rango, parecía un niño con zapatos nuevos —lo que más adelante le valdría el apodo de Comandante Borolas, nombre artístico de Joaquín García Vargas, un personaje de la época de oro del cine mexicano—, y gustaba de envanecerse frente a la prensa que cubría sus actividades, la mayoría pagadas. Posaba frente a sus invitados trepado lo mismo en un avión de combate que en una unidad terrestre artillada, una tanqueta o un tanque. Modelaba al mando de la tripulación de tales artefactos.

Durante un acto conmemorativo del Día de la Fuerza Aérea en Ciudad Juárez, por ejemplo, luego del pase de revista trepó a un avión de combate F-10, simuló un enfrentamiento y ordenó disparar. Más adelante, esta vez en Reynosa, en el marco del festejo del Día del Ejército, Calderón dio órdenes para que le permitieran subir al mando de una unidad terrestre artillada conocida como *rinoceronte*, que se usa en campañas de reconocimiento y combate urbano.

Pero la ouija maldita no servía ni para fanfarronear en un desfile frente a los medios. ¿Sabían o no sabían que era un producto de charlatanería? Si lo sabían, ocultaron que el FBI había denunciado el engaño, lo mismo que el Gobierno inglés. Incluso, por su inutilidad, los ingleses habían prohibido su exportación a Irak y Afganistán.

Tonini y Mochán Backal no quitaron el dedo del renglón. Para 2009 ambos sabían a plenitud que el Gobierno mexicano estaba metido en algo grande, un escandaloso fraude, y habían demostrado, como lo escribió uno de ellos, que las dependencias que habían adquirido los detectores moleculares jugaban a la ruleta rusa con los fraudulentos dispositivos. Sarcástico y dando seguimiento a todo el aparato y sus componentes, Tonini escribió en mayo de 2011:

> la gente de Global Technical no se complicó tanto la existencia. En las tarjetas del GT-200 no hay ni siquiera un chip *apantallapendejos*. Cuando se examinaron en Tailandia lo que encontraron fue… un trozo de papel. Esto, carcazas de plástico vacías con antenas en un pivote que giran como respuesta al movimiento de la mano de su operador y falsas tarjetas de sustancias es lo que se está usando en México para buscar, entre otras cosas, explosivos.

Por su parte, Reyes Galindo afirmó en «Molecular detector (Non)Technology in Mexico»:

> El conflicto se intensificó rápidamente en 2006 después de una controvertida intervención militar gubernamental a gran escala que se convirtió en la posición oficial para lidiar con el creciente poder de los cárteles. La violencia extrema, que hasta ese momento había caracterizado casi exclusivamente los conflictos entre cárteles, se extendió rápidamente, acompañada de escalofriantes manifestaciones públicas de violencia, así como el deterioro social mucho más allá de lo que el país había experimentado anteriormente por el narcotráfico.

A la distancia, parece claro que García Luna y Calderón estaban convencidos de que los mexicanos terminarían acostumbrándose a vivir con miedo y bajo sospecha. Que el tejido social roto sería la norma, y que se terminarían creando grupos confinados de la sociedad, lo que daría al gobierno facilidad para crear herramientas de control para proteger mejor los privilegios de unos cuantos.

En agosto de 2013 un juez en Londres impuso a Gary Bolton una condena de siete años de cárcel por vender basura alrededor del mundo. Y esa basura no era otra sino su infame detector molecular de drogas.

Para cuando pasó el furor por el detector molecular que terminaría arrumbado en alguna bodega de las Fuerzas Armadas, y después de descubrirse y exhibirse el fraude colosal, Genaro se había convertido en un personaje aún más maligno y peligroso que el Chapo Guzmán. Este, por lo menos, nunca pretendió ser algo más que un criminal.

Por el contrario, primero desde la AFI, pasando por el área de Inteligencia de la PFP y, finalmente, por la Secretaría de Seguridad Pública, García Luna había sembrado el caos, tejido una amplia y compleja red de complicidades con capos del narcotráfico y estimulado la barbarie; quizá buscaba su lugar en la historia, uno no muy honroso, al lado de personajes como el Chapo Guzmán, el Mayo Zambada, y de otros como los Beltrán Leyva o Édgar Valdez Villarreal, la Barbie. Aprendió a servirse de las arcas públicas y del dinero sucio y, literalmente, de explosivos para satisfacer intereses personales.

7
MILLONES FUERA DE LA LEY

Hay una cosa en la que coinciden aquellas personas que sobreviven a un ataque de tiburón, y eso es la sensación aterradora que paraliza al mirar los ojos muertos del depredador: negros, imposibles de leer, como de muñeca antigua, o peor, como el abismo que resume todos los miedos. Incluso cuando el sobreviviente lucha, golpea al tiburón, los ojos se mantienen igual de inexpresivos.

Un diputado federal, rival de García Luna, lo increpó enfáticamente durante una comparecencia en el Salón de Plenos, llamándolo asesino y ladrón. «Nos encontramos en los baños del Palacio Legislativo de San Lázaro. Me saludó cortésmente», relata. «Como no había toallas ni papel para secarse las manos, García Luna le pidió a uno de sus ayudantes que me diera una. Y así se despidió como todo un caballero, cortés y amable, pero distante». El muy cínico había aprendido el arte de la templanza.

«Era frío, desfachatado», lo describieron otros diputados federales que atendieron la misma comparecencia del entonces secretario de Seguridad Pública.

Pero este depredador tenía más armas que un rostro gélido e inexpresivo. La historia de García Luna está llena de obsesiones, secretos y dinero. Dinero que gastaba en automóviles clásicos, motocicletas elegantes, ropa de diseñador y mujeres hermosas. Físicamente no era agraciado, la voz no lo ayudaba, ni el cabello, ni su complexión, ni la estatura, pero su anhelo enfermizo por el dinero le daba poder, mucho.

Los dos, García Luna y Calderón, dieron muestras de tener una obstinación especial por el poderío, por la mano dura y las armas de fuego.

Sabiendo que nunca sería un candidato presidencial, el primero intentaba sentar las bases para ejercerlo eternamente desde la Secretaría de Seguridad Pública. Tenía la intención de hacerla un ente independiente del Poder Ejecutivo, como el FBI en Estados Unidos, pero se le acabó el camino en los comicios presidenciales de 2012.

Pasadas las elecciones de aquel año, no tuvo capacidad, argumentos sólidos, encanto ni cartas bajo la manga para convencer a Enrique Peña Nieto. Y eso que el recién electo se las gastaba en corrupción desde la clase política del PRI. Ni siquiera lo pudo seducir con sus archivos confidenciales sobre la homosexualidad, infidelidades ocultas y otros secretos de personajes clave en los grupos de poder y que podrían usarse para el chantaje.

Peña alejó a García Luna de cualquier posibilidad de tener un puesto en su gabinete y, casi de inmediato y sin palabras, dejó en claro lo que pensaba de él y su programa de seguridad pública, sus incógnitas, la acumulación de tanto poder y el combate a la violencia: desapareció la Secretaría de Seguridad Pública, la hizo una subsecretaría que quedaría integrada a la Secretaría de Gobernación de Miguel Ángel Osorio Chong, y puso en marcha el proceso para desmantelarla.

No obstante, Peña no se atrevió a desterrarlo del todo. Como a los enemigos de mucho peligro, lo mantuvo cerca y permitió que desde su gobierno (2012-2018) entregaran a las empresas privadas de García Luna contratos por miles de millones de pesos a través de la triangulación de recursos, empresas fantasma y un puñado de prestanombres o testaferros. En otras palabras, le abrió las puertas de la impunidad, envió al archivo muerto los temas escabrosos como los vínculos del exsecretario con el narco y le permitió seguir lucrando con el tesoro nacional.

Colocado en la órbita de la captura en Texas —de donde sería enviado a Nueva York— y de una serie compleja de redes de corrupción que tejió en México, la UIF de la Secretaría de Hacienda identificó recursos cercanos a tres mil millones de pesos que se triangularon desde empresas como Nunvav Inc., Grupo Gas Mart S. de R. L., GLAC Security Consulting,

Technology and Risk Management, S. C., ICIT Holding, S. A. de C. V., e ICIT Private Security Mexico, S. A. de C. V., a cuentas de García Luna a través de Israel, Curazao, Letonia, Panamá, China, Estados Unidos y Barbados.

En la compleja maraña de intereses y corrupción de García Luna aparecieron nombres de colaboradores que han estado con él desde el Cisen, la AFI y la Secretaría de Seguridad Pública, su círculo íntimo: Luis Cárdenas Palomino, Facundo Rosas Rosas, Maribel Cervantes Guerrero, Armando Espinoza de Benito y Javier Garza Palacios; en el trayecto también se ha sembrado la duda sobre su esposa Linda Cristina Pereyra Gálvez, así como sus hermanas Esperanza, Luz María y Gloria García Luna.

Entre los tejidos del nuevo sexenio estuvo el que garantizó a los agentes estadounidenses tránsito seguro por todo el país. Esto se hizo tan evidente que los agentes «secretos» de la DEA parecían misioneros en tierras mexicanas. En un reportaje que publicó el 23 de julio de 2011 para la revista *Proceso* bajo el encabezado «Todo México es de la DEA», Jorge Carrasco Araizaga denunció: «Los agentes operan en México con toda libertad y hasta con el beneplácito y colaboración del gobierno. Como si fueran mexicanos. Espían, detienen sospechosos, manejan a los policías de la PGR y atestiguan cómo aplican torturas; ellos mismos interrogan a los detenidos y se llevan celosamente la información».

García Luna se marchó con la seguridad de contar con numerosos aliados cruzando el río Bravo, pero no se fue del todo. Se permitía visitar México de vez en vez. Nunca fue un misterio su estrecha amistad con el exsecretario federal de Trabajo, Javier Lozano Alarcón, y con su compañero espía Ardelio Vargas Fosado, excomisionado del Instituto Nacional de Migración (y de la Policía Federal). Seguía procurando a ellos y a su círculo íntimo del Cisen. De nuevo intentaba infiltrarse en las estructuras del poder.

Se llegaron a registrar algunas visitas privadas al estado de San Luis Potosí, y otras al café La Habana, ubicado en el centro de la Ciudad de México, para coordinar acciones con personajes que dejó sembrados en puestos clave de la Policía Federal, su Frankenstein, quienes en 2019 moverían hilos «invisibles» para incitar una rebelión con la que pretendían desestabilizar al gobierno del presidente Andrés Manuel López Obrador. García Luna alentaba su regreso con la idea de reinsertarse en los altos círculos policiales y de inteligencia para dar vida a su FBI a la mexicana. Su sed no estaba saciada a pesar de que de 2012 a 2018 se impuso en México un narcogobierno que, a su vez, convirtió al país en una fosa común.

Por su lado, los políticos, con Calderón a la cabeza, alientan, escondiendo la mano, una ruptura del orden constitucional. Es notorio su apoyo y alianza con varios gobiernos estatales, como los de Jalisco, Nuevo León, Michoacán, Coahuila y Tamaulipas. Los gobernadores Enrique Alfaro Ramírez, Jaime Rodríguez Calderón, Silvano Aureoles Conejo, Miguel Ángel Riquelme Solís y Francisco García Cabeza de Vaca, cinco opositores al partido del presidente López Obrador, aprovecharon parte del caos y la desinformación propiciada por la crisis que ocasionó la pandemia de Covid-19 para ponerse en pie de guerra e iniciar una embestida contra el pacto fiscal federal.

El académico Héctor Alejandro Quintanar —doctorante por la Universidad de Hradec Králové, en la República Checa, y autor del libro *Las Raíces del Movimiento Regeneración Nacional*— publicó en febrero de 2020 un artículo titulado «Radiografía íntima de Felipe Calderón y su golpista México Libre», texto en el cual hace las siguientes observaciones:

> La seña de identidad del sexenio calderonista fue, como se ve, una farsa sangrienta que operó a la luz pública a favor de un cártel y, como cualquier gobierno fascistoide, con la intención de aterrorizar a los ciudadanos, pues las denuncias contra García Luna y las demandas de justicia por el criminal actuar de sus policías datan desde el inicio mismo del sexenio y solo los ingenuos, o los ignorantes, hoy pueden darse por sorprendidos de lo acaecido contra ese narcopolicía.
>
> [...]

> En otro rasgo más digno de la revisión psiquiátrica que del análisis político, con la intención de fundar México Libre, Calderón exhibe esa ansia de poder que tanto achacó a sus rivales. De ahí la ruptura con el partido [PAN] del que alguna vez se dijo doctrinario y del cual su padre es historiador; en aras de fundar otro viciado de origen, para poder obtener lo que ya se le desbordó de las manos: el poder. O, acaso, mirándose ante el espejo de García Luna, buscar fuero e impunidad.

***

García Luna se esforzaba en representar la imagen de tiburón fuerte, voluntarioso, frío. Y mientras no abriera la boca para hablar con su voz a veces ininteligible y atiplada, era un personaje viril, de poder. Pero comenzó a construir su camino con amistades, escalando con el compadrazgo. Algunos exagentes de inteligencia se deslumbraron por el cambio.

Con la mira puesta en el futuro y el paso que daría como titular del área de Inteligencia de la PFP, que, como el Cisen, dependía de la Secretaría de Gobernación, García Luna afinó su imagen y se creó una personalidad, cuidó sus manos, con uñas pulidas y arregladas con manicura, y empezó a ser cortés con todo mundo; ya no solo con sus superiores y con su gente cercana, sino con todos.

No se notaba siquiera su respiración. Aunque las manos, nerviosas, le sudaran y su cuerpo pareciera decir otras cosas, los músculos de la cara no se inmutaban ni él perdía la compostura. No reflejaba ninguna emoción. Era un funcionario que, visto así, infundía temor porque podía ser capaz de cualquier cosa. Era impresionante ver y escuchar que lo llamaban ladrón y asesino y que él permaneciera impasible o, en ocasiones, dejara ver la sombra de sonrisa en su rostro.

Este depredador inexpresivo encontró a su equivalente perfecto en Calderón. Estaban destinados a encontrarse y ser. Ejercieron el mando juntos, aunque hubo quienes, por el nivel de secretos que manejaba y el chismorreo oficial, llegaron a considerar a Genaro superior a Calderón, el poder real.

Ciertamente, en su momento hubo algunos señalamientos sólidos que mostraron el falseo de datos de la narcoguerra y otros que exhibieron el fracaso dramático de las políticas calderonistas contra el narcotráfico; en Washington, sin embargo, prefirieron hacer oídos sordos y pasar por alto las evidencias de que García Luna negociaba con el crimen organizado, y que, en consecuencia, México se había convertido en un paraíso para el tráfico de drogas y una especie de narcoestado.

Los túneles que como topo había escarbado estratégicamente, aquellas líneas de información que le aseguraban lealtades, no estaban a simple vista. De la misma manera en que el país se llenaba de fosas clandestinas, los entramados de la política y el crimen organizado se comunicaban por túneles de inteligencia a la orden de García Luna. Solo los agentes estadounidenses podrían ver esto, pero les convenía hacerse de la vista gorda.

Sin embargo, no todo era discreción con nuestro topo y su reino de oscuridades. Le gustaba alardear de sus grandes logros: sus autos clásicos Mustang, sus motocicletas Harley Davidson y, más adelante, la acumulación demencial de recursos, propiedades y una exhibición fanfarrona y prepotente del poder que incluso impresionó al general Jorge Carrillo Olea, exgobernador de Morelos, fundador del Cisen en 1988 y coordinador general para la Atención y Lucha contra el Narcotráfico en la PGR de 1990 a 1991.

En un artículo que escribió en 2009 para la revista *Siempre!*, el general fue contundente en los tres últimos párrafos:

> ¿Qué mente puede sentir satisfacción en mostrar a la televisión las arcas más secretas de la inteligencia criminal recientemente inauguradas? ¿O armar el TV-show de la aprehensión de Florence Cassez que tiene congeladas nuestras relaciones con Francia? Pues solamente una mente trastornada por el poder, que se expresa por un exhibicionismo psicopatológico,

de los que hemos conocido muchos. Son actitudes más o menos constantes de quien sin estar preparado, ejerce un poder más allá de sus capacidades de autocontrol. Tarde o temprano esto tendrá un final amargo para Calderón.

Pues esa mente es la que hace operar un convoy de camionetas blindadas los domingos por la noche en la autopista Cuernavaca-México, haciendo bloqueos, haciendo imposible el rebasar a tal convoy, que viaja con sus torretas encendidas, que atropella a empujones a pacíficas familias que regresan a su ciudad. La camioneta central, una Grand Cherokee, con placas 260 WAK, la conduce el propio García Luna y cierra el convoy, ocupando el centro de la autopista un vehículo pick up amedrentador por su actitud, con placas 12441 de la Policía Federal. El otro vehículo, otra Suburban, exhibía las placas 406 WCK.

Tal vez esta irracional conducta sea la explicación a tanto desarreglo, autoritarismo y abuso, que lejos de cohibir, alientan el crimen en el país. Pero la pregunta subsiste: ¿Por qué es posible tanta insolencia e impunidad? Y como respuesta, el pueblo crea las más fantásticas explicaciones que nada bien hacen al señor Calderón. ¿Por qué lo tolera?

La ostentación desbordada era una osadía y quizá, pensando en eso, a partir de 2009 los datos se volvieron un asunto privado, aunque fue funcionario federal hasta 2012. Sin embargo, la información sobre sus negociaciones con el crimen organizado no se mantuvo oculta entre túneles oscuros que escarbó.

«En dos ocasiones, el Cártel [de Sinaloa] entregó personalmente sobornos a García Luna en maletines que contenían entre 3 y 5 millones de dólares [...] Estos registros [financieros] reflejan que el acusado sigue viviendo de los millones de dólares en sobornos que le pagó el Cártel de Sinaloa», precisa la orden de captura en su contra. Pero ni siquiera eso le habría alcanzado para darse la vida de príncipe que llegaría a tener en Miami.

En 2005 se filtraron a la prensa datos de la averiguación previa PGR/SIEDO/UEIDCS/106/2005, en la que se mencionaba a García Luna, titular de la AFI, como protector del capo Arturo Beltrán Leyva, el Barbas, quien vivía entonces con toda su familia en un lujoso búngalo del hotel Las Brisas en el puerto de Acapulco, protegido por elementos activos de esta agencia.

Un año más tarde, el Barbas, todavía socio del Chapo Guzmán, declaró una guerra abierta llena de salvajismo, ejecuciones y ríos de sangre por el control del mercado de drogas del puerto y sus alrededores; guerra de la cual la ciudad aún no sale.

Declarantes citados en aquella averiguación previa mostraron que conocían en qué estaban involucrados y en qué andaba metido Genaro García Luna: «De antemano sabemos que el director de la AFI [...] está coludido con la organización de Arturo Beltrán Leyva, quien ha recibido grandes cantidades de dinero por medio de un director de nombre Domingo González». Para entonces era público que el sicario Édgar Valdez Villarreal, la Barbie, habría entregado un millón de dólares a González, uno de los hombres más cercanos a García Luna en el foxismo, para que la AFI diera libertad al Barbas y le permitiera trabajar en las plazas de Acapulco y Zihuatanejo. Pero Genaro no estaba solo, gozaba de la protección del presidente Fox y, desde luego, de la primera dama, Martita, el verdadero poder en la casa presidencial.

La cantidad de detalles sobre los episodios oscuros de García Luna debieron haber sido suficientes para investigarlo desde su paso por el Cisen. Ya en el sexenio que cogobernaron Fox y Martita (primero de diciembre de 2000 al 30 de noviembre de 2006) se le involucró casi de inmediato en una compra fraudulenta de aeronaves para la PFP.

La denuncia de hechos que se presentó en 2001 por la compra irregular de las 12 aeronaves usadas (helicópteros y aviones), sin licitación previa, incluía acusaciones contra unos 40 funcionarios de primer nivel de la Secretaría de Gobernación y de la PFP. Resaltaba el nombre de Genaro García Luna, director general de la PJF y exdirector de Inteligencia de la PFP.

Genaro tenía una larga lista de acusaciones y sobre él pesaban sospechas bien fundamentadas de corrupción, al margen de los señalamientos sobre sus negociaciones con el narco y el «cobro» de sobornos de algunos capos. Era un secreto a voces que desviaba recursos para el pago irregular a informantes secretos que más adelante se llamarían testigos protegidos, en su mayoría criminales para armar acusaciones contra sus enemigos o, en su caso, para dar la sensación de que se estaba trabajando, mientras negociaba en secreto con los capos del narcotráfico. Era el perfecto infiltrado de aquí y de allá.

Por eso es imposible olvidar que con la supuesta fuga de Joaquín *el Chapo* Guzmán Loera en 2001 se reestructuró el mapa criminal de México y del orbe, ya que el capo sinaloense negoció con el PAN a través del general Arturo Acosta Chaparro. El arreglo era simple: el Chapo «pondría» (sinónimo de delatar la ubicación para capturar) a capos rivales del Cártel de Sinaloa y García Luna presentaría las aprehensiones como tarea de la inteligencia adscrita a la Policía Federal.

Y así se hizo en las capturas de los capos Benjamín Arellano Félix (en Puebla), del Cártel de Tijuana; Osiel Cárdenas Guillén (en Matamoros), del Cártel del Golfo; Alfredo Beltrán Leyva (en Culiacán), del Cártel de los Beltrán Leyva; Vicente Carrillo Leyva (en la Ciudad de México), del Cártel de Juárez; Eduardo Teodoro García (en La Paz, Baja California Sur), del Cártel de Tijuana, y Sergio Villarreal Barragán (en Puebla), del Cártel de los Beltrán Leyva. Mientras tanto, del Cártel de Sinaloa caían, como los llamaban los agentes de inteligencia, puros «charalitos» disfrazados de peces grandes, mismos que eran presentados en las conferencias matutinas de la Policía Federal en el hangar del aeropuerto o en las instalaciones del Centro de Mando de Iztapalapa, mejor conocido como Contel.

* * *

En mayo de 2020 la edición en inglés de *El Universal*, periódico que se edita en la Ciudad de México, documentaría que, en el sexenio de Calderón, la Secretaría de la Función Pública (SFP), dependencia responsable de vigilar el buen comportamiento presupuestal y la fortuna personal de los servidores públicos, dio carpetazo —en otras palabras, tiró al cesto de la basura— a 23 denuncias contra García Luna.

En las acusaciones revisadas para el reportaje de *El Universal*:

> se constata que desde el gobierno de Vicente Fox Quesada hasta el de Enrique Peña Nieto, pasando por el de Felipe Calderón, los órganos internos de control y la SFP tuvieron conocimiento de 23 quejas y denuncias por diversas irregularidades atribuidas a García Luna.
>
> Mientras que en México las denuncias de presunto enriquecimiento ilícito fueron desestimadas, en Estados Unidos las autoridades indagaron sobre el patrimonio de García Luna y encontraron que tan solo en aquel país tiene propiedades por cuatro millones de dólares que adquirió mediante prestanombres y empresas fantasma.

En 2001 se presentó una queja que exhibía a una decena de servidores públicos de la PFP, controlada por García Luna, mismos que habían destinado 312.6 millones de pesos para realizar diversas compras sin una licitación de por medio. La investigación interna se registró como «uso indebido de atribuciones y facultades».

Con todo ese bagaje y su notoriedad, García Luna sigue siendo un desconocido. Es el desconocido más conocido de México a pesar de su captura en Estados Unidos, su encarcelamiento y el proceso para enjuiciarlo. En algunos círculos, después de tanta información, se le llama monstruo policía, terrorista de Estado o narcopolicía.

Desde afuera, da la impresión de que García Luna hizo un pacto con el diablo —pacto mañoso, lo llamaron algunos; pactos inconfesables, otros—. Apenas comenzó el sexenio de Calderón, Javier Herrera Valles, comisario general de la PFP y coordinador de Seguridad Regional de la corporación, envió dos misivas al presidente en las que documentaba los manejos arbitrarios, irregularidades y nepotismo del secretario de Seguridad Pública; el trato preferencial del que se le acusaba estaba encabezado por su hermana Esperanza García Luna, quien hasta entonces mantenía su dirección en la calle Herón Proal 6 de la colonia Primero de Mayo (que gravita en torno de la Romero Rubio), y fungía como responsable de los cuidados de doña Chelito, su mamá, y su padre Juan Nicolás.

Hubo una venganza flagrante por los señalamientos de Herrera Valles. El primer caído fue su hermano Arturo Herrera Valles, titular de la comandancia regional de la PFP: lo hostigaron hasta que en 2008 lo encarcelaron, acusado de delitos de delincuencia organizada, contra la salud y de colaborar con el Cártel del Golfo.

A Javier lo hostigaron, separaron del cargo, dieron de baja, acusaron de recibir decenas de miles de dólares del crimen organizado, arraigaron, encarcelaron en el penal federal de El Rincón en Nayarit y, si no lo mataron, fue de milagro. Este acusó al coordinador de Inteligencia para la Prevención de la PFP, Cárdenas Palomino, de orquestar la ofensiva en su contra y en contra de su hermano, en complicidad con funcionarios de la Procuraduría General de la República, infiltrada por García Luna y el narcotráfico. Nada pudieron probarle a él ni a su hermano.

En las imputaciones en Estados Unidos que culminaron con su arresto, un Gran Jurado acusó formalmente a García Luna de participar activa y premeditadamente de 2001 a 2018 en actividades relacionadas con el narcotráfico. Y no se lo ve como socio marginal, sino como cómplice activo de una gran conspiración para cometer los crímenes cuando era funcionario, a lo que siguió un periodo de encubrimiento y aprovechamiento de recursos ilícitos al terminar su encargo en el servicio público.

Todo esto fue posible gracias a que en 2000, con el nombramiento que le dio Macedo de la Concha, García Luna se catapultó y cayó en blandito. El primero de noviembre del siguiente año el presidente Fox decretó la desaparición de la PJF y la creación de la AFI, su primer remedo de FBI, bajo el mando único de Genaro. Entonces, el mismo Macedo de la Concha lo presentó con el abogado penalista y exsubprocurador Marcos

Castillejos Escobar. Esta no sería una cuestión menor, puesto que más adelante llevaría a García Luna a tener contactos con la administración del priista Enrique Peña Nieto.

La historia se puede resumir: Macedo de la Concha compartía un despacho jurídico con Castillejos Escobar en la Ciudad de México, hasta que, poco antes de las 10 de la mañana del miércoles 9 de julio de 2008, este último fue asesinado a balazos en la cochera del despacho en la calle Mazatlán 102, colonia Condesa, por un criminal que ya lo esperaba. Fue un trabajo de cacería, de esas que coordina el crimen organizado.

Conocido como uno de los abogados del *jet set*, Castillejos Escobar fue defensor de innumerables personajes, entre ellos el conductor de televisión Mario Bezares, involucrado en el asesinato del humorista, actor, conductor y político priista de medio tiempo Francisco Jorge Stanley Albaitero, más conocido por su nombre artístico de Paco Stanley; tras su ejecución en el restaurante El Charco de las Ranas, ubicado a unos cuantos metros del Cisen, todas las conversaciones sobre el caso fueron entregadas a García Luna.

Castillejos Escobar fue también defensor de los hijos de Marta Sahagún de Fox (Manuel y Jorge Alberto Bribiesca Sahagún). Y, según señalamientos que no se desmintieron, coordinó la defensa del propio García Luna cuando este era titular de Inteligencia de la PFP, en 2001 y 2002, y fue involucrado en el desvío de al menos 42 millones de pesos por la compra irregular de helicópteros y aviones para la lucha contra el narcotráfico.

Por si hiciera falta un condimento, Castillejos Escobar fue investigado en su momento por supuestos vínculos con el caso de la extorsión y asesinato de Enrique Salinas de Gortari, hermano del expresidente Carlos Salinas, ya que su teléfono celular contenía el registro de una llamada al teléfono de la víctima.

Castillejos era suegro de Luis Cárdenas Palomino, operador y brazo derecho de García Luna, lo que le sirvió para librar señalamientos por su probable participación en el asesinato de Enrique Salinas. Y lo más importante y que no debe pasarse por alto, era padre del abogado Humberto

Castillejos Cervantes, quien en diciembre de 2012 fue nombrado consejero jurídico del presidente Enrique Peña Nieto.

En otras palabras, y siendo mal pensado, García Luna tenía una especie de seguro en la Presidencia, por si acaso Peña Nieto hubiera querido tomar medidas para investigarlo, enjuiciarlo y castigarlo. No lo haría; por el contrario, desde el gobierno peñista saldrían contratos para las empresas del exsecretario de Seguridad Pública.

Por su parte, Felipe Calderón también logró hacerse de ciertos lujos y enriquecimiento a partir de la guerra contra el narcotráfico. Apenas al llegar a la presidencia y gracias a la «compra» a precios de regalo, Calderón y Margarita se hicieron construir, con apoyo del Ejército y en una superficie de unos cuatro mil metros cuadrados en el pintoresco municipio de Ayapango, Estado de México, un chalet suizo, chalet de montaña o finca rústica, como se le quiera llamar, de 255 metros cuadrados casi al pie de las faldas de los volcanes Popocatépetl e Iztaccíhuatl.

Con la llegada de la nueva Policía Federal «científica» de García Luna y militares del Estado Mayor Presidencial para cuidar con celo enfermizo a la familia Calderón Zavala, Ayapango y los municipios colindantes, Amecameca, Temamatla, Ozumba y Tlalmanalco, sufrieron una explosión de violencia: el crimen organizado se expandió, montado en una estela de terror y una ruleta rusa de la muerte. Como un rey Midas de la violencia, todo lo que tocaba García Luna terminaba en desgracia y sufrimiento.

8
CUENTAS PRIVADAS

Decir que la administración calderonista fue una copia fiel en cuanto a derroche y opulencia de administraciones anteriores se queda corto. Había dinero para más que eso y, sin cuestionamientos de ninguna índole, se abrió una nueva etapa de pillería. Para poner un ejemplo, mientras el Ejército y las Fuerzas Armadas criminalizaban al pueblo de México, los delincuentes de cuello blanco construían sus fastuosos patrimonios. Genaro García Luna fue uno de esos peces gordos que vio la oportunidad de hacer prosperar su carrera política, la cual, hasta ese entonces, llevaba en modo discreto.

Para evitar cuestionamientos y tratar de esconder los recursos hizo su primera compra de contado en el primer trimestre de aquel 1997 en la Ciudad de México: 450 mil pesos por 160 metros cuadrados de terreno y una superficie de construcción de 320 metros, que declaró hasta casi cinco años después, en mayo de 2002, cuando nadie podía seguirle la pista al dinero, o bien, el tema sería anecdotario y, por lo mismo, pasaría inadvertido.

Pronto supo con certeza que algunos de sus secretos estaban a buen resguardo y a salvo de miradas indiscretas. Realizó una segunda compra el 15 de septiembre de 1998, un local de 60 metros cuadrados con una superficie de 100 metros de construcción por 214 mil 546 pesos, también de contado. Luego lo convertiría en un dudoso comercio al que Calderón terminaría perdonándole el pago de impuestos. Esta compra la declaró hasta el 30 de mayo de 2002. No se dio cuenta de que esa medida era un método suicida. Ese mismo 30 de mayo reportó otra adquisición que había pagado al contado el 5 de abril de 2000: una casa de 450 metros cuadrados con una superficie de 113 metros de construcción a un costo de 522 mil pesos.

Confiado en que la prensa no lo molestaría dada su vasta red de inteligencia, no ocultó los dos Ford Mustang clásicos, 1966 y 1970, que compró de contado por 220 mil y 245 mil pesos, respectivamente. Invisibles también para los medios fueron la Harley Davidson de 194 mil 558 pesos y la Land Rover de 617 mil 136 pesos que adquirió en una sola exhibición.

Parte de la protección que recibía García Luna venía directamente de Marta Sahagún, con quien compartía su afición por la brujería y santería. Amplias investigaciones reportarían el fervor esotérico de la que se volvió primera dama. Lo que Martita no alcanzaba a vislumbrar era que había un «brujo» de la información que ya la había observado y clasificado: el mismo García Luna. Así se puede comprobar en el reportaje «Las brujerías de Marta Sahagún» del periodista Abdel Robles, publicado en la revista *Zócalo*, el cual revela que «en una ficha confidencial, elaborada por el Cisen, en la que se cuenta su historia personal, familiar y política, su perfil psicológico es definido como el de una mujer "soñadora, insegura, crédula"». Otro dato revelador de tal ficha es la enumeración de sus puntos débiles, destacando «su tendencia al "misticismo religioso" y su "ambición política creciente". De sus "puntos fuertes" resaltan que es una mujer "tenaz, resistente y perseverante"».

Como si se tratase del tesoro al final del arcoíris, y una vez iniciado él mismo en la materia, García Luna aprovechó su oportunidad dentro de la historia oscura y caricaturesca de la política presidencial mexicana, inmersa en la brujería, el espiritismo y el chamanismo, con sus santeros, brujos, curanderos y videntes. Y todo mundo sabe que, en los asuntos divinos, de fe, nadie puede interponerse, la manipulación viene fácil. Y nadie se interpuso entre él y sus acuerdos secretos con Marta.

Con su faceta priista en el pasado y las puertas foxistas abiertas, García Luna, como lo advierte un exagente de inteligencia, se convirtió en otro «Lutero» policial y el hombre del momento del PAN. Sin embargo, sin darse cuenta o sobrevalorando su poder, «rompió por primera vez uno de los principios "sagrados" de todo hombre de inteligencia con tareas amplias de espionaje, legal e ilegal: pasar inadvertido, ser invisible, no ser descubierto nunca, por nadie». Las ambiciones lo habían traicionado. Su trabajo de topo, aquellos vastos túneles oscuros y llenos de información, quedaron evidenciados por culpa de su despilfarro.

Todo comenzó después del anuncio de Fox en su Primer Informe de Gobierno. García Luna, un personaje oscuro de cara regordeta y rostro adusto no solo buscaba imitar al general Jorge Carrillo Olea, a Jorge Tello Peón y a Eduardo Pontones Chico, sus directores en el Cisen, sino superarlos y convertirse en un calco de su modelo de espía: el estadounidense J. Edgar Hoover.

Así, Genaro García Luna sistematizó el funcionamiento de la AFI, organizó y creó un sistema de compartimentación de información al interior de las unidades de inteligencia para evitar filtraciones a los criminales. Pero, para el asombro y horror de muchos, aprovechó y usó la información confidencial para negociar con los jefes del crimen organizado y los capos del narcotráfico. Modernizó la corporación para servirse de ella.

Pero a diferencia de Carrillo, Tello, Pontones e incluso su mentor Robledo Madrid, veía en la publicidad un arma para hacerse indispensable, encumbrarse y vengarse de sus rivales y enemigos. Genaro tenía claro que la información y la manipulación son armas letales. Quería que su nueva Policía Federal aglutinara a todas las fuerzas civiles para estar a la par del FBI y ser un referente en América Latina. Y tenía claro que, pacientes, los mexicanos costearían sus experimentos.

El foxismo, pues, convirtió la residencia oficial de Los Pinos —hoy un complejo cultural— en un espacio que dio cabida a la santería, la superstición, la hechicería, seres sobrenaturales y la brujería. Y Martita terminaría casándose con el presidente para cogobernar el país, aunque ya lo hacía en los hechos. Como primera dama se convertiría no en el poder tras el trono, sino en el poder, sin adjetivos, de la casa presidencial. Ella maquinaba y Fox, siempre locuaz e incoherente, daba la cara.

Ese amarre legal o matrimonio con Fox sería sólido, con nudo ciego; mientras tanto, García Luna se encargaría de proteger a los hijos de Martita, los hermanos Bribiesca Sahagún, en el mundo terrenal. El primer paso sería borrar las huellas o tratar de ocultar los negocios oscuros. Lo hizo a medias porque más temprano que tarde se siguió el rastro de los hermanos hasta el exclusivo condominio Four Leaf Towers, en Houston, donde desembolsaron 250 mil dólares por un departamento de 155 metros cuadrados.

Además, Manuel y Jorge Alberto Bribiesca Sahagún estarían involucrados en otros temas sucios y escabrosos: tráfico de influencias, información privilegiada, dudoso origen de recursos económicos y delitos fiscales para facilitar contratos de la paraestatal Pemex con la empresa naviera Oceanografía, asegurada por la PGR en febrero de 2014. En otras palabras, gracias a los apellidos se convertirían en contratistas de Pemex.

La protección de santa Martita resultó poderosa, una influencia silenciosa y perversa. En mayo de 2002 García Luna hizo un movimiento inmobiliario que debió llamar la atención de más de uno, pero pasó inadvertido. El día 4 de ese mes, a casi cinco años de su primera compra (la de 450 mil pesos) y cuando había hecho el cambio de uso de suelo de habitacional a comercial, vendió esa casa de 160 metros en una superficie de 320 metros cuadrados en 440 mil pesos, 10 mil pesos menos que su valor original.

Las declaraciones de bienes patrimoniales que García Luna presentó a partir de 2002, cuando Fox lo nombró coordinador general de la AFI, dependiente de la PGR, muestran que cada año sus percepciones, inmuebles, vehículos y cuentas bancarias variaron, sin que hubiera reportado algún otro ingreso además del salario oficial. Tampoco reportó actividades empresariales, intelectuales, financieras, industriales ni comerciales, por lo que con una simple suma aritmética es posible comprobar que sus adquisiciones no cuadraban con sus ingresos.

En el marco de la Glosa del IV Informe de Gobierno de Felipe Calderón, Fernández Noroña, quien siempre ha sido un crítico de Genaro, le hizo una pregunta que, como un dardo envenenado, dio en el corazón de la corrupción del gobierno calderonista:

> ¿Cómo le haces con un salario de 205 mil pesos al mes —145 mil, con los descuentos— para tener una casa de 20 millones de pesos en Monte Funiar número 21, fraccionamiento Jardines de la Montaña [Ciudad de México]? Pero no para ahí tu patrimonio, está también este pequeño lugar campestre de 15 millones de pesos en el fraccionamiento Pedregal de las Fuentes en Jiutepec, Morelos. Pero no para ahí tu patrimonio, eres un hombre próspero y lo que era tu casa es hoy un restaurante que vale 7.5 millones de pesos. Sería interesante que nos dijeras cómo se puede hacer de no tener nada a esta primera casa de siete millones y medio y después comprar esta propiedad rural de 15 millones de pesos y la de 20 millones de pesos, que tiene mala fachada, pero está en proceso de construcción.

Las ganancias de García Luna comenzaron a ser significativas y sospechosas a partir de 2002, cuando ya contaba con el respaldo del foxismo y sobre todo de Martita. Esta secuencia anual que incrementaría los dígitos de su riqueza cesó en 2009. Pero amerita ser explorada año por año. En 2002 García Luna reportó un ingreso anual neto de 1 millón 731 mil 903 pesos; declaró dos casas: la de 522 mil y la de 450 mil pesos, un local —el de 214 mil 546 pesos—, la motocicleta Harley Davidson de 194 mil 558 pesos y dos cuentas bancarias, la primera por 260 mil pesos y la segunda con cinco mil.

Para 2003 incrementó su ingreso anual neto a 2 millones 63 mil 313 pesos. A esto se sumó la estrategia de hacerse de bienes raíces con la compra de un terreno de 450 mil pesos. Además, hizo unos movimientos misteriosos con la venta del local y de la motocicleta. El saldo de sus dos cuentas bancarias fueron una por mil 44 pesos y otra por 324 mil 297 pesos. A esto se agrega el contrato de un seguro por 626 mil 715 pesos. Un año después, en 2004, sus ingresos aumentaron a 2 millones 100 mil pesos, su seguro a 1 millón 100 mil y declaró la compra de otro terreno por un millón de pesos.

Al terminar 2005 declaró un ingreso neto de 2 millones 200 mil pesos; vendió una casa, adquirió la camioneta Land Rover Discovery valuada en 617 mil 136 pesos, y su cuenta bancaria y seguro los declaró en 205 mil 515 pesos y 1 millón 600 mil pesos, respectivamente. Podemos ver que García Luna le apostaba sobre todo a la adquisición y venta de terrenos y casas.

Al año siguiente, 2006, cuando terminó su encargo como coordinador general de la AFI y se integró al gabinete de Calderón como titular de la SSP, reportó ingresos por dos millones cuatro mil pesos netos. Fue en este tiempo que realizó la compra de un Mustang clásico 1966 de colección. Su cuenta bancaria registró un saldo de 480 mil pesos y su seguro bancario aumentó a dos millones dos mil pesos. También para entonces, con el calderonato y el inicio de la guerra contra el narcotráfico, hubo un cambio significativo: empezó a comprar a crédito, con ciertas operaciones dudosas, aunque algunas adquisiciones las mantuvo al contado.

El joven humilde y gandalla de la Romero Rubio, aquel soplón que inició su carrera señalando, haciéndoles el trabajo a los policías, quien fue informante de agentes de la Policía Secreta de la Ciudad de México, espía y agente de inteligencia, en seis años dio un salto mayor. A pesar de que en 2007, un año después de llegar a la SSP, el ingreso neto de García Luna registró una caída ligera a dos millones de pesos, declaró la compra de dos casas, una de 862 mil 800 pesos y la segunda por dos millones tres mil pesos. Se suma a esto la adquisición de otro Ford Mustang, clásico también, y su seguro aumentó a 2 millones 700 mil pesos.

En 2008, dentro de lo que sería su última declaración pública de bienes patrimoniales, reportó un ingreso neto de 3 millones 800 mil pesos, la compra de una casa por 7 millones 500 mil pesos, y tres cuentas bancarias con saldos de 10 mil, 32 mil y 85 mil pesos, respectivamente. De 2009 en adelante nada se sabría. Todo sería secreto.

Sin tener que escarbar demasiado, un análisis de sus declaraciones patrimoniales muestra que, con seis años de actualizar su patrimonio, su salario aumentó 120%, mientras que su patrimonio se quintuplicó de valor. Entre 2002 —cuando presentó su primera declaración— y 2008 simuló la venta de propiedades y compró diversos inmuebles, y sus ingresos anuales pasaron de 1.7 a 3.8 millones de pesos.

Inmerso en un torrente de pensamientos y en la maraña que tendió García Luna, un viejo agente de inteligencia reflexiona: «Quizá por eso, en 2008 tomó la decisión de cerrar sus declaraciones, hacerlas privadas cuando se trataba de un asunto público. No fue un tropiezo verbal ni un distractor porque en las ocultas de 2009-2012 ya no aportó información, ni actualizó».

Con tales antecedentes pocos creyeron en las cartas aclaratorias o derechos de réplica que la directora general de Vinculación y Comunicación Social de la Policía Federal Preventiva, Verónica Puñuñuri Herrera, envió a la periodista Sanjuana Martínez, en las que insistía que García Luna tenía las manos limpias y era un funcionario honrado que vivía solo de su salario y que este daba para el estilo de vida que llevaba. Desde sus años en el Cisen presentaba gastos, vía justificación de viáticos, por mil pesos diarios, saliera o no de comisión, y de mil dólares, cuando salía al extranjero, como acostumbraba. Y entre otras, hizo dos aclaraciones: en 2008 las percepciones de su jefe se ubicaron en 4 millones 76 mil pesos y las de 2009 en 4 millones 43 mil pesos.

Puñuñuri Herrera ignoraba que, en marzo de 2012, a ocho meses de terminar el sexenio calderonista, un ciudadano presentaría una denuncia ante la SFP para exhibir, en resumen, el extraño, significativo, injustificado e inexplicable crecimiento patrimonial de García Luna.

Entre 2006 y 2008 se registraba la adquisición de tres propiedades a crédito y un terreno de contado, en el cual edificó en pocos meses una construcción de aproximadamente 20 millones de pesos, y terminó de pagar otra propiedad de 2.3 millones de pesos. Y según las declaraciones de 2001 a 2008 no tenía el salario ni los ahorros suficientes para comprar el terreno, menos para la construcción, además de que estaba endeudado desde 2007. Las deudas, de acuerdo con los informes de la declaración de 2008 recabada por el denunciante, ascendían a 6.8 millones de pesos; durante ese año, sin embargo, compró un terreno de 4 millones 87 mil pesos en el que construyó una nueva casa. Registrada con el expediente DGDI/004/2012, la queja no prosperó.

Sospechas de simulación había desde que decidió cerrar o mantener en secreto sus declaraciones de bienes patrimoniales a partir de 2009 porque había seleccionado Jiutepec, parte de la zona metropolitana de Cuernavaca, en el estado de Morelos, como el lugar para invertir sus ganancias. Gobernado por el PAN, Morelos era piso firme para los negocios de García Luna, pero además una zona segura para sus hermanas Luz María y Gloria García. Esta última ostentaba un cargo de dirección en la Secretaría de Seguridad Pública estatal.

Una tercera hermana, Esperanza, estuvo siempre cobijada a su sombra en la Ciudad de México. Algunos exagentes de inteligencia especulan todavía que García Luna la mantuvo a su lado porque gracias a ella se consolidó la protección que le dispensó su jefe Wilfrido Robledo Madrid. La relación de Esperanza y Wilfrido era un secreto a voces y su eco retumbaba en cada rincón del espionaje mexicano.

En Jiutepec, según expedientes notariales y del Registro Público de la Propiedad y del Comercio de Morelos, el registro 142, foja 283, libro 725, volumen 2, sección 1, señala que García Luna fue propietario del lote 10, manzana A del fraccionamiento Rincón de las Delicias, de la segunda privada de Diana sin número. Una casa con una superficie de 160 metros cuadrados que vendió a su hermana Luz María García Luna por 880 mil 800 pesos.

Además está Los Cedros, Café, Pastelería y Restaurante, un regalo para su esposa Linda Cristina Pereyra Gálvez, ubicado en el número 500 de la calle Gustavo Gómez Azcárate, de la colonia Lomas de la Selva en Cuernavaca. Empezó a operar cuando su hermana Gloria García Luna fungía como titular de la Dirección General de Prevención del Delito y Participación de la Comunidad de la Secretaría de Seguridad Pública de Morelos.

La historia del restaurante guarda sus secretos. Cerró a principios de 2019 y hasta marzo de 2020 conservaba letreros de venta en puertas y ventanas. En una visita que hizo en mayo de 2010, la periodista Anabel Hernández descubrió que el restaurante era una especie de fachada y que servía de forma encubierta para otro tipo de contrataciones.

En una entrevista para el noticiero de Carmen Aristegui —que en sitios digitales aparecería bajo el encabezado «Declara García Luna ahorro de 200 mil [pesos], deudas por 6 mil... y construye casa de 20 millones»—, precisó que en aquel lugar se reclutaban encuestadores, analistas de información, poligrafistas y analistas psicológicos. Anabel se haría una pregunta que aparentemente no tenía respuesta: ¿Para qué quiere el secretario de Seguridad Pública Federal poligrafistas en el restaurante de su esposa?

La respuesta vendría con los años, después de su arresto en Estados Unidos. En el marco del fracaso que desde entonces mostraba su guerra contra el narcotráfico, García Luna tenía planes para levantar una empresa privada que se dedicaría a la seguridad y la inteligencia policial o espionaje ilegal y venta de software para espiar a periodistas, políticos de oposición, defensores de derechos humanos y activistas.

En marzo de 2019 los periodistas Peniley Ramírez Fernández y Julio C. Roa revelarían lo siguiente:

> Documentos y testimonios obtenidos por Univisión muestran que, en 2012, un grupo de funcionarios de seguridad trabajó en una oficina privada propiedad de un grupo empresarial de amigos de [...] Genaro García Luna, mientras aún estaban en funciones de gobierno.
>
> [...]
>
> Los Weinberg [Mauricio y Alexis] son propietarios de una compañía llamada ICIT, que tiene presencia en Panamá, México y Estados Unidos. La filial mexicana utilizó el trabajo de [los] funcionarios e información privilegiada de la Secretaría de Seguridad Pública al mando de García Luna para distribuir reportes de seguridad o ganar clientes para otras áreas de su empresa.

Además, Linda Cristina Pereyra Gálvez, la esposa de García Luna, estaba capacitada para realizar el trabajo de reclutamiento de poligrafistas, analistas y encuestadores desde el restaurante. No hay que olvidar que ella misma se había forjado y desarrollado como analista en el Cisen, como sustituta de Maribel Cervantes Guerrero.

De lo que no hubo duda es que en 2009 el restaurante con sus grandes ventanales, ubicado en una pendiente que le daba una amplia vista panorámica y, según las especulaciones, funcionaba como una pequeña oficina de espionaje, se encontraba a metros del conjunto residencial Altitud. El 16 de diciembre, en aquel conjunto residencial, fue abatido por la Marina el capo Arturo Beltrán Leyva, alias el Barbas, el Jefe de Jefes. En 2007 había roto con el Chapo Guzmán para formar su propio cártel, el de los Beltrán Leyva, con sus hermanos Alfredo y Héctor, jefe hasta entonces de los grupos armados del Cártel de Sinaloa.

También fue un hecho que aquel año García Luna simuló la venta de algunas de sus propiedades en Morelos y que el famoso restaurante que registraba movimientos inusuales fue abandonado poco a poco, después de la muerte del Barbas. Asimismo fue un hecho que para 2019 su fortuna visible y abierta superaba, por mucho, los 70 millones de pesos.

Eso dio pie a la especulación: si en sus 12 años como funcionario de primer nivel hubiera ganado 350 mil pesos mensuales —en los hechos recibió un salario de entre 150 mil y 200 mil pesos por mes, sin contar aguinaldo ni vacaciones—, y en esos 12 años no hubiera gastado ni un solo centavo en necesidades básicas —renta, vestido, transporte, colegiaturas y alimentación—, habría sumado 50 millones de pesos, lejos del valor de sus propiedades.

Antes de decidir llenarse los pulmones con aire de los vientos frescos del mar de Miami, García Luna habitaba una pequeña mansión en el residencial Jardines de la Montaña, levantado en 1980 en la alcaldía Tlalpan, al sur de la Ciudad de México, donde las propiedades alcanzan un valor de entre 17 y 59 millones de pesos.

Ya en Estados Unidos, en el retiro dorado, Genaro y Linda Cristina, una pareja indisoluble desde la época del Cisen, se hicieron después de 2012 y hasta 2018 de propiedades visibles por unos cinco millones de dólares o poco más de 90 millones de pesos mexicanos al tipo de cambio de diciembre de 2019: cuatro despachos en una torre médica, por los que pagaron 2.98 millones de dólares, una oficina y un departamento, todos en un lujoso complejo comercial y residencial en Aventura Park Square, Florida.

Con una mansión de tres millones de dólares, con cuatro baños, alberca, cuatro habitaciones y hasta embarcadero propio, o el *penthouse* valuado en 2.3 millones de dólares, de seis cuartos, cinco baños, una cocina y vista al mar, ambos en la península de Florida, allí en Miami, García Luna se alejó del país violento, lleno de sangre y fosas comunes que él mismo construyó. Puso a buen resguardo a su familia y la cobijó en los lujos extravagantes costeados por las arcas de la nación.

La historia es más oscura todavía y representa un agravio para los mexicanos: la primera semana de mayo de 2020 el periodista Julio C. Roa documentó que

> García Luna y sus socios de negocios registraron en los últimos 11 años varias empresas en [...] Florida, las cuales fueron utilizadas para la adquisición de al menos 34 propiedades, cuyo valor en conjunto es de alrededor de mil millones de pesos. Varias de estas empresas [...] fueron cerradas y registradas nuevamente en el estado de Delaware, lugar considerado como un paraíso fiscal en Estados Unidos.
>
> En esta red inmobiliaria de 34 propiedades también aparece una costosa propiedad que, según informes públicos, fue registrada como domicilio de Linda Pereyra, esposa del exfuncionario [...] posteriormente vendida a Alexis Elías y Rita Chertorivski Woldenberg, hermana de Salomón Chertorivski Woldenberg, exsecretario de Salud al final del sexenio de Calderón.

García Luna pareció tomar amparo a la sombra del viejo señalamiento que en ocasiones parece definir al político mexicano tradicional: la corrupción somos todos. Máxima que prevalece desde el sexenio del extinto José López Portillo y Pacheco, un corrupto mayor y sin escrúpulos que gobernó México del primero de diciembre de 1976 al 30 de noviembre de 1982. Y ese «todos» hace referencia a una clase inmoral de empresarios, banqueros, caciques sindicales, procuradores, ministros, jueces, diputados, senadores, gobernadores y secretarios de Estado. Todos expertos en desfalcar al erario, protegidos por un jefe de Estado, que más bien actúa como jefe de pandilla.

En algunos círculos policiales priistas y panistas de primer nivel García Luna pasaba por un hábil agente de inteligencia, sagaz y refinado, un espía con un proyecto que, de avanzar, permitiría su paso a la eternidad y el de algunos de sus allegados con los que, en los hechos, había formado una especie de grupo mafioso o hermandad en las oficinas del Cisen.

Para eso, había *japoneseado* (su palabra inventada para evitar la de *plagio*) el esquema que dio origen a dos infames cofradías a finales de la década de 1940 y a comienzos de la de 1950. Tales eran La Hermandad de la temible Policía Federal de Caminos (PFC) y la no menos tenebrosa Hermandad de la Policía Preventiva de la Ciudad de México.

Para nadie es un secreto que La Hermandad se caracterizó por ser una organización delictiva responsable de secuestros, extorsión, robo de autos, tráfico de drogas y venta de plazas. El manto siniestro de La Hermandad cubría todo. Su férreo control solo se interrumpió durante los seis años en los que estuvo al mando el «general» habilitado, el Negro Durazo Moreno, un criminal, asesino y mafioso que pretendía ser candidato presidencial del PRI.

Visto desde arriba y estudiada la forma de trabajar de la policía «científica» de Genaro, no hay dudas sobre por qué se decidió a copiar el modelo mafioso de la policía de la Ciudad de México. Hay elementos suficientes para afirmar que incluso incrustó o adoptó en su pequeño grupo a algunos elementos de la vieja Hermandad de la Policía Preventiva de la Ciudad de México, encabezados por Luis Rosales Gamboa, mejor conocido por su indicativo clave de Jefe Apolo.

Era afán de Genaro dar forma a una verdadera hermandad que, a la larga, daría paso a un pequeño ejército civil que superaría con los años a las Fuerzas Armadas. A este ejército se sumarían personajes como

María Vanesa Pedraza Madrid, Nahúm García Martínez, Mario Arturo Velarde Martínez, Francisco Navarro Espinosa, Ricardo Gutiérrez Vargas —quien llegó a ser jefe de la oficina de la Interpol México—, Luis Manuel Becerril Mina y Osvaldo Luna Valderrábano, su chofer desde el Cisen y quien gracias a su fidelidad sería premiado como jefe del Estado Mayor de la PF, con el grado de comisario, además del título de maestro, obtenido gracias a un convenio con la Universidad del Valle de México (UVM). Todos los allegados de Genaro adquirieron dicho grado, aprovecharon su posición, pusieron a sus subordinados a que les hicieran las labores y tareas en línea para obtener el grado académico. Así ocurrió con Cárdenas Palomino y el citado Luna Valderrábano.

Con una Procuraduría General de la República inundada también por la corrupción y unas Fuerzas Armadas sometidas, Genaro ejercía un control efectivo y directo sobre cada uno de los integrantes secretos de esa hermandad y de los puestos clave de las 17 áreas que integraban la Policía Federal. Era una especie de «padre» proveedor. Sería el interlocutor. Negociaría por todos. Exigía lealtad ciega y ellos lo habían elevado a nivel de dios.

Su avaricia lo había llevado lejos de sus inicios como un jovencito aprendiz de espía. Se había convertido en todo un experimentado agente del área de Inteligencia, dejando atrás las fallas graves que había cometido en temas fundamentales como el alzamiento en Chiapas del Ejército Zapatista de Liberación Nacional (EZLN) en 1994.

* * *

Sin importar cuánta inteligencia había en el Estado ni la capacidad de los espías del Cisen, el primero de enero de 1994 el EZLN se levantó en armas. Las Cañadas de Chiapas se convirtieron en territorio zapatista y la selva Lacandona se partió en dos: la montaña guerrillera y la cañada campesina, como escribió el historiador Jan De Vos. El presidente Salinas montó en cólera, al menos en público, sintiéndose defraudado por el Cisen.

Desde el Cisen insistieron con vehemencia en que Salinas y parte de su gabinete sabían qué pasaba en Chiapas, incluido el levantamiento armado por venir. Los informantes-infiltrados enviados a la selva chiapaneca —García Luna y Ardelio Vargas— habían entregado en julio de 1993 un amplio informe y un diagnóstico detallado, agregados en las llamadas carpetas rojas o los archivos secretos del Cisen sobre el movimiento zapatista.

Incluso se ha señalado que el Cisen sabía desde 1992 de los movimientos para dar forma al EZLN bajo el mando del comandante Germán o Fernando Yáñez Muñoz, a quien se identificaba como excomandante en jefe de las Fuerzas de Liberación Nacional (FLN) y que había sido partícipe de la guerrilla en el estado de Guerrero en la década de 1970.

Una u otra, también hay versiones sólidas que exponen que ni el joven García Luna ni el veterano Ardelio Vargas supieron cómo preparar un informe entendible y coherente para que la Presidencia de la República pudiera entender la gravedad de la situación, identificar y desactivar el levantamiento armado. De tal forma que los dos espías del Cisen habían ido como turistas a Chiapas porque no supieron cómo cerrar el ciclo de inteligencia y, por lo tanto, habían fracasado.

Atorado en esa situación y discusiones con el presidente Salinas, el Cisen, sin admitir la incapacidad de sus espías, pero ya en el gobierno de Ernesto Zedillo, intentó rectificar y volcó sus recursos para identificar a la cabeza visible zapatista, el subcomandante Marcos o Rafael Sebastián Guillén Vicente, no al comandante Germán.

Viejos agentes de inteligencia, exespías, no dudan hoy que aquel yerro, que culminó con el alzamiento del EZLN y le costó la dirección del Cisen a Eduardo Pontones Chico y la Secretaría de Gobernación al político chiapaneco José Patrocinio González-Blanco Garrido, sembró en García Luna la inquietud de crear una maquinaria perfecta transexenal de inteligencia policial y espionaje.

9
EXPEDIENTES DE MINERÍA

El escritorio está atiborrado de documentos, carpetas de diferentes colores y hojas cuyas palabras versan sobre todo lo que ocurre en un país. Las manos se mueven como reinas de una selva de papel y tinta; los dedos hurgan, acarician, estrujan, seleccionan, descartan y guardan cierta información sobre esto o lo otro. La luz es poca, proviene de un único foco que brinda a la escena un aire melodramático, como de escena de obra de teatro. Nuestros ojos de espectadores silenciosos ven al hombre vestido en un elegante traje azul, absorto en los archivos que cubren el escritorio: su reino de datos, perfiles, fechas, nombres, expedientes, antecedentes penales, *curriculum vitae*, resultados electorales, análisis de mercado, investigaciones sobre cárteles, reportes policiales e, incluso, resultados de pruebas metalúrgicas de suma importancia.

Abriéndose paso a fuego y sangre, los cárteles recibían dinero a manos llenas de labores alternas, como la minería. De 2001 a 2012 la Policía Federal de Genaro García Luna se había hecho de la vista gorda, y prestado oídos sordos, para frenar el avance de viejos narcos ocultos bajo la piel de perturbadores *gambusinos* —término empleado para referirse a mineros que extraen mineral por su cuenta y a veces a costa de otros—, anhelantes de meter más dinero fácil a sus bolsillos, y cuyos sicarios apelaban a la persuasión a través de métodos viles, pero efectivos, para conquistar nuevos territorios: extorsión, secuestro, tortura, amenazas, desaparición y asesinato.

Los agentes federales bajo el mando de García Luna también serían mirones de palo en las antiguas regiones mineras asentadas en *plazas* ya controladas por los cárteles que incrementaban su poderío a través de la diversificación y expansión.

Amparado en el poder que le dio hacer el trabajo sucio de Fox y Calderón, García Luna se convirtió, de la noche a la mañana, en un facilitador e intermediario que garantizó el perfeccionamiento del andamiaje criminal. Y en ese proceso, Fox, primero, y Calderón, después, entregarían a tontas y a locas miles de concesiones de explotación minera que terminarían por favorecer a grupos de poder en un sector de por sí atiborrado de acaudalados grupos nacionales y extranjeros. A su vez, se dio un nuevo impulso a múltiples conflictos cuyo resultado fue el despojo, innumerables asesinatos, la desaparición de líderes sociales y un historial de violación a los derechos de propiedad y de las normas ambientales de los que tampoco se enteraría la Policía Federal. La minería llevó todo tipo de pesadillas a las comunidades.

Vicente Fox, quien era un disparatado empresario casi en quiebra cuando llegó a la presidencia, conocía el potencial del subsuelo mexicano. Por eso, casi de inmediato, sus estrategas abrieron canales de enlace directos —heredados por sus antecesores Ernesto Zedillo Ponce de León y Carlos Salinas de Gortari— para explorar opciones, escuchar propuestas o proyectos y ensanchar la entrega del sector minero. De lo contrario, serían inexplicables las 15 mil 753 concesiones autorizadas en sus seis años de gobierno a precio de regalo: el costo por hectárea equivalía a cinco pesos, el valor de un boleto del metro de la Ciudad de México; existía una brutal exención de impuestos y otros estímulos fiscales, así como benévolas tasas de pagos por derechos sobre minería —1.2% del valor de la producción entre 2005 y 2010— para explotar 24.9 millones de hectáreas. Todo ello sin contar con que la ley les da la prerrogativa de refrendar las concesiones por 50 años, tiempo en el que las mineras pueden hacer lo que quieran.

Esto ocurrió casi tres lustros después de que el gobierno de Salinas decidiera, en procesos oscuros, privatizar la minería estatal —explotada entonces a través de Minera Cananea, Asarco, Altos Hornos de México (AHMSA), Siderúrgica Lázaro Cárdenas-Las Truchas o Mexicana de Cobre— y desincorporar 6.6 millones de hectáreas para entregarlas a la extracción privada, tras lo cual ciertos consorcios empresariales tomarían la forma definitiva que conocemos al día de hoy: Hylsa, Grupo Villacero, Cananea Consolidated Copper Co., Grupo México, Industrias Peñoles, Anaconda y Frisco, entre otros, sin contar a las multinacionales de Canadá y Estados Unidos.

Es por esta razón que, desde antes de la llegada de Fox a la presidencia el primero de diciembre de 2000, había circunstancias para proyectar y estudiar el potencial minero: varios análisis de suelo mostraban una franja gigante de filones de oro que tapizaba Baja California, la mitad del territorio de Sonora —donde se rumoraba, no sin razones, sobre vastos yacimientos de litio, el oro blanco del futuro, para competir con la producción de las mayores minas del mundo—, Chihuahua, Sinaloa y Nayarit; había además indicios de un corredor, también aurífero, que nacía en Jalisco y envolvía a su vecino Nayarit, llegaba a Guanajuato y alcanzaba Michoacán, Oaxaca y Guerrero.

En los siguientes 15 años, luego de la salida de Fox, se confirmaría que solo en los depósitos de la empresa Bacanora, en el estado de Sonora, había reservas probadas por al menos 243.8 millones de toneladas de litio, componente central en las baterías recargables utilizadas en teléfonos inteligentes, computadoras portátiles y vehículos electrónicos, por lo que ese metal sería estratégico para la transición energética global. Consultores independientes estimaban que los primeros cargamentos tendrían un valor de 11 mil dólares por tonelada. Pero no todo era una cuestión sencilla de extracción y venta.

«México tiene el problema adicional de que su mina está ubicada en una región de cárteles criminales que el gobierno no ha podido controlar», escribió la periodista australiana Ann Deslandes, en un amplio análisis titulado «La mina más grande de litio en México es una espada de doble filo».

Del mismo modo en que De la Madrid propició el desaprovechamiento de la industria nuclear debido a su falta de visión, en el calderonato el litio pasó a los escritorios del olvido. Al mismo tiempo, la Policía Federal a cargo de García Luna pactaba con los capos el silencio de la corporación en zonas de explotación minera, así como la protección de agentes federales a sicarios que controlarían cada *plaza* o a los responsables de meterla en cintura, según fuera el caso. Por sus manos pasaron cientos de informes sobre el panorama.

Bajo la protección de la Policía Federal a los cárteles, el rígido control que los sicarios ejercían en territorios mineros y la narrativa de la guerra contra el narcotráfico estructurada por García Luna y Calderón, la exportación de metales preciosos superó los 8 mil 520 millones de dólares en 2010; un año más tarde aumentó a casi 12 mil 755 millones, y para el cierre del calderonismo, en diciembre de 2012, alcanzó los 12 mil 760 millones de dólares.

La entrada del crimen organizado bajo aquella protección policial y de autoridades laborales también se usó para someter movimientos de jornaleros mineros e iniciar el desmantelamiento del Sindicato Nacional de Trabajadores Mineros, Metalúrgicos, Siderúrgicos y Similares de la República Mexicana (SNTMMSSRM). Es decir, el brazo armado fue utilizado para terminar con cualquier obstáculo en aras de incrementar las ganancias.

A ese desenfrenado apetito por minerales que tienen múltiples aplicaciones en la industria y al conocimiento de la riqueza del subsuelo mexicano se atribuyó la entrega compulsiva, también a precios de remate, de otras 12 mil 864 concesiones mineras en el gobierno de Calderón, con el fin de explotar 35.5 millones de hectáreas. Consecuencia de ello fueron también los 21 mil 753 millones de dólares que los mayores consorcios del sector —mexicanos, canadienses, estadounidenses e ingleses y algunos chinos, coreanos y japoneses— invirtieron entre diciembre de 2006 y noviembre de 2012, mismos que, además, impulsaban la tala inmoderada y el comercio de maderas preciosas en estados como Nayarit, Jalisco y Michoacán.

El descaro es notorio al revisar los estudios del Consejo Nacional de Evaluación de la Política de Desarrollo Social (Coneval), los cuales mostrarían que 40% de las personas que habitaban en ocho de los 10 municipios que más oro producían vivían en la pobreza, mientras que en el caso de las extractoras de plata el mismo porcentaje afectaba a nueve de cada 10 municipios. El nivel de pobreza era atribuible a la explotación o a los históricos salarios de miseria de los trabajadores de las minas.

Para 2006, la minería y el extractivismo depredador habían trastocado la vida de pueblos enteros. Había elementos para demostrar que los cárteles y algunos otros grupos criminales —los llamados minicárteles— controlaban el *derecho a minar* a través de un escalonado «impuesto de cooperación» o «seguridad y protección».

Informes de la PGR difundidos en mayo de 2012 precisaron que dicha dependencia había iniciado al menos 12 averiguaciones previas y consignado a dos criminales por el delito de extorsión contra 300 empresas mineras. Esto demuestra que la PGR estaba al tanto. Sin embargo, el saldo de dos criminales detenidos suena irrisorio al analizar la magnitud del problema. Las organizaciones criminales, con los Zetas a la cabeza de la lista, pretendían cobrar de 150 mil a 500 mil pesos mensuales por *derecho de piso* (como se llama en algunas zonas a la extorsión directa), bajo la amenaza de que, si se negaban a pagar, trabajadores y directivos mineros serían víctimas de ataques.

Las compañías mineras hacían en 2012 pagos regulares que iban de 11 mil a 37 mil dólares mensuales a grupos criminales por el *derecho a minar* en sus territorios o *plazas*, de acuerdo con un informe que en mayo de ese año publicó Edward Fox en InSight Crime, fundación estadounidense especializada en investigación y análisis del crimen organizado en Latinoamérica y el Caribe.

Las amenazas no eran palabras huecas. En las primeras horas de la mañana del 27 de marzo de aquel año, el impuesto de cooperación mostró que eran una pesadilla real: un ataque violento en Carrizalillo —comunidad del municipio Eduardo Neri, ubicado en la región central del estado de Guerrero— dejó como saldo tres muertos: dos mujeres y un octogenario. Carrizalillo es sede del complejo minero

Los Filos-El Bermejal, propiedad de la productora canadiense Goldcorp, misma que empezó a operar en 2007 y solo en ese año generó una circulación de dinero cercana a mil millones de pesos.

Nadie se atrevería a dejar de pagar la cuota correspondiente. Algunos habitantes de los pueblos de Carrizalillo, Mezcala, Amatitlán, Cocula, Iguala, Nuevo Balsas y Tenantla huyeron debido a las amenazas. Otros no se fueron, simplemente desaparecieron por oponerse al pago de cuotas. La hipótesis más aceptada es que se encuentran en fosas clandestinas o *panteones* ilegales a cielo abierto.

García Luna es un animal de oscuridades, capaz de escarbar con el mínimo de luz, quizá únicamente un foco sobre un escritorio repleto de documentos. Es un topo, un especialista en túneles, en agujeros en la tierra. Los cerros donde se realiza minería a tajo abierto, mostrando los minerales al cielo, son un reflejo de la macabra escena de fosas a la intemperie. Entre los archivos aparecen ambos, cuerpos y minerales, unos despreciados y otros preciados, ambos vinculados por la misma guerra que azota al país.

El 14 de mayo de 2019 el subsecretario de Derechos Humanos, Población y Migración, Alejandro Encinas Rodríguez, dio a conocer que los estados de Guerrero, Sinaloa y Sonora, los tres mineros, concentraban «69.3% de las fosas que se han acreditado, donde se han exhumado cuerpos y se han obtenido restos humanos», y reconoció que se trataba de un fenómeno de muchos años de existencia en el país, pero ignorado por los gobiernos. No lo dijo, pero desde 2001 y hasta noviembre de 2012 los grupos del crimen organizado tenían arreglos con la Policía Federal de García Luna en esas tres entidades.

Para esa época, según los reportes que se tenían, la comunidad de Carrizalillo recibía poco más de 3.5 millones de dólares anuales por parte de Goldcorp, además del pago de salarios y «prestaciones» que rondaban los 40 millones de pesos anuales. Dicha riqueza sería una oportunidad que no dejarían pasar ni los Rojos ni Guerreros Unidos ni ningún otro cártel, los cuales, desde antes de 2000, empezaban a mostrar un nuevo rostro que los transformaría en mafias ante la mirada indiferente o cómplice de la Policía Federal, y ante la incapacidad del gobierno de Guerrero.

La asociación de los criminales con la Policía Federal rompió el tejido social de pueblos enteros en los municipios de la Sierra y la región Centro de Guerrero —la franja minera del río Balsas, donde también se asentaron Leagold Mining y Torex Gold Resources Inc., mineras a cielo abierto, como Goldcorp— a través de una espiral de violencia sin fin y que solo beneficia a las empresas extranjeras, en su mayoría canadienses, que explotan oro, plata y otros minerales, y a los cárteles o minicárteles de la droga.

Los cabecillas de esos grupos criminales y los La Familia Michoacana sabían que entre 2007 y 2037 la mina de Los Filos esperaba extraer al menos 60 millones de toneladas de oro. Al margen del metal para accionistas de la minera, ese tiempo representaba un filón de explotación para cualquier cártel, a través del impuesto de cooperación. Y era más atractivo porque, además de la protección de la Policía Federal a las organizaciones criminales, el Ejército mexicano se encargaría de contener cualquier intento de agresión por parte de los habitantes contra las instalaciones físicas de la empresa, sin contar que los acuerdos en lo oscurito protegerían a la minera de ataques directos de las organizaciones criminales.

En el libro *La guerra que nos ocultan*, expliqué que ni siquiera el negocio del narcotráfico era

> tan redituable como el de la minería. Ellos, los cárteles, encontraron en las mineras no una fuente más para extorsionar, sino algo mejor: se sacaron la lotería porque lo que hallaron fue un aliado invisible y poderoso, empresarios con la misma fuerza o más que la de un Estado, dispuesto a pagar lo que mejor saben. El oro, el titanio, el uranio y el agua se extraen con un costo de miles de muertos, pero también exige una cuota sangrienta de la pulverización social, de la criminalización de grupos sociales opositores al despojo de tierras y abusos.

Las mineras se convirtieron en una maldición para los pueblos de Guerrero. Bajo la protección oficial, los cárteles habían entrado en una especie de equilibrio con el Ejército y la Policía Federal para controlar y dominar a los empresarios y los trabajadores de la mina. En Mezcala y Carrizalillo, al igual que ocurriría en comunidades mineras de otros estados, las organizaciones criminales habían demostrado que, a partir de 2001, cuando García Luna tomó control absoluto de la Policía Federal, las formas de control violento ya no eran exclusivas del Estado.

***

Poco duró el lustre y la extravagancia que los presidentes Fox y Calderón intentaron darle a la minería y la fiebre por entregar permisos para explotación. El primero de mayo de 2012 el presidente de la Asociación de Mineros de Sonora (AMSAC), Joaquín Rojo de la Vega Ulloa, hizo un señalamiento que heló a más de uno: «Hemos tenido la necesidad de crear grupos paramilitares, para que nos protejan». Y aunque aclaró que lo hacían para defenderse del ataque de los cárteles, abogó por un Estado de derecho y dijo que tenía la intención de registrar a sus «soldados» privados, entrenados en el uso de armas de alto poder, ante las autoridades.

Los grupos criminales y los «soldados» contratados por las mineras, que en ocasiones eran los mismos, mostraron parte de su poder la noche del 27 de noviembre de 2009. En la salida de un restaurante en el municipio serrano de Chicomuselo, Chiapas, el líder indígena Mariano Abarca Roblero fue blanco de manos criminales. Mariano era un ambientalista de 50 años de edad que denunciaba ataques perniciosos a los derechos humanos, así como a la biodiversidad y multiculturalidad, propiciados por la minera canadiense Blackfire Exploration. Hizo públicos los peligros que entrañaban el despojo mismo, el saqueo de los recursos minerales y el peligro que representaban los grupos criminales.

Mariano Abarca se curtió en la lucha social pacifista a través de la Red Mexicana de Afectados por la Minería (Rema) —desde que

Blackfire Exploration concretó la apertura de la mina La Revancha en 2007— y del Frente Cívico de Chicomuselo, así como en otras batallas colectivas indigenistas. Luchó en un estado que sufría persecución y asesinato atribuible a fuerzas de gobierno, asesinos del crimen organizado y grupos paramilitares que se habían conformado durante el sexenio del presidente Carlos Salinas. Mariano se convirtió en un símbolo en la defensa de las comunidades afectadas por el embate de la corporación canadiense y fue pilar para documentar la colusión de la minera en actos de corrupción con autoridades del municipio y en la intimidación a los activistas.

Atrapado entre el fuego de la indiferencia de la Policía Federal y local, la rudeza de la minera, los acuerdos secretos de esta con autoridades ejidales y municipales, la impunidad y la amenaza criminal, Mariano denunció las agresiones para intimidarlo y las hizo llegar a la embajada de Canadá en México y a la oficina de Genaro García Luna.

Las manos abrieron el archivo. Ante el topo se exponían las amenazas, el posible atentado contra la vida del activista. La poca luz del foco y su efecto melodramático cobraba tintes de tragedia, lucía como una escena teatral que evidenciaba el riesgo real de una situación de vida o muerte. Pero, con la indiferencia de un animal que olfatea algo solo para determinar que no le es de beneficio, Genaro cerró la carpeta y con eso se omitieron acciones para frenar la ejecución. Las amenazas y sus consecuentes denuncias se prolongaron por dos años, una tras otra, hasta el mes de agosto de 2008, cuando encañonaron a la esposa de Abarca, mientras él y su hijo eran golpeados por tres «trabajadores» al servicio de la minera, convertida para entonces en el poder real en Chicomuselo. Las denuncias públicas de Mariano no tuvieron seguimiento, se dio carpetazo a las acusaciones documentadas de la complicidad de la empresa con autoridades municipales.

El 17 de agosto de 2009 la policía arrestó a Mariano por una denuncia en la que se le presentaba como un terrorista chiapaneco, un delincuente involucrado en grupos del crimen organizado. Con una inusual eficacia y urgencia, ese mismo día la Procuraduría de Justicia de Chiapas lo recluyó en una irregular casa de arraigo para procesarlo por todos los delitos de los que la minera lo acusaba. Mariano no se doblegó: prefería la cárcel y mantener su dignidad intacta. No le importaba confrontar al poder político ni al empresarial: su pueblo se ahogaba entre la pobreza y la explotación de las mineras.

Desde la llegada de Blackfire Exploration en 2005, Mariano y la Rema habían sentido en carne propia una verdad dolorosa que se arrastra desde la ocupación de los españoles durante la Colonia: la bonanza de la minería tiene su lado oscuro. Rara vez la extracción beneficia a las comunidades en donde se encuentran las vetas, canteras, yacimientos o filones de minerales. En la mayoría de los municipios mineros de México, de cualquiera de los estados, prevalecen la violencia, la marginación, la inseguridad y la pobreza extrema.

Además, desde el sexenio de Fox y luego en el de Calderón, la minería representaba una moderna fuente de explotación protegida por grupos armados que, a su vez, gozaban de la protección de la Policía Federal, mientras los mecanismos legales le daban al Estado un poder casi absoluto sobre aquellas tierras repletas de recursos naturales y minerales.

Mariano estaba consciente de esa contradicción: las entrañas de sus tierras ancestrales son de una riqueza abundante, pero los lugareños, los auténticos propietarios, están condenados a vivir en la pobreza y la violencia. La riqueza en oro, plata, hierro, cobre, estaño, uranio, titanio, platino o cualquier otro metal nunca los alcanza.

Desde la embajada de Canadá en México se enviaron a las autoridades de Chiapas señales de la postura diplomática por el hostigamiento y persecución a Mariano: la resistencia comunitaria era peligrosa y, deslizaron, posiblemente criminal. La mirada estaba puesta exclusivamente en la figura del líder indígena Mariano Abarca Roblero, convertido en un símbolo de la resistencia.

Una vigorosa campaña pública de defensa y denuncia internacional de la injusticia, a la que se sumaron legisladores mexicanos y activistas de

Guatemala, Estados Unidos y Canadá, así como la incapacidad de la procuraduría para probar al menos uno de los cargos, además de las pistas que paulatinamente se regaron sobre cómo la minera parecía dar órdenes a los fiscales, propiciaron que ocho días después, el 25 de agosto, el gobierno ordenara la liberación de Mariano.

Pero nada sería igual. Le habían puesto el ojo encima por sus plantones, su alianza con el Frente Amplio Opositor, por su lucha contra la minera del Cerro de San Pedro en San Luis Potosí, propiedad también de Blackfire, sus acercamientos con activistas de otros países, su militancia en la Rema y sus denuncias públicas directas contra la minera.

Mariano lo sabía. En varias ocasiones le hicieron llegar hasta su casa dos mensajes similares de amenaza que no dejaban duda e intentaban sembrar terror en su familia y sus allegados de la Rema: le romperían su «madre en pedazos», o que «iban a quebrarme la madre a plomazos para que no siguiera inconformándome con lo de la mina...».

Mariano tomó todas las amenazas como un ultimátum y el 23 de noviembre de 2009 presentó una denuncia de hechos ante la Procuraduría General de Justicia de Chiapas por el delito de amenaza, la posible comisión de delitos penales y aquellos crímenes que pudieran resultar, tipificados en el Código Penal del estado. Uno de sus señalamientos fue cristalino como el agua: «Tengo el temor fundado de que se me puede causar daño por las amenazas inferidas en mi agravio».

Las autoridades lo ignoraron, como lo habían hecho en la embajada de Canadá. La noche del 27 de noviembre —rozaban las 20:30 horas— Mariano platicaba a las afueras de un restaurante con su amigo Orlando Velázquez Rodríguez, compañero de lucha y activista de la Rema, cuando apareció por la calle un motociclista —aunque hubo testigos que vieron a dos ocupantes—; el conductor bajó la velocidad, se les acercó, desenfundó su arma y, certero, disparó a la cabeza de Mariano. Luego, y ese luego fueron segundos, le hizo otros disparos en el pecho para rematarlo y atacó a Orlando, quien quedó gravemente herido. Fue un asesinato programado a sangre fría.

La familia de Mariano señaló a los atacantes como sicarios de la minera, y presentó una demanda en Canadá para que se investigara y responsabilizara del crimen a la embajada de dicho país. La familia está convencida de que el cuerpo diplomático prestó un apoyo incondicional a Blackfire, lo que «aumentó el riesgo al que se enfrentaba Mariano Abarca». También compartió responsabilidad el gobernador Juan Sabines Guerrero, enterado de todas las amenazas y las agresiones.

La ejecución de Mariano Abarca Roblero fue planeada, violenta y avisada, con el claro objetivo de sembrar miedo y enviar un mensaje a la Rema: las luchas contra las mineras se silenciarían a balazos. El traslado de Mariano a un hospital de la pequeña ciudad de Comitán —a unos 123 kilómetros de distancia— fue un mero formulismo legal: el activista indígena estaba muerto. Lo ejecutaron especialistas en violencia, al estilo del crimen organizado.

En enero de 2012, poco más de tres años después de la ejecución, habitantes de Siltepec, municipio chiapaneco cercano a Chicomuselo, colocaron cadenas y letreros en la entrada de sus ejidos porque, denunciaron, la minera Blackfire «entra por las noches», a escondidas, a sacar camiones llenos de minerales. Nadie hasta ahora sabe qué mineral trataban de esconder los canadienses.

***

Las entrañas del subsuelo mexicano resultaron en los gobiernos panistas un apetitoso atractivo para modernos gambusinos que llegaron con promesas de prosperidad y, en cambio, amparados en la guerra de García Luna y Calderón, sembraron en muchas comunidades las semillas de la muerte y la destrucción.

Quizá el primero de esos gambusinos en reconocer abiertamente o exhibir la alianza y acuerdos oscuros entre mineras y cárteles del narcotráfico fue el exbanquero canadiense Robert McEwen, especialista en inversiones, productor de oro y plata en México, Argentina, Estados Unidos y Canadá, y propietario de la extractora McEwen Mining.

El 9 de abril de 2015, en una entrevista con la agencia Business News Network (BNN) de Canadá, McEwen hizo una declaración suave, por el tono de la voz del empresario, y violenta, por lo que representaba:

> Lo que sí es un hecho es que, a pesar de que la Sierra se convirtió en territorio de disputa entre los cárteles de Sinaloa y de los Beltrán Leyva, al mismo tiempo que se intensificaron los enfrentamientos, los asesinatos y los desplazados de sus tierras, la minería no solo no dejó de producir, sino que hizo crecer sus volúmenes y ganancias [...] La minería es una actividad donde los narcotraficantes no solo buscan dominar el territorio para cobrar «cuotas» a los empresarios [...] sino que personas ligadas al crimen organizado aparecen como concesionarias de títulos mineros y participan directamente en la operación y vigilancia de las minas, de acuerdo con varios testimonios.

Multipremiado en Estados Unidos y Canadá como ejecutivo y empresario, uno de los fundadores de la Goldcorp, de la que se alejó en 2005 por encarnizadas disputas con la alta gerencia, Rob McEwen era entonces —dos años antes de entrar al Salón de la Fama de la minería canadiense— un ricachón de experiencia considerable. Por eso, estremeció al mundo minero y zarandeó a las autoridades policiales mexicanas —todavía con muchos comandantes de la Policía Federal impuestos y heredados por García Luna— cuando dio a conocer que, para trabajar, tenía arreglos con los cárteles de la droga.

Lo que ocultó en aquellas declaraciones controversiales era que una de sus florecientes minas auríferas —El Gallo 1, con una vida útil hasta 2030 para explotar oro y plata— se encontraba en el municipio serrano montañoso de Mocorito, en el estado de Sinaloa, territorio controlado por Joaquín *el Chapo* Guzmán Loera y sus pistoleros y, por lo tanto, era una *plaza* gobernada casi exclusivamente por directrices del Cártel de Sinaloa a través de Orso Iván Gastélum Cruz.

McEwen fue preciso, y los despachos noticiosos de la Associated Press y la Agence France-Presse no dejaron lugar para la especulación ni las dudas cuando citaron al empresario: «Si queremos hacer exploraciones en alguna parte les preguntamos [a los cárteles] y ellos dicen "no". Pero unas dos semanas después dicen: "Ya pueden regresar; hemos terminado lo que estábamos haciendo"».

Los señalamientos escandalizaron y desconcertaron al gobernador sinaloense Mario López Valdez, militante del PRI, a quien desde 2015 se le había asociado con el Chapo Guzmán e Ismael *el Mayo* Zambada García: «Con McEwen me une una gran amistad [...] jamás me había hecho un comentario de esa naturaleza y jamás hemos tenido una denuncia de lo que hoy está dando como conocimiento».

El azoro del gobernante por las declaraciones de McEwen pasó a segundo plano porque Manuel Reyes Cortés, geólogo y presidente de la Asociación Mexicana de Ingenieros de Minas, declaró al influyente periódico estadounidense *The Wall Street Journal* que ingenieros, ejecutivos de empresas e incluso trabajadores mineros habían sido extorsionados y secuestrados «en los últimos meses, casi seguramente por bandas criminales. Es un peligro diario [...] Es el crimen organizado que asedia a las personas».

Reyes Cortés fue incisivo: «Para resolver los problemas de inseguridad en las minas se ha optado por negociar con el crimen organizado; para seguir operando los yacimientos [...] le pedimos permiso a la mafia [...] las cosas se resuelven porque las compañías negocian». McEwen conocía muy bien la situación porque trabajaba en Sinaloa desde 2002, cuando compró la minera US Gold a la que renombraría como El Gallo 1.

En un análisis que escribió para InSight Crime, Michael Lohmuller concluyó:

> En México, la extorsión de empresas mineras se convirtió en una práctica común de los grupos criminales que buscan ampliar sus fuentes de ingresos, lo cual genera enormes pérdidas para la industria minera del país [...] Y según *The Wall Street Journal*, en México ha habido un incremento de los problemas de seguridad de las empresas mineras y sus trabajadores, debido a acciones delictivas como el secuestro y la extorsión.

Los señalamientos de McEwen, al margen de la retractación, tenían otro sentido, uno de hartazgo: a pesar de los acuerdos con los cárteles, dos días antes de la entrevista con BNN, durante las primeras horas de una mañana, un comando de ocho hombres enmascarados con armas de alto poder robó de la mina El Gallo 1 cerca de una tonelada o siete mil onzas de oro, valuadas en ese entonces en 8.5 millones de dólares.

En el sector minero corrieron varias hipótesis; la más socorrida, sin comprobarse, fue que el Cártel de Sinaloa castigó a McEwen por no hacer un pago. La Policía Federal nunca encontró culpables; desde un escritorio mal iluminado, se dio carpetazo al asunto.

10
EL DESANGRAR DE UNA NACIÓN

El empresario canadiense Robert McEwen no mencionó en la entrevista que la extracción y reventa de minerales se había convertido desde 2007 —por lo menos en esa época se tuvo certeza plena de viejos señalamientos en el sector— en un negocio rentable para algunas organizaciones criminales como La Familia Michoacana, a través de una de sus células que en los siguientes años tomaría el nombre de Cártel de Los Caballeros Templarios Guardia Michoacana.

Para diciembre de 2010, cuando empezaba el desprendimiento de La Familia Michoacana —que se concretó en marzo siguiente con el visto bueno de la Policía Federal—, aquella célula comandada por Enrique Plancarte Solís, el Kike Plancarte, Servando Gómez Martínez, la Tuta (un líder carismático), y José Antonio González, el Pepe, ya reportaba ganancias superiores a 40 millones de dólares anuales a través del control de la exportación de hierro a China, misma que se realizaba desde el puerto michoacano de Lázaro Cárdenas, con autorización de la cúpula de la Secretaría de Seguridad Pública.

Aquel año, una célula de La Familia Michoacana que vendía hierro ilegal al país asiático arribó al puerto. Testimonios de empresarios mineros sirvieron para documentar que eran obligados a pagar una cuota de protección al cabecilla de cada zona en la que se explotaba una mina, la cual consistía en un pago de uno a tres dólares por tonelada métrica de hierro. Meses antes de que terminara el sexenio de Calderón, la codicia alcanzaría otro nivel: la cuota o impuesto de cooperación había subido a 12 dólares, un negocio redondo con dinero contante y sonante si se toma en cuenta que el volumen de exportación en aquel puerto era de 70 mil toneladas métricas por viaje y que la Policía Federal aportaba sus cuotas de protección y había dado muestras de que sacrificaría a sus agentes antes que afectar a las organizaciones michoacanas del crimen organizado, como sucedió en julio de 2009, cuando García Luna y su estado mayor —Luis Cárdenas Palomino, Iván Reyes Arzate y Ramón Enrique Pequeño García— prefirieron que una célula de La Familia Michoacana desapareciera a 12 agentes de la lucha contra el crimen organizado. En 2020 la periodista Dolia Estévez escribió al respecto:

> Decidieron sacrificarlos porque servía para justificar la guerra contra grupos delincuenciales que rivalizaban con el Cártel de Sinaloa. Fue el pretexto para el despliegue de miles de elementos por tierra, mar y aire poco después en Michoacán [...] lo que normalmente sucedía era que los que mandaban, ordenaban a los de más abajo hacer el trabajo sucio para así no ver involucrado su nombre. La autorización de abandonar a los doce llegó de más arriba y, de acuerdo con la cadena de mando que existía, el siguiente nivel superior de Pequeño (García) —quien debió haber estado a la cabeza de ese grupo que realizaba un operativo encubierto— era García Luna.
>
> En el sexenio de Calderón, en el que García Luna tuvo todo el poder, la admiración fue menos. Era más miedo que otra cosa debido a lo poderoso que se volvió. Miedo a su poder y a los mandos que estaban junto a él. Miedo a decir, «no se acerquen porque desaparecen». Se sabía que era intocable. Que podía hacer lo que quería. La única gente que lo admiraba era su familia o sus muy allegados. Que más que nada eran lamebotas. García Luna amenazaba con hacer lo que le diera la gana al que se le interpusiera y más dentro de la corporación. Tenía el control de todo el país.

A principios de 2014 Genaro García Luna ya vivía en Estados Unidos. Bronceaba su nueva piel bajo el sol de Miami, y a la par se convertía en un «exitoso» empresario especialista en sistemas de seguridad policial y cibernética; esa quietud en el paraíso no se veía perturbada por nada, estaba lejos de sospechar que en ese país lo detendrían. Al mismo tiempo, funcionarios del gobierno del presidente Enrique Peña Nieto advirtieron que los cárteles recibían no 12 sino 15 dólares por tonelada métrica de hierro desde la extracción, procesamiento, almacenamiento, permisos, transporte y, finalmente, la exportación del mineral. Las consecuencias de la gestión —o falta de esta— del bañista bronceado comenzaban a sentirse.

En el puerto de Lázaro Cárdenas se había levantado un imperio: no solo era la ciudad más importante de la costa michoacana, sino también la entrada hacia los puertos de Acapulco, en Guerrero; Manzanillo, en Colima, y los dos de Sinaloa, Mazatlán y Topolobampo. Lázaro Cárdenas era un sitio estratégico por la salida del hierro y la entrada de precursores químicos asiáticos para la elaboración de drogas sintéticas, como metanfetaminas.

Primero La Familia Michoacana y posteriormente Los Caballeros Templarios habían tomado Lázaro Cárdenas, puerto en el que durante los últimos años del sexenio de Calderón se reportaban al menos 100 mil operaciones anuales de comercio exterior. Por ello fue inexplicable que, si la guerra contra el narcotráfico que García Luna estructuró y ejecutó se había declarado en Michoacán, la Policía Federal no se hubiera planteado nunca la toma de ese puerto fundamental. Sería hasta la llegada de la administración de Enrique Peña Nieto que el Gobierno federal por fin retomaría control del puerto.

Así, mientras el puerto se convertía en un emporio del crimen organizado, García Luna promocionaba con recursos públicos campañas para enaltecer su imagen y la de su policía, como «Logros y Valores de la SSP. Versión 4to Informe de Gobierno», «Nuevo Modelo Policial», «Nueva Policía Federal. Versión Reclutamiento 2009» y «Nueva Policía Federal. Versión Policía Científica Investigadora».

En 2009 la detención de Gerónimo Gámez García, presentado como el *primo* de los capos Arturo y Alfredo Beltrán Leyva, estaría acompañada por un derroche publicitario cercano a 4.5 millones de pesos para las dos cadenas televisoras, Televisa y TV Azteca. Y otro por 1.1 millones para destacar con amplitud la captura de Sandra Ávila Beltrán, la Reina del Pacífico. García Luna, como escribiría la periodista Linaloe R. Flores en la revista electrónica *EME-EQUIS*, se convertía de prisa en un monstruo incontrolable de la publicidad para construirse una imagen de policía patriota y del héroe que estaba lejos de ser.

Durante el sexenio de Calderón, y en plena guerra contra el crimen organizado que García Luna controlaba a su antojo, Lázaro Cárdenas se había convertido en el recinto portuario aduanal más importante del país en cuanto a volumen de carga general, el segundo en el de contenedores y tercero por valor de la mercancía, después de Manzanillo y Veracruz —este último en el golfo de México, puerta de entrada al océano Atlántico—.

Aquel señalamiento, realizado por los funcionarios de Peña Nieto, fue quizá el primer reconocimiento oficial de la diversificación de ingresos de los cárteles mexicanos. Alfredo Castillo Cervantes, enviado especial del presidente Peña como pacificador a Michoacán bajo el nombramiento de comisionado para la Seguridad y el Desarrollo Integral para el Estado, dijo entonces que la información de las víctimas llevó a expertos del gobierno a estimar que el Cártel de Los Caballeros Templarios recibía entre 800 mil y 1.4 millones de dólares por la extorsión directa en el sector de la minería, así como a productores de lima y aguacate.

Desde 2010 la PGR había descubierto que mineras internacionales que trabajan en México habían exportado un estimado de 1.1 millones de toneladas métricas de hierro ese año en alianza con células de La Familia Michoacana, cuya base de operaciones estaba en la ciudad de Apatzingán.

Los números fríos mostraban el «rostro» del Michoacán minero: suministraba casi 25% de todo el hierro extraído en México, y cerca de un millón de hectáreas —casi 20% de la superficie total del estado— se había concesionado a empresas mineras trasnacionales como Mittal Steel, Ternium (Italia-Argentina), Minera del Norte (subsidiaria de AHMSA) y Pacific Coast Minerals.

El 8 de abril de 2013 alguien ordenó silenciar a Virgilio Camacho Cepeda, un michoacano que había trabajado por 30 años en la gubernamental Siderúrgica Lázaro Cárdenas-Las Truchas (Sicartsa), empresa que Ispat International había adquirido en 1992. Virgilio había trabajado desde 2005 en Grupo Villacero, tras lo cual se le trasladó a la siderúrgica ArcelorMittal. En suma, era alguien que conocía a fondo la forma en la que los cárteles de la droga «negociaban» con las mineras privadas.

Camacho Cepeda, de 63 años de edad, era director de Relaciones Institucionales de ArcelorMittal, y desde 2010 había documentado paso a paso los procesos y trampas a las que recurrían los narcotraficantes de Michoacán, en colusión con comandantes de la nueva Policía Federal, para robar miles de toneladas de hierro, las cuales después eran enviadas a países asiáticos. De hecho, había presentado algunas denuncias formales ante la PGR, pero ninguna procedió debido a que lo impedía la Policía Federal. En otras palabras, otro carpetazo.

Aquel 8 de abril de 2013, poco después de las 9:30 horas, una llamada anónima denunció a las autoridades que en un paraje de terracería del poblado El Badén se encontraba bocabajo el cadáver de un hombre vestido con ropa casual: camisa roja, pantalón de mezclilla y botas color café.

En las siguientes horas se confirmó que el cuerpo, sin huellas de tortura ni golpe alguno, era del ingeniero Virgilio Camacho Cepeda; había sido ejecutado con un tiro preciso en la nuca. Casi de inmediato se hizo público que Virgilio Camacho representaba a la empresa acerera en todos los actos, convenios y acuerdos con organismos, instituciones y dependencias federales, incluidas las responsables de la seguridad pública; además, se supo que conocía algunos secretos de la Policía Federal en su calidad de militante y exaspirante a diputado federal por el PAN.

Cuatro meses más tarde, a las 16:00 horas del 27 de agosto, se reportó la ejecución de Ramón Aranda Rivera, otro ingeniero de ArcelorMittal que había documentado el robo hormiga de miles de toneladas de acero por parte de Los Caballeros Templarios en colusión con la Policía Federal que García Luna heredó al gobierno peñista.

Un análisis publicado en el blog *Geo-Mexico, the geography and dynamics of modern Mexico* documentó que

> los reclamos como los reportados aquí y allá, de que Minera del Norte pagó a Los Caballeros Templarios dos dólares por tonelada para mover 10 mil toneladas de mineral de hierro a la semana desde sus cuatro minas en la región de Tepacaltepec, han sido negados por el director de Comunicación y Relaciones Públicas de la empresa, Francisco Orduña Mangiola.
>
> [La minera] nunca ha pagado ninguna cantidad de dinero a los delincuentes [...] Por el contrario, fuimos nosotros quienes denunciamos operaciones ilegales de grupos criminales en depósitos de mineral de hierro de nuestra empresa y otras compañías en el área, desde donde esos grupos [Los Caballeros Templarios] extrajeron mineral de hierro que posteriormente se exportó ilegalmente [desde Lázaro Cárdenas] a China.

El llamado impuesto de cooperación que debían pagar las mineras en Michoacán al cártel levantó interrogantes. La primera resultó clave: ¿adónde va el dinero de Los Caballeros Templarios? Periodistas de *Milenio Diario,* el cual se edita en la Ciudad de México, encontraron algunas respuestas en reportes de inteligencia que posteriormente le darían la vuelta al mundo en medios como el anteriormente citado *Geo-Mexico*:

> Parte es para el pago de sobornos. Gastan dos millones de dólares al mes en pagos a funcionarios en Michoacán, y otros 400 mil, también al mes y dólares, en otros estados [...] Los pagos varían de 26 mil dólares al mes a comandantes de la Policía Federal en una ciudad importante a 19 mil a funcionarios en la oficina del fiscal y 18 mil, mensuales, a comandantes de la Policía estatal. Los funcionarios de las ciudades más pequeñas y las administraciones locales cobran menos [...] Entre los beneficiarios del dinero del cártel hay periodistas. Algunos de diarios impresos reciben tres mil dólares al mes y pagos de alrededor de dos mil a un ejecutivo de televisión.

Primero como célula de La Familia Michoacana, y a partir de marzo de 2010 como cártel independiente, Los Caballeros Templarios, a quienes se atribuyó el desplazamiento de al menos 500 personas, más de 440 asesinatos, cerca de 525 secuestros y un número indeterminado de desaparecidos, habían encontrado la forma de interactuar con otras ramas y sectores de la economía formal bajo la protección de la Policía Federal.

En mayo de 2014 la periodista Mimi Yagoub documentó para InSight Crime: «El envío de hierro de México a China se cuadruplicó a 4.6 millones de toneladas métricas entre 2008 y el primer semestre de 2013, un periodo que abarca la aparición y el crecimiento de Los Caballeros Templarios. Casi la mitad de este hierro ahora proviene de Lázaro Cárdenas, una fortaleza de Los Caballeros».

La minería, la indiferencia o complicidad abierta de la Policía Federal y los grupos del crimen organizado quebraron todo y a todos de norte a sur. La muerte por ejecución se hizo tan cotidiana como los paisajes rotos por la violencia criminal, un ciclo interminable también del este al oeste: hambre, extorsión, soborno, terror, tala ilegal, ejecución, abuso, deforestación, narcotráfico, criminalización de la defensa de la tierra, de los derechos de las comunidades y la protesta social y degradación del medio ambiente.

En ese ambiente social roto, pocos en el gabinete de Felipe Calderón se sorprendieron por la noticia del 27 de abril de 2010, cuando un grupo civil armado emboscó a una caravana en el municipio indígena autónomo de San Juan Copala y abrió claros a un francotirador para cazar y asesinar a Beatriz Alberta Cariño Trujillo, coordinadora de la Rema y directora del Centro de Apoyo Comunitario Trabajando Unidos (Cactus), y al finlandés Jyri Antero Jaakkola, un observador de derechos humanos de 33 años de edad.

Más lista e inteligente que el promedio, incansable, divertida, ingeniosa, ágil de mente, de 37 años de edad y oriunda de la zona mixteca del central estado de Puebla, Bety o Bety Cariño, como la llamaban, sabía lo que era el rompimiento del orden y las luchas intergrupales por el control político de los pueblos. Conocía el nivel de violencia y decidió seguir el camino de la educación libertaria y la lucha pacifista, aún después de conocer el destino del chiapaneco ecologista antiminero Mariano Abarca Roblero. Su objetivo siempre fue uno: la defensa de las poblaciones pobres e indígenas de la zona a través del trabajo comunitario «desde abajo y hacia la izquierda, al lado del corazón». Bety era la voz de los sin voz.

Bety era una profesora normalista de educación primaria, descendiente de una familia mixteca trabajadora; estaba casada con el también activista Omar Esparza Zárate —del Movimiento Agrario Indígena Zapatista (MAIZ) y del Frente de Pueblos Indígenas de México (FPIM)— y era una mujer independiente con un montón de virtudes que se apreciaban en su labor: trabajadora, amable, bondadosa, responsable, revolucionaria, rebelde y zapatista. Esto último era claramente por partida doble: por el héroe revolucionario Emiliano Zapata, el Caudillo del Sur, y por el Ejército Zapatista de Liberación Nacional (EZLN), a través de La Otra Campaña. Estaba comprometida con las luchas de las empobrecidas regiones mixtecas de Oaxaca y su natal Puebla. Estas formaban, como se escribió alguna vez, parte de Bety, como sus manos y sus pies. La llamaban una revolucionaria moderna.

Carismática, inquieta y combativa, en mayo de 2006 Bety Cariño se había sumado desde la ciudad de Huajuapan de León a las luchas de la Asamblea Popular de los Pueblos de Oaxaca (APPO), misma que por más de seis meses paralizó y puso en jaque a la administración abusiva del gobernador Ulises Ruiz Ortiz.

Toda esta información es apenas visible, iluminada por el foco que escatima luz sobre el escritorio atiborrado de documentos. El hombre del traje azul analiza con atención la trayectoria de Bety Cariño. Los nombres de los pueblos y regiones le traen a la mente lugares que ha pisado y conoce bien, sobre todo los de Chiapas. Sus tiempos en el Cisen, recabando información sobre la amenaza que representaban zapatistas para el gobierno de Salinas, le permitieron conocer plenamente el contexto al que se enfrentaba Bety. Su mirada, que se posa sobre las hojas llenas de información de la activista, no es indiferente. Los dedos rozan el papel como quien roza una herida que no cierra.

El vacío de poder en la entidad, propiciado por la incapacidad del gobernador oaxaqueño y por los escandalosos niveles de corrupción y la violencia criminal tolerada y financiada desde su gobierno, se prolongó hasta que el 29 de octubre de ese año cuerpos de élite de la Policía Federal Preventiva comandada por Genaro García Luna —apoyados con tanquetas antimotines, escuadrones de la muerte y la creación de grupos paramilitares— pusieron en marcha un violento operativo. Fue una campaña intensiva de represión que se prolongó durante varias semanas y en la que se recurrió a toda la barbarie de Estado y a la militarización, todo en aras de devolver a Ulises Ruiz el control de la entidad. En los días siguientes se hizo claro que, a través del terrorismo de Estado, el gobierno del presidente Vicente Fox Quesada había llegado a un acuerdo bajo la mesa para terminar con el vacío de poder y devolver el control y la gobernabilidad de Oaxaca al gobernador Ulises Ruiz Ortiz, a cambio de que este legitimara el ascenso de un cuestionado Felipe Calderón Hinojosa a la presidencia de la República, como sucedió a partir del primero de diciembre de 2006.

Durante esa época, Bety Cariño, su esposo Omar Esparza y otros activistas de Cactus sintieron, por primera vez en carne propia, la dureza irracional del gobierno de Fox y, casi de inmediato, la de Calderón. Y, desde luego, también la de Ruiz Ortiz, un militante del PRI: se liberaron irregulares órdenes de captura, al tiempo que comenzaron, intermitentes, las amenazas de muerte directas contra ella; incluso, en una estación de radio, se autorizó la emisión de un llamado para cortarle la lengua.

Una crónica publicada en el sitio web *Que viva la mixteca, historias de la resistencia mixteca en Oaxaca* dio cuenta de las acciones de Bety para enfrentar las amenazas de muerte: buscar ayuda en el activismo internacional. Para entonces en México, hombres y mujeres caían muertos por defender su tierra. Y había indicios de que fuerzas de gobierno, federales y estatales, estaban involucradas.

Había casos ampliamente documentados, como el de Francisco Concepción Gabiño Quiñones en el estado de Jalisco, quien fue secuestrado, torturado y degollado en 2006 en su lucha contra la minera Benito Juárez Peña Colorada, propiedad entonces de la trasnacional ítalo-argentina Ternium-ispat y Mittal Steel. Con todos los visos de ejecución criminal, el asesinato había puesto fin a un siglo de pacífica convivencia entre los pueblos de Jalisco y Colima, de acuerdo con un diagnóstico del Frente Regional Pro Manantlán y Cuenca del Marabasco, A. C.

***

La historia de represión es extensa. El 22 de mayo de 1997, cuatro meses después de que fuese reportada su desaparición con temores fundados de secuestro, fueron encontrados en lugares distintos, como para sembrar terror, el cuerpo y la cabeza del activista tzotzil Cristóbal Pérez M., profesor y representante de la comunidad de Unión Yaxjemejel, Chiapas, estado bien caminado por el Cisen.

Siete meses más tarde, el 22 de diciembre de 1997, en la localidad de Acteal del municipio de Chenalhó, un grupo paramilitar financiado por el gobernante PRI y entrenado por exmilitares y expolicías asesinó a más de 40 indígenas tzotziles de la organización Las Abejas. Esto ocurrió con la permisividad de los gobiernos federal y estatal, como parte de una escalada de violencia y persecución para eliminar a indígenas protestantes y simpatizantes o seguidores del subcomandante Marcos, cabeza visible del EZLN.

Las víctimas totales sumaron 45: nueve niñas, 21 mujeres adultas (cinco estaban embarazadas), seis niños y nueve hombres adultos. Además, resultaron heridas 10 mujeres (cuatro niñas) y siete hombres (cuatro niños). Las huellas de la masacre llevaban al despacho principal de la Secretaría de Gobernación, ocupado por Emilio Chuayffet Chemor, y al gobernador Julio César Ruiz Fierro. La impunidad colocó los cimientos del exterminio moderno de indígenas en la región sureste de México.

El 10 de junio del año siguiente en El Bosque, municipio autónomo zapatista de San Juan de la Libertad, se reportó otro de los crímenes más brutales en la selva chiapaneca: un ataque quirúrgico coordinado por el Ejército, con el apoyo de agentes de la Policía Federal, el Cisen y policías estatales familiarizados con esa zona de la selva chiapaneca, dejó como saldo ocho campesinos masacrados. Además de los actos de rapiña, se confirmó la detención y tortura de 53 indígenas.

Un documento entregado por el Centro Fray Bartolomé de las Casas a la titular de la oficina del Alto Comisionado de Naciones Unidas para los Derechos Humanos, Mary Robinson, sintetizó aquella incursión calificándola como un «acto de guerra: más de mil elementos del Ejército y de las diversas fuerzas policiacas, acompañados por helicópteros y vehículos artillados, se lanzaron a primeras horas de la madrugada contra tres comunidades indígenas» de San Juan de la Libertad, ubicado en el municipio constitucional de El Bosque.

Tres días después, el 13 de junio, la Procuraduría General de Justicia del estado entregó los cadáveres a personal de la Comisión Nacional de los Derechos Humanos (CNDH) para que los trasladara a la comunidad de Unión Progreso. Los ocho «cuerpos» estaban mutilados y en avanzado estado de descomposición.

En esa época, el obispo Samuel Ruiz García denunció que el Ejército poseía en Chiapas 57 mil soldados repartidos en las ocho regiones autónomas y los 31 municipios en rebeldía. Y que, además, tenía apostados y listos para entrar en acción tanques T Money equipados con proyectiles, orugas artilladas para terreno fangoso y helicópteros Bell-212.

La larga historia se presenta en la memoria del topo como si fuese un álbum familiar. La oscuridad que rodea al escritorio le sirve para repasar esos terrenos, esas incursiones de infiltrado. Los archivos que resguarda, descarta, destroza o acomoda son pequeñas cápsulas de recuerdos de su carrera policial. Aunque a veces son tantas que lo ahogan.

Bajo la sospecha de que en la mayoría de los crímenes estaban involucradas autoridades federales y estatales, en los siguientes años se sumarían ejecuciones y desapariciones de activistas antimineros, líderes sociales, ecologistas, comuneros y defensores del medio ambiente, del agua y la tierra en los estados de Oaxaca, Jalisco, Chiapas, Puebla, Estado de México, Michoacán, Tamaulipas, Guerrero, Chihuahua, Morelos... prácticamente por todo el país.

El abuso de las mineras y su impacto al medio ambiente, al agua y a la tierra, así como el añejo desprecio histórico a las culturas indígenas, las campañas de exterminio toleradas o alentadas desde el mismo gobierno, el saqueo a las comunidades, la pobreza y la marginación alimentaron la lucha de Bety Cariño. Su activismo había iniciado con un acercamiento a curas vinculados a la teología de la liberación, trabajo comunitario que la llevaría a dirigir Cactus; otro de sus acercamientos ocurrió como observadora electoral, cuando en los comicios controlados por el PRI y el PAN fue testigo de toda clase de trampas para robar el voto; finalmente llegó hasta la Red Mexicana de Pueblos Afectados por la Minería y ahí conoció el trabajo de personajes como Francisco Concepción Gabiño Quiñones, Mariano Abarca Roblero, Wilfrido Álvarez Sotelo, José de Jesús Santana y una larga lista de activistas asesinados.

Bety también se había sumado al Frente Amplio Opositor contra la Minera San Xavier de San Luis Potosí. El 3 de diciembre de 2009, casi cinco meses antes de su asesinato, había participado activamente en las protestas contra la minera frente a la embajada de Canadá en la Ciudad de México.

Desde el 29 de agosto de 2009 su voz era parte de las manifestaciones y demandas de justicia por el asesinato de Mariano Abarca Roblero, quien hasta el día de su ejecución había encabezado la lucha contra las acciones depredadoras de las mineras a cielo abierto en Chicomuselo, Chiapas. Asimismo, defendía la soberanía alimentaria, la propiedad de la tierra y la conservación del suelo que había puesto en peligro la Compañía Minera Cuzcatlán, filial mexicana de la canadiense Fortuna Silver Mines Inc., que explotaba concentrados de plata con volúmenes de oro.

En 2010 estalló un conflicto interno que impuso, por meses, un cerco paramilitar a la comunidad triqui —del municipio autónomo de San Juan Copala, en el noreste del estado de Oaxaca—, encabezado por la violenta organización Unidad de Bienestar Social para la Región Triqui (Ubisort), organismo creado en 1994 por el PRI con el visto bueno de los gobiernos federal y estatal.

La comunidad triqui había declarado su autonomía en enero de 2007, a través del Movimiento Unificado de Lucha Triqui Independiente (MULTI), bajo lineamientos de los municipios autónomos zapatistas. Dentro del cerco también se encontraba el Movimiento de Unificación y Lucha Triqui (MULT), grupo paramilitar al que se responsabilizó en abril de 2008 de la ejecución de Felícitas Martínez Sánchez y Teresa Bautista Merino, dos jóvenes oaxaqueñas triquis, locutoras de *La voz que rompe el silencio*, programa transmitido a través de Radio Copala, una estación comunitaria. A la lista de víctimas de violencia se sumaron Pablo Bautista Merino, acribillado el 8 de diciembre de 2009, e Isaías Bautista Merino, asesinado en febrero del año siguiente, padre y hermano, respectivamente, de Teresa Bautista Merino.

La lucha armada por el control político de la región triqui era, en resumen, un completo caos. La Ubisort y el MULT tenían intereses y objetivos oscuros más allá de los apoyos oficiales del Gobierno federal: asegurarse el control de la zona minera. Cabecillas de cada uno de los grupos tenían la certeza de que en la región triqui se encontraban importantes yacimientos de hierro.

En un intento por romper el cerco para entregar víveres y ropa, Timoteo Alejandro Ramírez —uno de los líderes más importantes y queridos de esa región mixteca oaxaqueña y pilar de la autonomía— y su esposa Cleriberta Castro Aguilar fueron ejecutados por dos asesinos al servicio del MULT en mayo de ese año. Los pistoleros, según las crónicas de la época, solo dejaron con vida a una niña de tres años de edad, hija de Cleriberta y Timoteo. Alarmada por la desesperación de las 100 familias triquis aisladas y atrapadas por los grupos paramilitares y por la violencia extrema que se reportaba un día sí y otro también, con tiroteos incluidos y francotiradores al acecho, Bety Cariño tomó la decisión de organizar una caravana pacífica. Acompañada por observadores europeos, defensores de los derechos humanos, pretendía llegar a San Juan Copala y entregar alimentos, ropa y medicamentos. Como decía ella a menudo: «Ni un paso atrás, no permitamos más que toda esa bola de cabrones pisoteen nuestra dignidad».

Pasadas las 11:00 horas del 27 de abril, durante un día soleado y apacible de primavera, el contingente partió, optimista, desde el parque central de la Libertad de Expresión de Huajuapan de León, con víveres y acompañantes, incluidos algunos periodistas, repartidos en varios vehículos. Les esperaban de tres a cuatro horas de camino hasta San Juan Copala.

Las seis unidades avanzaron juntas hasta casi las 14:00 horas, cuando el conductor del primer vehículo frenó debido a que el camino en el paraje Los Pinos estaba bloqueado por piedras. Todos bajaron para apoyar a despejar el paso, mientras reporteros y fotógrafos se alistaban para tomar imágenes de la zona.

Habían transcurrido apenas un par de minutos, cuando desde los cerros les cayó una lluvia de plomo. Más tarde se sabría que eran balas de alto calibre, para uso exclusivo de las fuerzas armadas. Tomados por sorpresa y sin coordinación, como escribió Marcelino Díaz de Jesús, el contingente fue presa del pánico:

> Cada quien buscó salvar la vida. En un instante eterno, una pequeña tregua, momento en que dejaron de disparar los francotiradores para cambiar el cargador de sus armas.
>
> [...] Fue en ese instante cuando aprovechamos para salir corriendo, pero las balas seguían tras de nosotros. Buscábamos cómo esquivar el fuego, solo vi que un extranjero cae muerto por recibir un disparo en la cabeza; era el odio de los victimarios que, a sangre fría, trataban de matarnos.

Otro periodista oaxaqueño, Joel Gálvez Vivar, escuchó el último suspiro de Bety Cariño.

La crónica de la ONG de Mugarik GABEren Berriak arrojó más luz: «Vimos que había piedras obstaculizando el camino, por lo que decidimos regresar. Entonces una lluvia de balas nos envolvió. Eran unos treinta hombres con los rostros cubiertos y con armas de grueso calibre los que disparaban desde una ladera del cerro. La balacera duró unos 20 minutos». La querían muerta. Las balas fueron disparadas directo a su cabeza.

***

El foco parpadea sobre el escritorio. De repente la oscuridad es total. Pero no importa, el hombre del traje azul ya no lee los documentos que tiene en las manos. Sabe perfectamente cómo sucedió e, incluso, conoce detalles de más. Las manos van cerrando la carpeta, poco a poco, hasta que, de golpe, parecen aplaudir y con ello ahuyentar toda pregunta, todo reclamo que pudiera existir, por justicia, por claridad, por lo que sea. El silencio y la oscuridad es el reino del subsuelo, del topo que escarba los túneles por los que pasan los archivos que documentan el desangrar de una nación. El foco se vuelve a encender y ya no hay rastro del hombre. Tampoco hay documentos, el escritorio está vacío.

Como colofón, el 15 de marzo de 2012, a ocho meses de que terminara el gobierno de Felipe Calderón y, por lo tanto, el mandato de Genaro García Luna en la Secretaría de Seguridad Pública, fue asesinado en una emboscada Bernardo Vázquez Sánchez, ingeniero agrónomo originario de San José del Progreso, municipio ubicado en el distrito de Ocotlán, en Oaxaca; Bernardo Vázquez fue fundador de la Coordinadora de los Pueblos Unidos del Valle de Ocotlán (CPUVO) y activista opositor a la minera Cuzcatlán, misma que inició operaciones formales en 2006, como filial de la minera canadiense Fortuna Silver Mines. Antes de ser ejecutado, Bernardo y la coordinadora denunciaron que la minera financiaba a grupos armados en la comunidad.

Sí, Genaro García Luna parecía tener un don peculiar para entender los cambios en el modelo de hacer negocios del inframundo criminal, de manera que su policía científica hizo poco y nada cuando los cárteles ampliaron sus redes criminales a través de la extorsión, cobro de seguridad o impuesto por cooperación; y, naturalmente, eso se tradujo también en un festín de muerte.

La violencia criminal se tornó en un círculo tan sangriento y peligroso que la muerte tocó a las puertas del gabinete presidencial. Como los charcos de sangre estancados en las calles y las fosas comunes con miles de huesos de desaparecidos, esas otras muertes del calderonismo alcanzaron a quienes podían disputar el poder a García Luna.

11
SERVIDOR PÚBLICO, ESPÍA Y MERCENARIO

Édgar Enrique Bayardo del Villar —jefe de la Tercera Sección del Estado Mayor de la PFP, uno de los tres personajes más cercanos a García Luna, informante asalariado del Cártel de Sinaloa, informante-aliado de la DEA, comisionado personal de García Luna y testigo protegido-colaborador y asesor asalariado de la PGR— fue asesinado al filo de las 11:15 horas del primero de diciembre de 2009; la muerte lo encontró mientras desayunaba en un restaurante de la Ciudad de México. El Tigre Bayardo tenía —además del secreto de los puentes que García Luna había establecido con el capo Jesús *el Rey* Zambada y del dinero de los sobornos que el señor secretario y sus allegados habían recibido— las claves sobre el desplazamiento de los agentes de la DEA en México.

En julio de 2011 habría evidencias suficientes para documentar que agentes federales estadounidenses de la división antinarcóticos, acompañados por Bayardo del Villar, realizaron operativos especiales en camionetas de la Cancillería con placas diplomáticas. Y que agentes de la DEA participaron en interrogatorios a supuestos narcotraficantes o sospechosos de lavado y blanqueo de capitales.

La mirada estaba fija ante el cañón del arma. Ni un segundo de contemplación que, sin embargo, pudo ser una eternidad. El final violento era inminente y se colocaba como uno entre cientos y miles a lo largo y ancho de la República Mexicana. Y como el resto, tendría un trasfondo oculto en archivos, entre manos inquietas que, como garras de topo, escarbaban para incrementar las penumbras que ahogaban al país.

Bayardo era desde 2008 un comandante clave para descubrir y comprender el vínculo entre los altos mandos de la Policía Federal y las organizaciones criminales, en especial con los cárteles de Sinaloa y de los Beltrán Leyva, hasta que lo asesinaron aquella mañana mientras desayunaba en un Starbucks de la colonia Del Valle, poco después de haber sido acogido por el programa de testigos protegidos de la PGR.

La historia fue corta y rápida, cuestión de minutos: al filo de las 11:30 horas, dos pistoleros entraron abruptamente al café. Parecían conocer la rutina del excomisario de la Policía Federal. Uno, vestido de traje oscuro, desenfundó una subametralladora 9 milímetros, dirigió la vista a Bayardo del Villar, quien estaba sentado en un sillón a unos cuatro metros de la entrada y, sin apuntar siquiera, abrió fuego. Hizo al menos 20 disparos, la mayoría certeros. Era un asesino profesional, capacitado para manejar ese tipo de armas y no fallar. Bayardo murió allí mismo.

El segundo, vestido con una sudadera blanca y gorro, empuñaba con firmeza un arma similar; apuntó al piso y, con la mirada periférica por el continuo movimiento de la cabeza, vigilante, soltó de inmediato: «¡Al suelo, cabrones! ¡Al que se mueva lo mato!». Nadie se movió, nadie más murió. Salieron como entraron: deprisa. La escolta que tenía Bayardo, asignada por la PGR, fue un cero a la izquierda. No le dio tiempo ni de respirar. Incluso conociendo los riesgos que entrañaba protegerlo, uno de ellos, el que estaba a su lado, no iba armado. Las investigaciones documentarían que ninguno de los agentes que le habían asignado para protegerlo estaba preparado para hacerlo. Eran novatos.

De 42 años de edad al momento de su ejecución, el Tigre, un policía violento, educado y entrón, fue un agente múltiple sin lealtades: recibía 50 mil pesos mensuales en su papel de testigo protegido (colaborador) de la PGR y privilegiado asesor del procurador Medina-Mora; a ello se le sumaban los 25 mil dólares mensuales por parte del Cártel de Sinaloa; trabajaba para la DEA, había aprobado las pruebas de control de confianza del FBI y además filtraba información a los Beltrán Leyva. La facilidad para servir a uno u otro cártel no fue una sorpresa: los inicios y aprendizaje criminal de Bayardo podían rastrearse hasta el Cártel de Juárez, liderado por Amado Carrillo Fuentes, el Señor de los Cielos, donde coincidió con los Beltrán Leyva.

En una declaración judicial que hizo en 2008 y que se integró al expediente PGR/SIEDO/UEIDCS/350/2008, Richard Arroyo Guízar —hijastro del Rey Zambada y, en consecuencia, sobrino político de Ismael *el Mayo* Zambada— dio a conocer que la relación de Bayardo del Villar con el Rey tenía sus raíces en los tiempos en los que ambos trabajaban para Carrillo Fuentes, aunque luego se perdieron de vista y finalmente se reencontraron en 2006. Para entonces, Bayardo tenía sus acuerdos con los Beltrán Leyva, con quienes volvió a relacionarse después de la muerte de aquel capo juarense nacido en Sinaloa, sobrino de Ernesto Fonseca Carrillo, Don Neto.

Su asesino hizo blanco con al menos 15 proyectiles, los orificios que, a simple vista, presentaba su cuerpo. Agentes de la Policía Federal señalaron que le habían aplicado el castigo correspondiente por quebrantar la ley de la *omertà*, el llamado *código de honor de la mafia*, *ley de leyes* o *ley de silencio*, bajo la cual se establece que ningún mafioso debe delatar a otro ni colaborar con las autoridades. Lo anterior se interpretó en este caso como que ningún policía federal debía delatar a ninguno de sus compañeros, y Bayardo del Villar había involucrado en la lista de agentes sobornados a su jefe Víctor Gerardo Garay Cadena, comisionado de la Policía Federal, quien pasaría cuatro años en prisión, antes de ser exonerado por supuestos nexos con el Cártel de los Beltrán Leyva.

Detenido por vínculos con el crimen organizado y después de encabezar un operativo especial en una zona del parque Desierto de los Leones de la Ciudad de México para capturar a un capo colombiano que surtía cocaína al Cártel de los Beltrán Leyva, Bayardo del Villar fue puesto en arraigo por al menos 80 días. Después se convirtió en testigo protegido de la PGR y en asesor de Medina-Mora. Al morir, dejó una fortuna de 30 millones de pesos, autos de lujo, obras de arte y lotes de joyería fina, pero también cierta certeza para Genaro de que no se sabría sobre su apoyo a los agentes de la DEA para operar abiertamente en tierras mexicanas. Se irían a la tumba señalamientos sobre sobornos millonarios para facilitar la fuga de capos en operativos especiales antinarcóticos y acuerdos sobre la introducción ilegal de armas de fuego de Estados Unidos, mismas que terminarían en el arsenal de los cárteles del narcotráfico.

Si bien la PGR se había convertido en uno de los principales aliados —primero a través de Eduardo Tomás Medina-Mora Icaza y luego de Marisela Morales Ibáñez— de los agentes de Estados Unidos, Bayardo del Villar era cínico y tenía la confidencialidad para hablar y negociar en los asuntos oscuros, pero ese perfil era precisamente con el que el presidente Calderón no quería mancharse las manos. Detrás de todo esto había alguien reuniendo información para sus propios intereses.

***

El exagente de inteligencia del Cisen, Tomás Borges —seudónimo para escribir— recuerda todavía las órdenes de García Luna: destruir. Esa fue la palabra para fijar el destino de los expedientes negros que se armaron durante la guerra sucia contra Vicente Fox Quesada en la campaña presidencial de 2000.

> Salí con Luis Cárdenas Palomino, el Pollo, mientras él se desharía, eso dijo, de los expedientes confidenciales, aquellos de uso exclusivo oficial. Y entre estos se encontraban los armados contra Fox, Marta Sahagún y el equipo foxista de campaña, pero nadie atestiguó nunca la destrucción de documentos de la que él personalmente se encargaría.

García Luna tuvo acceso a expedientes con al menos 536 mil fichas policiales de la Secretaría de Seguridad Pública, cuya base de datos incluía a los criminales más peligrosos —cuyos delitos iban desde tráfico de drogas al pirateo de redes informáticas, pederastia, trata de personas, secuestro, pornografía, extorsión y homicidio—, así como a líderes sociales, supuestos insurgentes, empresarios-magnates, opositores políticos, guerrilleros, comerciantes acaudalados, artistas, policías y activistas, además de lo más retorcido de los dirigentes del PAN, quienes llegaron a la presidencia.

El sueño de García Luna era levantar un gran centro cibernético de espionaje, sistema único de información criminal o centro nacional de inteligencia criminal, mismo que en enero de 2007 el Consejo Nacional de Seguridad Pública aprobó en dos vertientes: fortalecimiento de la Red Nacional de Telecomunicaciones y actualización de la infraestructura tecnológica. Esto incluía la acumulación de tecnología de punta, y un ejemplo de su utilidad sería la construcción de un edificio inteligente o refugio de alta seguridad para el presidente y el secretario de Seguridad Pública.

Un año más tarde, los deseos del obsesivo y controlador secretario se acercaban a la realidad. Plataforma México almacenaba en sus más de 100 bases de datos unos 800 millones de registros de seguridad pública —armamento, fichas criminales, población carcelaria, investigaciones judiciales, robo de vehículos y personal de seguridad pública—, información sobre instituciones y dependencias —entradas vía aérea, registros de la Organización Internacional de Policía Criminal (Interpol) y licencias para conducir—, y referencias de empresas privadas, empleados y población en general —para lo que tendría acceso a la plataforma de comunicaciones de Telmex, propiedad del magnate Carlos Slim Helú.

Según informes confidenciales de exagentes de inteligencia, Genaro tenía la costumbre de apoderarse de expedientes sensibles o comprometedores, con el pretexto de deshacerse de ellos para que no cayeran en manos inexpertas. Quería controlar a todos los policías del país a través del Registro de Personal de Seguridad Pública que se incluyó en la llamada Plataforma México.

Tan pronto el PAN perdió los comicios presidenciales de 2012 y fracasaron sus negociaciones para integrarse al gabinete de Enrique Peña Nieto, García Luna dispuso de la base de datos para sus propios intereses; así pues, en 2013 montaría una empresa personal —GLAC Security Consulting, Technology and Risk Management— para ofertar servicios especializados en temas de inteligencia criminal, seguridad política y económica, software de rastreo preciso y espionaje a empresas privadas, gobiernos estatales y al Gobierno federal mexicano, además de gobiernos de otros países.

La Unidad de Inteligencia Financiera, a cargo de Santiago Nieto Castillo, encontró que Genaro poseía una empresa llamada Nunvav Inc., la cual había sido contratada por varias instancias del Gobierno mexicano. Además, se descubrió que en 2008 había comprado el programa de tecnología cibernética NiceTrack Location Tracking, el cual transformaba datos de localización a través de la combinación de tecnologías móviles y GPS para ubicar vehículos o personas en tiempo real de una forma fácil y sencilla, lo cual permitía crear perfiles de patrones rutinarios. Luego Nunvav comercializaría esta tecnología cibernética a través de socios del exfuncionario.

El mismo Santiago Nieto ratificó en mayo de 2020 que la UIF, brazo operativo de la SHCP, documentó que García Luna lavó más de 50 millones de dólares, producto de sobornos del narcotráfico de 2006 a 2012 a través de una red de empresas fantasma. Esto dio pie al congelamiento de las cuentas bancarias del exfuncionario, su esposa Linda Cristina Pereyra, su hermana Esperanza García Luna, y sus asociados de negocios: Samuel Weinberg, su hijo Alexis Weinberg y José Luis Castilla.

Un exagente advierte que años después, al término del sexenio calderonista, Genaro García Luna

> llevaría consigo documentos de negociaciones con el expresidente Salinas de Gortari sobre la construcción de nuevas cárceles federales.
>
> Tanto a García Luna como a Calderón les gustaba aparecer en medios, brillar, eran estrellas. Y los dos se movían en las sombras, jugaban entre bambalinas; es decir, con la autorización de un Congreso complaciente que perdonaba todo, con el sometimiento de los partidos políticos opositores PRD y PRI, que se vistieron del azul del PAN, a finales de 2010 y en los primeros meses de 2011 llegaron a una serie de acuerdos con proveedores

privados para la construcción y operación de ocho nuevos penales federales por unos 200 mil millones de pesos, unos 10 mil millones de dólares al tipo de cambio de la época. Y en ese negocio estaría involucrado el expresidente Salinas.

La historia era parcialmente conocida, pues en su IV Informe de Labores el entonces presidente Calderón deslizó:

> Para potenciar la capacidad de reclusión del Sistema Penitenciario federal y asumir en instalaciones federales la custodia de la totalidad de la población del fuero federal, se construirán 12 centros penitenciarios, con una capacidad para 32 mil 500 internos. Estos centros serán financiados y construidos mediante alianzas público-privadas bajo el esquema de contrato de prestación de servicios, y se distribuirán en 12 polígonos: Sonora, Chihuahua, Durango, Jalisco, Guanajuato, Michoacán, Morelos, Oaxaca, Chiapas, Campeche, Puebla y zona metropolitana (entre Hidalgo y el Estado de México).

El tema hubiera permanecido como un evento meramente anecdótico, uno más de corrupción, de no ser porque en marzo de 2019 los periodistas Peniley Ramírez Fernández, de la cadena Univisión, y Julio C. Roa, del periódico web *En la Polítika,* documentaron que, en septiembre de 2012, personal activo de la Secretaría de Seguridad Pública laboraba en una empresa privada (ICIT Holding) de Samuel Weinberg, amigo de García Luna desde las épocas del Cisen. Parte de los trabajos realizados por el personal de la SSP, agregaron los comunicadores, consistió en destruir carpetas de negociación de contratos del sistema penitenciario.

En una entrevista realizada por Peniley y Julio para el reportaje «García Luna operó en México una oficina privada de seguridad con recursos del gobierno», dos informantes contaron que comenzaron a triturar los documentos en pleno día y terminaron ya muy avanzada la noche.

«Destruimos tantos documentos que se rompió la máquina trituradora», relató. Otras dos fuentes añadieron que esto sucedió en medio de un pasillo de la empresa privada, a la vista de muchas personas.

Esta operación ocurrió como parte de su trabajo regular en la Secretaría, pero la fuente asegura que se sintió en la obligación de hacerlo, porque formaba parte del «proyecto secreto».

¿Qué proyecto secreto era ese? Nadie tenía una respuesta en ese entonces. Fue hasta unos meses más tarde, en pleno 2013, que la respuesta a aquel misterio se reflejó en GLAC Security Consulting, Technology and Risk Management, empresa de García Luna. Los servicios ofertados eran, en resumen, espionaje ilegal e inteligencia cibernética, seguimiento informático y sus derivaciones, incluido equipo tecnológico para intervenir teléfonos celulares.

En marzo de 2019 Peniley Ramírez y Julio Roa acreditaron que la Secretaría de Seguridad Pública había entregado a la firma de la familia Weinberg contratos de adquisición de programas para buscar información, interceptar comunicaciones y rastrear a usuarios en su ubicación física. Además, revelaron que García Luna vivió en una residencia de los Weinberg cuando decidió autoexiliarse en una exclusiva zona de Miami en febrero de 2013.

De acuerdo con una investigación realizada por el periodista Julio C. Roa en Estados Unidos, y que publicó bajo el título «Las 34 propiedades de García Luna y sus socios en Miami», existen registros de otra costosa propiedad cuyo domicilio está a nombre de Linda Pereyra, esposa del exsecretario. La propiedad fue vendida en agosto de 2016 en 35 millones de pesos a Alexis Elías y Rita Chertorivski Woldenberg, hermana de Salomón Chertorivski Woldenberg, exsecretario de Salud al final del sexenio de Calderón. Serían 34 propiedades las que negoció aquella sociedad inmobiliaria. Entre las residencias destacan una de cinco millones de dólares en 274 South Island, Golden Beach, Florida; otra de 4.2 millones en el 1524 Island Boulevard y una más de 3.3 millones en el 5500 de Island Estates Drive.

Peniley y Julio expusieron que José Antonio Polo Oteyza, coordinador de asesores de García Luna, fungía al mismo tiempo como uno de los altos ejecutivos de ICIT, empresa de los Weinberg. Polo Oteyza negó los señalamientos. Sin embargo, se supo que un año antes de que terminara el gobierno de Calderón a su equipo se habían integrado otros personajes del círculo íntimo de García Luna en la Secretaría de Seguridad Pública, coordinados por Vanesa Pedraza Madrid, colaboradora de García Luna de 2008 a 2012 y titular de la división de Control de Confianza en ICIT Holding; lo mismo ocurrió con el exsubsecretario Niembro González, quien involucró a su esposa Martha Nieto Guerrero en la compraventa de aquella sociedad inmobiliaria.

La UIF de la Secretaría de Hacienda dio a conocer en diciembre de 2019 que Vanesa Pedraza Madrid aparecía como apoderada general de Nunvav Inc., una de las empresas utilizadas para desviar o triangular recursos superiores a 2 mil 678 millones de pesos y 74 millones de dólares desde la Tesorería de la Federación y la Secretaría de Gobernación hacia cuentas o empresas de García Luna.

Sin duda alguna, García Luna fue el verdadero poder en la sombra y un engaño a puertas abiertas en un país marcado por los secretos y discrecionalidades del gasto público. Los oscuros túneles que hasta entonces había escarbado llegaban a todas las estructuras del gobierno y del crimen, una labor bastante amplia y minuciosa. Durante la administración calderonista, la corrupción en la Secretaría de Seguridad Pública fue el principio rector y muchos de los altos mandos tenían su eje de acción y grado de complicidad o su plaza, como se diría en el ambiente narco.

Conformado su equipo, una especie de clan mafioso en la SSP, el entonces secretario puso especial atención a los buenos resultados de tener bajo su control a toda la fuerza policiaca del país —454 mil 574 elementos en aquel 2007, un pequeño ejército que en 2018 aumentaría a 580 mil agentes en los tres órdenes de gobierno—, las telecomunicaciones, las armas registradas (374 mil), pero, sobre todo, información privilegiada sobre el crimen organizado.

Para septiembre de 2018 las autoridades contarían con el registro de 582 mil 542 armas: 334 mil 826 cortas y 247 mil 716 largas, bajo el amparo de las Licencias Oficiales Colectivas expedidas por la Sedena. Por eso, el control de la información no era un asunto menor. En ese contexto hubo quienes observaron que entre 1989 y 1999 García Luna tuvo también acceso a los expedientes históricos del Cisen, cuyos archivos llegaron a reunir poco más de tres millones de fichas de personas y organismos diversos que el gobierno entregó al Archivo General de la Nación (AGN).

¿Qué hizo para convencer al presidente Calderón de la necesidad de derrochar más de 3 mil 365 millones en el Centro de Inteligencia de la Plataforma México, organismo que terminaría siendo desdeñado en el siguiente gobierno? Cuantas veces pudo, comentaba con orgullo que el objetivo de transformar a la policía a través de la AFI, primero, y, luego, la Policía Federal, era crear un organismo entre la CIA, el espionaje puro, y el FBI, la policía más poderosa del mundo: sus paradigmas de excelencia. Nunca dijo nada de negociar con los capos. A lo mejor lo olvidó.

***

La incipiente calva brillaba por los reflectores del estudio. El dorso de la mano del presidente mexicano se encargó de eliminar las gotas de sudor. Era el 12 de noviembre de 2010, Felipe Calderón presentaba a los estadounidenses el Centro de Inteligencia de la Plataforma México en el programa noticioso *CBS Evening News* con Katie Couric. Entre otras cosas, pretendía dejar en claro que tenía el control absoluto de su guerra contra el narcotráfico y la tecnología más sofisticada para que fuera exitosa.

García Luna y Calderón recurrieron ingenuamente a la televisión de Estados Unidos como estrategia para darles credibilidad a sus resultados de la guerra contra el narcotráfico; lo cierto es que, al menos momentáneamente, lograron desviar la atención de las sospechas de la inteligencia de aquel país —en México ya eran más que supuestos— sobre sus relaciones con el crimen organizado.

El guion fue preparado con antelación. Su protagonista, Felipe de Jesús Calderón Hinojosa, aparecería en el papel de héroe de acción para presentar al mundo —y ese mundo eran Washington y el Pentágono— un juguete seminuevo de la inteligencia mexicana que había costado 100 millones de dólares. Luego se sabría que habían sido más de 3 mil 365 millones de pesos o unos 269 millones de dólares al tipo de cambio de aquel año. Los espectadores del programa pudieron conocer el búnker supersecreto o refugio antiaéreo construido para aguantar incluso un terremoto de 10 grados.

Tecnológicamente hablando, se mostró que el Gobierno mexicano estaba preparado. El búnker contaba con enormes pantallas alimentadas continuamente con información en tiempo real, laboratorios de la policía científica, talleres para el desarrollo de nuevas tecnologías, poderosas computadoras que al final serían atendidas por 182 megaservidores, teléfonos y cámaras de video de última generación, botones de colores, tableros de control, apagadores y una sala que funcionaba como la mesa de mando del presidente de la República.

En realidad se trataba de una pantalla, un cuadro colorido que tenía la misión de aparentar que García Luna estaba volcado a terminar con el narcotráfico. Este búnker de guerra servía para encubrir el tráfico de información que viajaba de un lado a otro, a veces a favor del gobierno, a veces a favor del narco. Genaro, el topo, habitaba en las profundidades de la nación: infiltrado tanto aquí como allá, agente doble y triple, guiado únicamente por su conveniencia.

Calderón apareció en la televisión gringa como un niño que presume su nuevo juguete. Algo sobre mostrarse ante los medios estadounidenses lo llenaba de euforia, se sentía orgulloso del búnker. Serían estas las entrañas del poder porque, de ocurrir una catástrofe, una amenaza a su vida o algún riesgo para la seguridad nacional, Calderón tendría un lugar de mando para ejercer el control político y administrativo del país. El presidente dispondría del apoyo de cerca de dos mil personas que trabajaban, por turnos, las 24 horas del día y tendría al alcance analistas de investigación, además de un «ejército» bien capacitado de ingenieros, psicólogos y abogados. El mando de la nación estaría asegurado a través de videoconferencias o llamadas codificadas.

Las labores del complejo, ubicado en la salida hacia la ciudad de Toluca, no eran tan públicas. Solo la nobleza de la inteligencia sabía con precisión qué actividades se desarrollaban en los cuatro módulos de Seguridad, Operaciones, Alertas Nacionales e Instalaciones Estratégicas, los cuales conectarían equipos de cómputo con más de 600 puntos en estados y municipios, así como con 169 estaciones de la Policía Federal. Además, estaría enlazado con dependencias federales los 365 días del año.

Ya en confianza, el sudor dejó de caer de su frente. La cara de alegría de Calderón dejaba ver su pasión profunda por los asuntos bélicos y, sobre todo, por sentirse parte de ellos. Y como para no dejar alguna duda, se apresuró a mencionar su admiración por *24* —una multigalardonada serie dramática estelarizada por el actor Kiefer Sutherland en el papel del agente antiterrorista Jack Bauer— y declarar que «yo quería todos los juguetes, todo eso, todos los instrumentos para ser superiores a los criminales».

El periodista José Luis Guzmán, más conocido como Miyagi, recurriría luego al sarcasmo y la sorna para relatar parte del encuentro con Katie Couric: «Barack Obama comparó, desconozco si en un acto superior de humor negro, a Felipe Calderón con Elliot Ness», dijo, refiriéndose al agente federal cabeza de Los Intocables en la época de la Prohibición en Estados Unidos, «aunque al presidente mexicano le gustaba más sentirse como Bauer [...] un actor con tantos problemas de alcoholismo que era capaz de nadar en una alberca de Bacardí sin que siquiera le ardiesen los ojos».

Felipe quizá no tuvo acceso a observaciones de los críticos más ácidos del programa:

> La única diferencia entre la silla eléctrica y Jack Bauer es que la silla puede resultar cómoda al principio... y no te obliga a hablar [...] Solo conoce

> dos formas de hacer las cosas: por las malas y por las malas con un disparo en la rodilla [...] Harto de esquivar su realidad, Jack se decidió a trabajar matando gente. [...] He matado a dos personas desde medianoche, no he dormido en 24 horas. Así que quizás... quizás debería tenerme un poco más de miedo del que me tiene ahora. [...] No cree en la ley de Murphy, cree solo en la ley de Bauer: si algo puede salir mal, se resolverá en *24* horas.

Aunque también existe la posibilidad de que buscara todas estas cualidades.

Calderón y García Luna lograron ocultar aquel día, aunque fuera por un momento —exactamente lo que dura un programa de televisión—, que los cárteles del narcotráfico ya habían desplazado las capacidades del Estado porque, bajo el agua, el responsable de combatirlos negociaba con los capos. La Secretaría de Seguridad Pública no contaba en sus archivos con datos suficientes para conocer la capacidad real de fuego de las organizaciones criminales, ni el número total de sus efectivos.

Durante los seis años del calderonato, los costos de operación del centro se ubicarían en los 4 mil 294 millones de pesos con un incremento autorizado de 376.9%. Quizá por eso es que la segunda fuga de Joaquín *el Chapo* Guzmán representa uno de los fracasos más significativos de la Plataforma México. El 11 de julio de 2015 el narcotraficante y la cara más visible del Cártel de Sinaloa se fugó de un penal de máxima seguridad por un túnel. El instrumento de inteligencia jamás detectó ni se enteró de nada. Plataforma México parecía increíble, al menos en papel, pero resultaba inútil.

En otras palabras, el Gobierno federal había gastado más de 269 millones de dólares de los impuestos de los mexicanos en un juguete que serviría para impresionar a los amigos, mientras el espía mayor o secretario de Seguridad Pública hacía pingües negocios por fuera, convertido en un agente múltiple. La SSP estaba convertida en un nido de corrupción. Y, en ese juego de narcos y policías, los gringos le creían a medias. Hoy se sabe que empezaron a investigar a García Luna desde 2001.

12
LOS ARREGLOS CON ESTADOS UNIDOS

Una vez terminado el calderonato el 30 de noviembre de 2012 y ya sin el freno de su Jack Bauer mexicano, Genaro García Luna huyó de México con su familia y algunos excolaboradores.

La mañana era refrescante, el sol acariciaba la piel de Genaro. El bronceado comenzaba a mostrarse como un claro delator de una nueva vida, una nueva piel. Allá lejos, en Florida, no había razones para temer por la severa crisis de seguridad nacional que heredaban a la nueva administración. Además, el futuro parecía promisorio porque, con Enrique Peña Nieto en la presidencia, quedarían intactos sus privilegios de impunidad, mientras su exjefe Felipe Calderón se tomaba su tiempo para planear el regreso al activismo, reinsertarse en la política y, como quien toma un segundo aire, protagonizar el papel de «opositor» a la administración de Andrés Manuel López Obrador.

En la nación norteamericana podía sentirse resguardado, lejos de los ríos de sangre y pasillos atestados de murmullos traicioneros que dejó en México. Su futuro estaba en otra lengua; así como mutó del habla barrial de la Romero Rubio para pasar al policial y al político, ahora tocaba emplear el idioma empresarial aderezado con algunas palabritas en inglés; debía infiltrar su léxico con términos que facilitaran sus nuevos negocios, dejar que el español se enriqueciera con un poco de inglés estadounidense. Sonrió a causa de sus reflexiones lingüísticas. Estaba de buen humor. El futuro brillaba tanto como el sol que le bronceaba la piel.

Sin embargo, el sol que broncea a algunos es también el que quema a otros. Calderón comenzaba a verse como un expresidente engañado y manipulado por quien fuera su brazo derecho, nada más y nada menos que el hombre más poderoso de su administración, el secretario de Seguridad. Muestra de ello sería la Iniciativa Mérida, la que pocos dudarían de no considerarla un fracaso monumental. Fue un acuerdo de largo alcance entre México y Estados Unidos, firmado en diciembre de 2008 por Felipe Calderón y George W. Bush, para detener el tráfico de armas, dinero y demanda de drogas. Por más que el entonces mandatario mexicano se haya vestido de soldado, con su enorme casaca verde olivo y su gorra de cinco estrellas, la movida resultó fallida.

Es oficial que, a través de la Iniciativa Mérida, el calderonato recibió por lo menos 2 mil 600 millones de dólares, y claro está que no era asunto de beneficencia pura sino el hilo conductor de una larga y perversa historia de ataques a la soberanía, disfrazada de ayuda por parte de la Casa Blanca. Con esto, los centros de espionaje estadounidense revivieron las raíces ancladas en México hace 50 años, ahora con la cooperación franca de Genaro García Luna.

No es ningún secreto que México representa para Estados Unidos un tema medular de seguridad nacional. Ahora, agentes de la DEA operaban con todas las facilidades del Gobierno federal, a través de la Secretaría de Seguridad Pública, la Procuraduría General de la República o la Cancillería. Y no sería el único caso de intervención que sufriría México.

El operativo especial bajo el nombre clave de Rápido y Furioso detonó el tráfico ilegal y «controlado» de armas de fuego de Estados Unidos hacia México entre 2009 y 2011 que, en la intrincada política entre los dos países, sustentó el aumento sin precedentes del poderío armado de los cárteles y sus capos.

La Oficina de Alcohol, Tabaco, Armas de Fuego y Explosivos (ATF) de Estados Unidos autorizó desde su oficina en Phoenix, Arizona, la venta ilegal y exportación irregular de al menos 2 mil 500 armas de fuego a territorio mexicano, en su mayoría automáticas como AK-47, R-15, 50 rifles estilo francotirador, rifles Barrett .50, lanzagranadas, rifles de asalto Romarm/Cugir .762, revólveres, pistolas FN-5.7 o *mata-policías*, así como miles de municiones y cargadores que terminarían en manos del crimen organizado. La ATF se había comprometido a vigilar la ruta que seguirían las armas con el supuesto objetivo de que estas llegaran a los cárteles de la droga, a partir de lo cual se podría dar seguimiento al traslado operativo de los grandes capos.

El escándalo de Rápido y Furioso estalló a finales de 2010, arrojó sus esquirlas a 2011 y alcanzó a la Casa Blanca y al Congreso de Estados Unidos: rifles de asalto de aquellas ventas ilegales a criminales mexicanos fueron utilizados durante un tiroteo en el que perdió la vida Brian Terry, agente de la Patrulla Fronteriza estadounidense, cerca de la línea fronteriza entre Arizona, Nuevo México, y México.

Dos meses después, en una carretera de San Luis Potosí, fue asesinado Jaime Zapata —agente estadounidense de la Oficina de Inmigración y Aduanas (ICE)—, cuando se trasladaba de la Ciudad de México a Monterrey. Su compañero Víctor Ávila resultó herido de gravedad. En el ataque-emboscada se usaron, de nueva cuenta, armas vendidas ilegalmente por el Gobierno de Estados Unidos a criminales mexicanos.

En 2011 se hicieron públicos algunos detalles espinosos del contrabando «controlado» de armas a México a través del rompecabezas que representaba Rápido y Furioso, emprendido por autoridades de Estados Unidos, como lo reconoció la secretaria de Seguridad Interna de ese país, Janet Napolitano. La divulgación del operativo no fue una concesión gratuita ni un apoyo al gobierno de Calderón. Los estadounidenses fueron obligados a revelar algunos detalles cuando descubrieron la muerte de sus dos agentes federales.

El 3 de marzo de 2011 John Dodson, agente de la Administración de la ATF, relató a la cadena televisiva estadounidense CBS que sus superiores le ordenaron autorizar el contrabando a México sin informar al gobierno de dicho país. Aquello ocurriría en 2009, año en el que las oficinas de la ATF en Arizona permitirían a contrabandistas adquirir armas con la intención de conocer su destino final en México. Irónicamente, el destino final de algunas municiones fue precisamente Estados Unidos, pues regresarían en los cuerpos de Terry y Zapata.

No obstante, la información circulaba desde mucho antes. En 2006 WikiLeaks filtró más de 700 mil documentos diplomáticos de Estados Unidos, incluyendo los de Rápido y Furioso, y cables confidenciales de sus embajadas, entre ellas la de México. Con los informes de WikiLeaks, los documentos del Congreso de Estados Unidos, los del Departamento de Justicia y los de la misma ATF se armó el rompecabezas. La conclusión fue que el Gobierno mexicano sí se había enterado, a través del círculo íntimo de funcionarios del gabinete, sobre el tráfico «controlado» de armas que terminarían en los cárteles de Sinaloa, los Zetas, La Familia Michoacana y células del de los Beltrán Leyva.

«Dadas las acusaciones contra García Luna, cabría preguntarnos si esa desorganización fue voluntaria o involuntaria; es decir, si se permitió la libre distribución de las armas para favorecer a un grupo criminal en particular o si simplemente se debió al endémico problema de la corrupción nacional», señaló en su momento Dolores Padierna Luna, vicepresidenta de la Cámara de Diputados.

Rápido y Furioso fue una versión fallida, pero «mejorada», de otro operativo reservado —Receptor Abierto o Wide Receiver— que la misma ATF puso en marcha entre 2006 y 2007 en la zona fronteriza de Tucson, Arizona; sin embargo, este nunca fue de utilidad para obtener una idea precisa sobre el número de armas del Gobierno estadounidense que terminaron en manos de asesinos en México. La dimensión del problema del tráfico de armas que heredaron García Luna y Calderón es de tal magnitud que nadie sabe hoy con precisión cuántas armas ilegales han entrado a México.

En el reporte «Graves violaciones de derechos humanos: el tráfico legal e ilegal de armas a México», publicado en agosto de 2018 por la Comisión Mexicana de Defensa y Promoción de los Derechos Humanos (CMDPDH) y Alto a las Armas / Stop US Arms to Mexico, se encontró que

> de 2000 a 2015 más de 30 mil armas de fuego ilegales fueron recuperadas en Tamaulipas [...] y de estas más de las tres cuartas partes eran armas largas, lo que representa la mayor proporción de armas de este tipo recobradas en cualquier otro estado del país (este hecho refleja la predilección de los cárteles criminales hacia los rifles, particularmente los de asalto).
>
> El rescate de armas de manos criminales en Tamaulipas alcanzó su máximo esplendor en 2011, con un total de 10 mil 554 recuperadas. La mayor incautación de armas criminales durante el gobierno de Enrique Peña Nieto —sucesor de Calderón— ocurrió en abril de 2018, cuando las autoridades recuperaron en Nuevo Laredo 220 rifles de alto poder y 185 mil cartuchos útiles.

La CMDPDH también citó un estudio del Instituto Transfronterizo de la Universidad de San Diego, el cual documentó que, solo de 2010 a 2012, se vendieron en Estados Unidos unas 253 mil armas por año, con el fin de ser traficadas a México. A su vez, Receptor Abierto regó indicios para advertir que, por lo menos en ese operativo, 500 armas de alto poder y rifles estilo francotirador fueron vendidos en secreto y exportados ilegalmente a México, y que terminaron también en los arsenales de los cárteles de la droga.

Tras deslindarse Calderón del Operativo Rápido y Furioso alegando que «nada sabía [pues] fue un operativo secreto de Estados Unidos», la revista *Proceso* retomó lo dicho en uno de sus reportajes, publicado el 28 de septiembre de 2014:

> Según John Dodson, agente de la ATF, «el representante de la PGR (Carlos Fernando Luque Ordóñez) estuvo varias veces en las oficinas de la ATF, en Phoenix, Arizona, para ser informado e informar sobre el procedimiento de las operaciones Rápido y Furioso y Receptor Abierto» [...]
>
> Luque «incluso ayudaba en el desarrollo de estas operaciones con la notificación y respaldo, según decía, de sus jefes en la Ciudad de México» [...]

> Este personaje, a quien después del escándalo desatado por Rápido y Furioso se le perdió el rastro en Arizona, es hijo [...] de un jefe de inteligencia militar del sexenio de Ernesto Zedillo.

Cabe resaltar que Luque Ordóñez todavía labora en la institución y cuenta con una plaza de director general en el Centro Nacional de Planeación, Análisis e Información para el Combate a la Delincuencia.

A propósito del deslinde del tema García Luna y del que insiste que no supo nada, el exdirigente nacional panista Manuel Espino Barrientos se dirigió a Felipe Calderón el 4 de mayo de 2020 en su cuenta personal de Twitter: «NO TE CREO, cuando presidí la ODCA», dijo, refiriéndose a la Organización Demócrata Cristiana de América, «en diversos países sabían de los vínculos de tu flamante secretario de Seguridad con el crimen organizado. Fuiste cómplice o muy pendejo, no hay más. Te conozco tan bien que me quedo con la primera opción: cómplice».

«Rápido y Furioso: con la complicidad del gobierno de Calderón», la investigación de la Cancillería firmada por Fabián Medina —jefe de la oficina de Marcelo Ebrard Casaubón, secretario de Relaciones Exteriores— y que se publicó el 31 de mayo en el mismo semanario, precisó:

> No solo fue Rápido y Furioso. A partir de 2004 agencias de Estados Unidos realizaron otros siete operativos de «trasiego controlado» de miles de armas hacia México. La mayoría terminó en manos de cárteles de la droga y con ellas se cometieron múltiples homicidios. En al menos cuatro de estos operativos el Gobierno mexicano no solo fue informado, sino que cooperó... Y lo hizo al más alto nivel.

De acuerdo con la información de Medina, tomando como base informes sobre el Operativo Rápido y Furioso publicados por el Departamento de Justicia y el Congreso de Estados Unidos, «se puede afirmar que funcionarios del Gobierno de México sí participaron o estuvieron informados al menos en cuatro operativos: Gunrunner, Receptor

Abierto, Hernández y Rápido y Furioso, instrumentados por ATF desde Arizona».

Sobre Rápido y Furioso, en un reportaje publicado el domingo 21 de junio de 2020 por la revista *Proceso*, el periodista J. Jesús Esquivel advirtió que fue un «contrabando muy bien monitoreado», y que el entonces presidente mexicano siempre supo del tráfico ilegal de armamento a México, autorizado y supervisado por Estados Unidos.

El tema de las armas bélicas no es un asunto que deba pasarse por alto. En el estudio «Graves violaciones de derechos humanos…», la CMDPDH y Alto a las Armas / Stop us Arms to Mexico elaboraron una lista precisa sobre las armas y municiones de uso exclusivo del Ejército, Armada y Fuerza Aérea de México. La lista es completa:

a) Revólveres calibre .357 Magnum y los superiores a .38 Especial.
b) Pistolas calibre 9 mm, Parabellum, Luger y similares, las .38 Super y Comando, y las de calibres superiores.
c) Fusiles, mosquetones, carabinas y tercerolas en calibre .223, 7 mm, 7.62 mm y carabinas calibre .30 en todos sus modelos.
d) Pistolas, carabinas y fusiles con sistema de ráfaga, subametralladoras, metralletas y ametralladoras en todos sus calibres.
e) Escopetas con cañón de longitud inferior a 635 mm (25), las de calibre superior al 12 (.729 o 18.5 mm) y lanzagases, con excepción de los de uso industrial.
f) Municiones para las armas anteriores y cartuchos con artificios especiales, como trazadores, incendiarios, perforantes, fumígenos, expansivos, de gases y los cargados con postas superiores a 00 (.84 cm de diámetro) para escopeta.
g) Cañones, piezas de artillería, morteros y carros de combate con sus aditamentos, accesorios, proyectiles y municiones.
h) Proyectiles-cohete, torpedos, granadas, bombas, minas, cargas de profundidad, lanzallamas y similares, así como los aparatos, artificios y máquinas para su lanzamiento.

i) Bayonetas, sables y lanzas.
j) Navíos, submarinos, embarcaciones e hidroaviones para la guerra naval y su armamento.
k) Aeronaves de guerra y su armamento.
l) Artificios de guerra, gases y sustancias químicas de aplicación exclusivamente militar, y los ingenios diversos para su uso por las fuerzas armadas.

***

La inteligencia mexicana era una masa amorfa que también servía como refugio de delincuentes y escuela de criminales. Era campo fértil para ser manipulada por fuerzas extranjeras, sobre todo por parte de cuerpos experimentados y profesionales. La eficacia de los agentes estadounidenses ha registrado impactos espectaculares. Como blanco de sus primeros golpes militares, cuentan aquellos contra los presidentes argentinos Arturo Frondizi, en 1962, y Arturo Illia, en 1966; los asestados al dominicano Juan Bosch en 1963 y al ecuatoriano Carlos Arosamena en el mismo año. La penetración de la CIA afectó también las presidencias que corrían durante 1964 en Bolivia y Brasil, de Víctor Paz Estensoro y Joao Goulart, respectivamente. Además, ha tejido un montón de historias negras en América Latina y el Caribe, y fue fundamental para derrocar también los gobiernos de Salvador Allende (Chile), Manuel Antonio Noriega (Panamá), Jorge Ubico (Guatemala), Joao Goulart (Brasil), Rómulo Gallegos (Venezuela), Federico Chaves (Paraguay), Juan José Torres (Bolivia), Carlos Humberto Romero (El Salvador), Jean-Bertrand Aristide (Haití) y Manuel Zelaya (Honduras).

Ellos pusieron en marcha el gran operativo militar —en palabras precisas, la aparatosa invasión y ocupación de Panamá, que llamaron Causa Justa—, bajo las órdenes de Colin Powell, para derrocar, capturar y encarcelar al general Manuel Antonio Noriega el miércoles 20 de diciembre de 1989. Exagente de la CIA, Noriega fue enjuiciado por el delito de narcotráfico en una corte federal de Estados Unidos en Miami, creando un reflejo curioso del futuro García Luna.

Las raíces estadounidenses en México se remontan a varias décadas atrás. Para cuando el presidente mexicano Adolfo López Mateos externó su solidaridad con la Revolución cubana, la CIA no solo ya operaba en México, sino que financiaba su propio partido político: el Nacional Antisocialista, creado el 18 de marzo de 1960, en el aniversario de la expropiación petrolera.

La Dirección Federal de Seguridad, fundada en 1947 durante el sexenio de Miguel Alemán Valdés, trabajaba de manera congruente con los objetivos de las agencias de inteligencia estadounidenses. En 1983, esta organización se nutrió de los elementos que quedaron desamparados tras la desintegración de la DIPD, organismo al que pertenecían los policías que iniciaron a García Luna en la Romero Rubio.

Con los años, y de la mano de directores generales con negros historiales, como Miguel Nazar Haro, la DFS se consagraría como la primera gran escuela de los capos y de los modernos cárteles del narcotráfico. Su objetivo original era el de tener una policía política que protegiera al presidente y se infiltrara en todo tipo de sectores y organizaciones de la sociedad. No obstante, en la práctica se convirtió en un mal centro de policías secretos «entrenados» para hostigar y golpear a los políticos opositores y tratar de controlar a grupos criminales.

A partir de los años setenta los métodos de la DFS fueron más allá de las detenciones y la tortura. Ya no llevaban a la gente a las cárceles, simplemente ejecutaban a sus blancos en donde los encontraban. Su estrategia era influir en el ánimo de la gente a través de la tortura, derramamiento de sangre y terror. En esa época se hizo evidente su control de algunos sectores de la gran delincuencia, situación que luego la llevaría a convertirse en el Centro de Investigaciones y Seguridad Nacional

No es gratuito que a la CIA se le conozca como «el gobierno invisible» y no por nada sus agentes operan en México, lo mismo que personal encubierto de la DEA, la ATF y del FBI, que han cruzado libremente la frontera para evitar que la peligrosidad de México cause afectaciones de riesgo a su país. Así reclutaron a López Mateos, Gustavo Díaz Ordaz y Luis Echeverría Álvarez. Los tres fueron agentes no pagados de la agencia y todo apunta a que el calderonato, a través de García Luna, navegaba en esas aguas del colaboracionismo con las agencias policiales y de inteligencia de Estados Unidos.

***

En 2007, con el visto bueno de Calderón y su secretario de Seguridad Pública, el FBI operaba desde el corazón de la Procuraduría General de la República a través de Verint Technology Incorporation, empresa estadounidense contratada para escuchar las conversaciones, leer correos electrónicos, navegar en páginas web e intervenir las llamadas vía celular que, en cualquier parte de México, fueran consideradas de riesgo para la seguridad de ambos países.

A pesar de la grotesca discrecionalidad, el anuncio del contrato ganador, 5-INLEC-07-M-0002, se publicó el 23 de febrero de 2007 en el sitio web de la administración pública de Estados Unidos, Oportunidades Federales de Negocios (FBO, según sus siglas en inglés), donde se licitaban y adjudicaban contratos de gobierno de aquel país bajo la presidencia de George W. Bush. Este sistema nacional de intercepción de comunicaciones presupuestó un costo base de 2 millones 963 mil dólares.

«Esta acción preventiva es llevada a cabo para establecer una solución de intercepción dentro del marco de la ley que provea al Gobierno de México, a la PGR y a la Agencia Federal de Investigaciones la capacidad de analizar y utilizar información proveniente de cualquier sistema de comunicación que opere en México», de acuerdo con un fragmento de la licitación que encontró el periodista Luis Guillermo Hernández.

Si los escándalos ocasionados por WikiLeaks obligaron al Pentágono a reforzar su Comando del Espacio Cibernético, cuya sede se encuentra en Fort Meade, la respuesta del calderonato fue la creación de su Centro de Inteligencia de la Plataforma México o centro nacional de inteligencia criminal, el cual se encontró disponible apenas para el uso personal de García Luna. Era la Secretaría de Seguridad Pública un hervidero de intrigas y sospechas dirigido por mafiosos al servicio de los gringos.

En este punto, un cable de WikiLeaks, firmado por el embajador estadounidense Antonio Garza y entregado al periódico *La Jornada*, se preguntó qué podía hacer la tecnología para combatir la corrupción cuando un oficial del Estado Mayor Presidencial, el cuerpo de élite responsable de resguardar a la familia presidencial, había entregado a un cártel de las drogas el expediente médico de Calderón.

El cable, precisó el rotativo en su edición del 21 de febrero de 2011

> fue redactado con motivo de la detención del mayor Arturo González Rodríguez [...] en los últimos días de 2008. El arresto representa la más grave violación de la seguridad hasta la fecha, pero no es sorprendente si se considera que funcionarios civiles —con altas responsabilidades en el combate al narcotráfico— han sido acusados de corrupción en los últimos seis meses.
>
> La revelación de que González estaba proporcionando información y materiales al cártel de Arturo Beltrán Leyva representa un doble golpe para el Gobierno de México. En primer lugar, el hecho de que un miembro de una unidad del ejército encargada de la protección del presidente estaba pasando información sobre los movimientos presidenciales a los cárteles expone un hueco en la seguridad de Calderón. Si bien no se sabe a qué información específica tuvo acceso González, o los detalles exactos que pasaba a los cárteles, se trata de una falla importante en la seguridad.
>
> El segundo punto, que para el diplomático estadounidense resulta desconcertante, es que González aparentemente había estado en la nómina del cártel desde 2005, tiempo durante el cual tuvo distintos cargos en el gobierno. Conforme cambiaba de funciones, lo mantuvieron como un «activo» del cártel, y la naturaleza de su involucramiento con los cárteles

cambió. Es muy probable que entregó información acerca de otros departamentos del Ejército (no solo del EMP) a lo largo de su relación de tres años con los cárteles.

Esto no solo demostró el fracaso de la guerra contra el narcotráfico a causa de la colaboración interna con los cárteles, sino el conocimiento pleno que tenían los estadounidenses sobre lo que sucedía en el país. A causa de esto, perdían confianza en su aliado fronterizo. Se ponía en peligro una historia larga de intervención extranjera. Desde tiempos de George Washington, los US Marshals han tenido incidencia en territorio nacional. La madrugada del 9 de enero de 2007, como parte de las labores de inteligencia de la US Marshals, se logró extraditar a Estados Unidos a Jorge Arroyo García, alias Armando Arroyo, uno de los 10 delincuentes más buscados por esa corporación. Acusado del asesinato del alguacil David March en abril de 2002, Arroyo fue enviado a la cárcel del condado de Orange, en California.

Esto servía para reafirmar un pacto entre las dos naciones, uno que justificaba 63 extradiciones el año anterior. La captura se la adjudicaron elementos de la AFI de García Luna, pero el embajador estadounidense Antonio O. Garza les quitó el gusto mediante un comunicado de prensa:

> Esta detención fue el resultado de la constante investigación y la estrecha cooperación entre el Servicio de Alguaciles de Estados Unidos (US Marshal Service) y la AFI. Reconocemos profundamente estos esfuerzos conjuntos. Este caso prueba que los criminales no pueden escapar de la justicia cruzando al otro lado de la frontera y demuestra el compromiso en ambos lados para aprehender y enjuiciar a los prófugos de la justicia.

En otras palabras, la ubicación y captura de Arroyo —fugitivo desde 2002— fue posible gracias a las labores de inteligencia estadounidense y a su acceso libre en territorio nacional. La AFI solo fue el brazo ejecutor.

El 6 de marzo de 2007 se conoció un informe del Departamento de Justicia de Estados Unidos, fechado el 5 de septiembre de 2006, que confirmó las operaciones de una oficina especial de investigación y lucha antiterrorista del FBI en México, cuya existencia siempre había sido negada por las autoridades mexicanas. Estaba ubicada en la embajada, en pleno Paseo de la Reforma.

Quedaba claro que México, para Calderón, aceptaba plenamente continuar e incluso reforzar el acuerdo de «Frontera Inteligente» con Estados Unidos.

El 21 de marzo de 2001 el gobierno de Vicente Fox firmó con el Gobierno estadounidense el acuerdo de 22 puntos para una «Frontera Inteligente». El octavo capítulo de dicho tratado fue denominado información adelantada de pasajeros en los vuelos entre los dos países y otros, y determinaba que las líneas aéreas que llegaran de México a Estados Unidos debían enviar la información vía electrónica a más tardar 15 minutos después de que hubiera despegado el avión. Así, las autoridades estadounidenses podrían verificar la información en los bancos de datos de sus agencias de seguridad e inteligencia, antes de que el avión llegara a su territorio.

El 7 de marzo de 2006 Roberto Madrazo Pintado, entonces candidato del PRI a la presidencia de la República, acusó a los gobiernos panistas de Fox y Calderón de permitir a Estados Unidos instalar centros de espionaje en México. Según el excandidato, exgobernador y exlíder nacional priista, Fox otorgó un permiso para que el Departamento de Estado interviniera teléfonos de 240 mil mexicanos. En una gira proselitista por Morelia, sostuvo que el espionaje a los opositores políticos se hacía desde Washington.

* * *

Tres años después de la bomba Verint Technology Incorporation, la revista *Proceso* desató una nueva polémica sobre el intervencionismo estadounidense. En su número del 14 de noviembre de 2010 reveló cómo, desde el foxismo, comenzaron las negociaciones para que el Pentágono trabajara abiertamente con sus agentes en territorio nacional, incluso al interior de las dependencias federales.

En los hechos, y pese al rechazo de la Secretaría de la Defensa Nacional, personal de nueve instituciones de espionaje del vecino país llegarían a operar al amparo de los contactos, relaciones y enlaces de García Luna. El centro de operaciones de la llamada Oficina Binacional de Inteligencia (OBI) se encontraba en el corazón de la Ciudad de México. Y de binacional solo tenía los lugares de origen y el de operaciones, porque en ella únicamente laboraba personal de Estados Unidos.

> Con el gobierno de Calderón, Estados Unidos logró lo que siempre ambicionó: establecer en la Ciudad de México un centro de espionaje. Y fue el ascenso del narcotráfico el que abrió la puerta a todas las agencias de inteligencia estadounidenses, predominantemente militares, para que operen desde el Distrito Federal sin necesidad de encubrir a sus agentes como diplomáticos.

Pese al rechazo de las Fuerzas Armadas para que esta oficina se estableciera en México, el director del Cisen, Guillermo Valdés Castellanos, no dejó de trabajar, durante lapsos entre los dos sexenios, en la puesta en marcha de la OBI. Incluso, previo a formalizarse la existencia de la citada oficina —agosto de 2010—, el Departamento de Defensa de Estados Unidos comenzó a reforzar —en enero de 2009— la capacitación que en materia de inteligencia ya brindaba a efectivos de la milicia mexicana. Varios militares recibieron esta preparación en bases estadounidenses.

Con la OBI se dio luz verde para que el trabajo de las dependencias y funcionarios mexicanos fuera supervisado, vigilado y calificado por ojos extranjeros. Las dependencias mexicanas integradas a la OBI eran el Cisen, la PGR y la SSP, subordinadas a los servicios de seguridad e inteligencia de Estados Unidos, pero bajo la supervisión de García Luna.

Otra oficina de inteligencia estadounidense que tenía injerencia en México desde 1974 y que había tenido notables triunfos era el Centro de Inteligencia de El Paso (EPIC, por sus siglas en inglés), cuyo funcionamiento se limitaba a la frontera entre ambos países y operaba contra el narcotráfico, el tráfico de armas y otras formas de delincuencia organizada.

Entre los éxitos del EPIC destacaban la Operación Tigre Blanco en 1997 con la que se investigaron las actividades de la acaudalada familia Hank Rhon, así como la captura y extradición, en 1996, del cabecilla del Cártel del Golfo, Juan García Ábrego. En 1998, el EPIC descubrió en una de sus incursiones a México las narcofosas de Ciudad Juárez, Chihuahua.

Las discrecionalidades, la falta de seriedad, el tableteo permanente de las armas y ríos de sangre representaron el broche de oro con que el calderonato culminó sus programas de combate a la delincuencia organizada. Las inversiones económicas en la creación de «nuevos mecanismos de inteligencia», principalmente contra el narcotráfico, fueron fallidas y onerosas, mientras el trabajo eficaz fue realizado por las agencias de Estados Unidos en México.

El miércoles 4 de mayo de 2011, en el marco de la convocatoria de una marcha silenciosa por la paz que partiría de Cuernavaca al Distrito Federal, el escritor Javier Sicilia lo puso de la siguiente manera: en el país se vive una «guerra de mexicanos contra mexicanos». Padre de Juan Francisco Sicilia Ortega, víctima de un *levantón* y asesinato el 27 de marzo de ese año junto con otros seis jóvenes, alertó que los ciudadanos quedábamos en medio de esta guerra entre el crimen organizado y el Ejército, como «carne de cañón». Terminado el gobierno de Felipe Calderón el 30 de noviembre de 2012, había un saldo incontable de miedo, muertos, desaparecidos, fosas clandestinas, psicosis, sangre corriendo por todo el país, además de un Sistema Único de Información Criminal sumergido en el escándalo y García Luna haciendo preparativos para autoexiliarse en Miami. Sicilia exigió en 2011 la renuncia de García Luna… y este se fue a su modo, a un exilio entre lujos, con la mente puesta en el futuro que se le abría en el sector privado y con el sol de Florida bronceándole la piel. Pero, a pesar de su salida aparentemente airosa, dejó en el camino pistas de un complejo y turbio rompecabezas que les daba sentido a miles de muertes y a una larga estela de corrupción policial. Era cuestión de tiempo para que alguien armara las piezas y facilitara una acusación para presentar a Genaro ante una corte.

13
LOS ARREGLOS CON EL NARCO

«Oye, ese perrito está chingón, ¿verdad? Pónganmelo para llevar».

> Yo le dije que era un bebé. [...] esos pinches perros son bien caros. Y me dice [...] «pónganmelo para llevar». Y yo le dije que qué le parecía si mejor le ponía al león [enjaulado] que estaba allá atrás. Y nos empezamos a reír todos. [En eso], el comisionado nos interrumpe y nos dice: «Ni para ti ni para nadie, pero para mí sí, así que ordena al comandante que tengas a la mano y que se lo entregue al comandante Édgar Valdez para que me lo suban a la camioneta».

Esto es en parte entrevista, extractos de un diálogo y fragmentos de una declaración ministerial aparentemente inconexos entre agentes federales, testigos protegidos y altos mandos de la Policía Federal que consignan la toca 11/2008 en el Quinto Tribunal Unitario del Primer Circuito de la demanda de un juicio de amparo. Fue, a su vez, el detonante para la averiguación previa PGR/SIEDO/UEIDO/347/2008 y para el juicio que le siguió. Todo a causa de un operativo la madrugada del 18 de octubre de 2008 para capturar al capo colombiano Harold Mauricio Poveda Ortega. Se trataba de un personaje cuyos ingresos mensuales rayaban los 40 millones de dólares y que fungía como principal abastecedor de cocaína del Cártel de los Beltrán Leyva.

El operativo policial interrumpió una pomposa fiesta que el narcotraficante sudamericano ofrecía para celebrar el cumpleaños de Juliana, su novia, con quien mantenía una relación desde hacía ya tres años. El escenario fue la mansión que había levantado en el número 4 de la calle Temascatitla de Santa Rosa Xochiac, en las cercanías al parque ecológico del Desierto de los Leones, en la Ciudad de México. El capo solía ofrecer en ese lugar bacanales de glamour y ostentación a clientes, distribuidores y familiares y, ocasionalmente, a los altos mandos de la Secretaría de Seguridad Pública.

Aquel perrito «chingón» era un cachorro bulldog inglés de 25 mil pesos, propiedad de Poveda. Podemos imaginar a los agentes encandilando con sus linternas a los enfiestados. Las drogas, los tragos lujosos y las decenas de mujeres colombianas, que en otras horas ejercían como parte de una red de prostitución, se ven de repente envueltos en la atmósfera tensa de una redada. Pero no uso la palabra *imaginar* por accidente, pues, como muchas escenas del crimen y de la policía en México, esta alberga demasiada neblina.

Envuelto en una sábana, el cachorro terminará en el asiento trasero de una camioneta de los agentes. Se levantan actas de cada uno de los decomisos: drogas, armas y, por supuesto, dinero. Los asistentes de la fiesta son tratados con amabilidad, se les informa sobre sus derechos e incluso uno de los policías ofrece una chamarra a una de las chicas colombianas que tirita por el frío de la madrugada. El equipo demuestra un profesionalismo envidiable, parecido al que se observa en las series de televisión estadounidenses. Policías justos, ecuánimes, como si fuesen monjes al servicio del poder judicial. Pero la imagen se difumina frente a nuestros ojos hasta desaparecer y la realidad aterriza con su peso oscuro. Esto no es un guion de serie policiaca, esto es México, el país que lleva años ahogándose en un pantano de corrupción, crimen organizado, ejecuciones e hilos invisibles.

La maquinación de mentiras para esconder aquellas horas frías del 18 de octubre de 2008 dio resultado casi de inmediato: 500 mil dólares, guardados en dos bolsas con estampados del parque de diversiones Disneyland y recogidas por agentes federales, se esfumaron como humo, al igual que documentos confidenciales con la información sobre las rutas del narcotráfico, esquemas del lavado de dinero, identidad de clientes, contactos y operadores en Colombia y Europa, nóminas de sobornos a policías federales y documentos sobre las propiedades de aquel criminal y sus cómplices colombianos en el acaudalado distrito comercial de Santa Fe.

El perrito «chingón» no era el único animal de la mansión: en la parte trasera de la propiedad se encontraban dos tigres siberianos, dos leones, una pantera y un hipopótamo, los cuales formaban parte de un minizoológico que se construía en honor al extinto narco colombiano Pablo Escobar Gaviria —el Patrón del Mal y todavía el capo más conocido del mundo—. Además de los animales, los automóviles de lujo, armas de fuego y 210 mil dólares en billetes de uno y de 20 regados en el piso de la sala serían entregados a las autoridades judiciales para justificar el improvisado y catastrófico operativo de captura de Poveda Ortega.

Después de la violenta toma de la mansión y tras haber sometido al personal de mantenimiento, cocinero, meseras e invitados, hubo una serie de confusiones porque, a pesar del reconocimiento de los 210 mil dólares, solo aparecían 30 mil; es decir, alguien —y ese alguien no era otro que un agente federal, un comandante o un alto mando de la Secretaría de Seguridad Pública— se apropió a ojos vistas de los 180 mil faltantes. Se había llegado a un arreglo para que el dinero quedara como elemento de prueba para satisfacer a los agentes de la DEA que, creían, le pisaban los talones al capo colombiano. Fue tan burda la maniobra que, finalmente, los 180 mil dólares aparecieron y se sumaron al paquete de evidencias.

El operativo de esa madrugada parecía escena de una comedia de enredos, de aquellas repletas de chistes fáciles a costa de la torpeza de personajes inverosímiles. Esta realidad absurda estaba lejos de retratar la que se pretendía mostrar al público mexicano. Tensión y admiración eran las emociones que se buscaban, no risa burlona.

***

Trajeados, la vista fija en las computadoras equipadas con los programas de investigación más avanzados, las corbatas inmaculadas, la honestidad e integridad reflejadas en el vestir: estos eran los guardianes del orden, la peor pesadilla de los criminales. Gracias a la generosidad de los recursos públicos, García Luna y sus muchachos fueron retratados de esta manera en una serie de televisión bajo el nombre de *El equipo*, transmisión que buscaba exaltar y posicionar entre el electorado mexicano los valores e imagen política del poderoso secretario de Seguridad Pública y la de los cuerpos de élite de su Policía Federal científica.

El lunes 9 de mayo de 2011, en el horario estelar de las 22:00 horas, Televisa —propiedad de Emilio Azcárraga Jean— estrenó *El equipo*, una serie de ficción escrita por Luis Felipe Ybarra y producida por Pedro Torres Castilla. Su único objetivo parecía ser elogiar el valor, la honestidad y el trabajo de la SSP y su titular. En su planeación participó Alejandra Sota Mirafuentes, directora de Comunicación Social de la Presidencia de la República, cuya inclusión mostraba el respaldo presidencial. El gasto de la serie rondaba los 120 millones de pesos.

El presidente de la Comisión de Participación Ciudadana e integrante de la Comisión de Seguridad Pública de la Cámara de Diputados, Arturo Santana Alfaro, alertó entonces que la transmisión de *El equipo* tendría consecuencias legales si en algunas escenas se daban claves o enviaban mensajes cifrados a los cárteles de la droga y, en forma descarada, se trataba de posicionar y lanzar la imagen política partidista de Genaro García Luna a casi un año de los comicios presidenciales que se realizarían en 2012.

El uso del equipo y armamento de cargo del Grupo Especial de Combate al Crimen Organizado (Grecco) fue abierto, pero, además, se autorizó que personal de la dependencia participara como extra y las grabaciones se hicieran en las instalaciones del Centro de Mando de la Policía Federal en la alcaldía Iztapalapa y en el búnker subterráneo, sede del Centro de Inteligencia Plataforma México. Iniciaba así, de cierto modo, la «precampaña» del hombre duro que necesitaba el país.

En su edición de la segunda semana de mayo de 2011, la revista *Proceso* publicó «La telefarsa de García Luna», un reportaje en el que precisó:

> Acostumbrado a las «recreaciones» televisivas de detenciones de presuntos secuestradores [...] o a transformar la captura de capos del narcotráfico en *reality shows* —como con Édgar Valdez Villarreal, la Barbie— [...] García Luna inauguró el género del infomercial telenovelero con su apoyo financiero a la serie *El equipo* [...]
>
> [...] El eslogan de *El equipo* —eje de la campaña Policía Federal, héroes anónimos ideada por el propio García Luna— no deja lugar a dudas de que se trata de una producción para documentar la versión heroica que Felipe Calderón y Genaro García Luna quisieran que prevaleciera en la guerra contra el crimen organizado: ellos saben que el bien vence al mal.

El sueño televisivo de Calderón, el cual confesaría al mostrar su admiración a la serie *24* y su protagonista Jack Bauer, por fin se vio realizado. Ahora, la imagen policiaca de su guerra contra el narcotráfico era literalmente material de serie de acción televisada. Solo que ahora, el agente antiterrorista sería estelarizado por el secretario de Seguridad Pública, Genaro García Luna.

Los tonos de la serie eran luminosos, se evitaban las sombras, los grises y negros en las escenas donde aparecían los agentes, los protagonistas heroicos. Esa luz era intencional y también un contraste directo con el reino de túneles oscuros sobre el que gobernaba el topo, ese animal tan acostumbrado a las penumbras que enceguece en contacto con la realidad exterior.

El montaje tenía como objetivo enaltecer y vanagloriar al ya neopanista García Luna, quien, para acercar a la realidad sus sueños de candidatura a la presidencia, les llenó los bolsillos a varios personajes, principalmente a los pertenecientes a medios de comunicación. Consiguió que varios periodistas influyentes como Carlos Loret de Mola presentaran «en vivo» el montaje televisivo —«escenificación ajena a la realidad», la llamaría el ministro Arturo Zaldívar Lelo de Larrea— de un operativo especial en diciembre de 2005 en el rancho Las Chinitas, al sur de la Ciudad de México, que dio como resultado la supuesta captura de los «secuestradores» Israel Vallarta Cisneros y Florence Marie Louise Cassez Crépin, mejor conocida como Florence Cassez.

En mayo de 2009 se complementaría la farsa de la «captura» de Cassez e Israel. Dos sobrinos de Israel —Alejandro y Juan Carlos Vallarta— fueron detenidos, acusados de pertenecer a la banda de los Zodiaco y sometidos a violentas sesiones de tortura para inculparse como secuestradores y apuntar a Cassez y Vallarta como cabecillas del grupo criminal que supuestamente había tomado forma en 2001. No obstante, desde febrero de 2006 el mismo García Luna había aceptado que la captura de Israel y Florence había sido una farsa solicitada por los medios de comunicación, y esa declaración exhibió de nueva cuenta a Loret. Tras este suceso, García Luna se ganó el apodo del Guionista.

Aprovechando que no había candidatos fuertes para el PAN en la siguiente elección, Genaro buscaba encontrar aliados (o más bien empleados) en los comunicadores llamados «ilustrados». Entre estos «ilustrados», se rumora que figuraban: Ciro Gómez Leyva, Joaquín López Dóriga, Óscar Mario Beteta, Ricardo Alemán y Pablo Hiriart Le Bert, quienes históricamente habían decantado por el PRI y luego apoyado a las dos administraciones del PAN vía generosos recursos publicitarios. También trascendió que la lista incluía a otros comunicadores como Jorge Fernández Menéndez, Juan Ruiz Healy, Carlos Marín, Adela Micha, Luis Soto, Pedro Ferriz de Con, Leonardo Curzio —quien, se comentaba, laboraba en el Cisen y daba clases en la Escuela de Inteligencia—, y Raymundo Rivapalacio, considerado supuestamente internamente la voz periodística no oficial de García Luna, al utilizar la información que le enviaba a través de algunos agentes de élite designados para que la publicara como exclusiva.

Con Televisa y TV Azteca no anticipaba problema ninguno. Al finalizar su sexenio, Calderón había destinado a los medios 38 mil 725 millones de pesos: 22 mil 550 millones a los electrónicos (cadenas televisoras y estaciones de radio), de los que la primera empresa acaparó 25% o 5 mil 649 millones 315 mil pesos, contra 4 mil 45 millones 463 mil pesos de la segunda. Los recursos gubernamentales no eran otra cosa sino autopromoción política personal. No tendría problemas para alcanzar ciertos acuerdos o pausas publicitarias con periódicos «nacionales» de la Ciudad de México: *El Universal*, de Juan Francisco Ealy Ortiz; *Reforma*, de la familia regiomontana Junco de la Vega González, que se decantaba por un proyecto político-económico conservador, y *La Jornada*, un diario al que equivocadamente percibían como maleable por necesidad de recursos.

García Luna se promovió, «sedujo» y se hizo también del apoyo de algunos activistas de organizaciones civiles. Fue ese el caso de Alto al Secuestro, propiedad de la empresaria de anuncios espectaculares Isabel Miranda de Wallace, una activista antisecuestros y consentida de García Luna, a quien se responsabiliza de tráfico de influencias, falsificación de identidad y de documentos, fabricación y siembra de pruebas, así como de manipulación al sistema de justicia e invención del secuestro de su hijo. El impulso político y el opaco financiamiento que le dieron su amigo el superpolicía y el jefe de este, el presidente Calderón, la encumbraron hasta hacerla, de la nada, candidata del PAN a la Jefatura de Gobierno de la Ciudad de México e invitada regular o permanente del Consejo Nacional de Seguridad Pública.

Otra alianza fue con Ciudadanos por una Causa Común, de María Elena Morera Mitre, quien llegó a recibir el título de «madrina» de los AFI, hasta erigirse en la escena pública nacional y convertirse en un referente en temas de seguridad para todos los medios de comunicación. El 8 de marzo de 2007, cuando Genaro presentó su estrategia contra las organizaciones criminales, se hizo acompañar por los presidentes de las comisiones de Seguridad de la Cámara de Diputados y del Senado, Rodrigo Medina de la Cruz (del PRI), y Ulises Ramírez Núñez (del PAN), el gobernador de Sonora y empresario José Eduardo Robinson Bours Castelo, y la presidenta de la asociación civil México Unido contra la Delincuencia, María Elena Morera.

En enero de 2009 el periódico *La Jornada* reportó que la Secretaría de Seguridad Pública entregó a México Unido contra la Delincuencia 4 millones 256 mil 916 pesos en donativos. Y cuatro años después, en enero de 2013, el diario *Reporte Índigo* documentó que la organización que presidía Morera había sido la única beneficiaria de la Iniciativa Mérida.

En febrero de 2020, en un amplio artículo para *Los Ángeles Press* titulado «Calderón, García Luna y la señora Wallace: oscura alianza que masacró a México», Erick Machuca Yáñez señaló que Morera Mitre guardó silencio respecto a la meteórica carrera de su hijo Juan Pablo Galindo Morera al lado de García Luna, a quien enfáticamente llamó amigo en el prólogo de un libro del exsecretario. Incisivo, Machuca advirtió que tampoco debía dejarse de lado el tema del empresario Alejandro Martí, a quien García Luna facilitó recursos y culpables fabricados, lo mismo que a Eduardo Gallo, para simular que los casos de secuestro y asesinato de sus respectivos hijos habían sido resueltos. Más grave es «el caso de Gallo, a quien le permitió y le ayudó para que ejerciera su venganza personal a costa de la vida de seis personas, entre estas un menor de 4 años».

Con los medios de comunicación y las asociaciones civiles de su lado como influyentes aliados e incluso amigos, García Luna comenzaba a armar, o bien comprar, la fuerza que lo posicionaría como un serio contendiente a la presidencia. Sin embargo, el destino, como quiera, le jugó una mala pasada y torció sus planes. El engaño que representaba la serie televisiva *El equipo* desde su concepción y producción no resistió el análisis, las denuncias públicas, los cuestionamientos políticos ni la guerra por las audiencias de la televisión mexicana. Por su fracaso en el *rating*, la serie sucumbió abruptamente y aplastó, cualesquiera que hayan sido, las ambiciones políticas, partidistas, electorales y burocráticas de García Luna. Devastado porque los resultados catastróficos de *El equipo* desnudaban sus limitaciones políticas y de comunicación frente a las masas o audiencias, el secretario empezó entonces a vislumbrar su huida de México.

La serie, con la imagen de fuerza y aptitud que pretendía mostrar, fue un acto fallido. Parecía que la narrativa imperante era la de la comedia de enredos, y la vista estaba en la supuesta captura de la madrugada del 18 de octubre de 2008, durante la que se pretendía arrestar a un capo colombiano. El agente le habría pedido a Poveda que entrara a la camioneta con cuidado, para que no se fuera golpear la cabeza. Una vez adentro, el capo podría ir arrepintiéndose de sus decisiones de vida, del dinero mal habido y de las personas a las que lastimó por ello. En lugar de eso, fue un perrito «chingón» el que, envuelto en una sábana, entró a la camioneta, y el agente reía mientras recibía lengüetazos en la mano que acariciaba al can. Al parecer los agentes se habían equivocado, pues en lugar de un conejo capturaron a un perro. Al pueblo de México, sediento de justicia y harto de corrupción y negligencia policial, le vendieron perro por liebre.

* * *

Mejor conocido por su alias del Conejo —después le impondrían los de Flaco Poveda, Conejo de la mafia mexicana y Jonder, Antonio Nieves Monsalve—, el chaparrito de no más de 1.65 metros de estatura, simpático, delgado y de cabello ondulado oscuro, Harold Mauricio Poveda Ortega llegó a México a principios de la década de los noventa —algunos de sus cómplices y su padre afirmaron que fue en 1990, y él aseguraba que fue en 1993—. A los 18 años de edad y amenazado de muerte en su país, había hecho contactos con el Cártel de Sinaloa a través de personajes que lo acercaron poco a poco al sanguinario capo sinaloense Marcos Arturo Beltrán Leyva, el Barbas, también llamado Jefe de Jefes, la Muerte o el Botas Blancas. Por entonces, tanto él como sus despiadados hermanos Héctor —o Mario Alberto, el temible H y quien heredaría de Arturo el alias de la Muerte—, Alfredo y Carlos delinquían y asesinaban en alianza con su paisano y pariente lejano Joaquín *el Chapo* Guzmán y con el Cártel de Sinaloa; dentro del grupo, también se incluía al primo Iván Beltrán Villarreal. Sin embargo, habían tejido otras alianzas como sicarios y transportistas de drogas al servicio del Cártel de Juárez, liderado por Amado Carrillo Fuentes, el Señor de los Cielos.

Para 1997 había escalado y ya era conocido entre personajes del Cártel de Sinaloa, hasta que ese año y el siguiente Gerardo Álvarez Vázquez, el Indio, lo familiarizó con el círculo íntimo de Arturo Beltrán Leyva. Ese chaparrito colombiano de buena pinta tenía la capacidad de movilizar hasta dos toneladas mensuales de cocaína y entregarla en suelo mexicano gracias a sus conexiones con un cártel mayor de Colombia: el del Valle del Cauca. El Conejo Poveda y el Barbas, los dos ambiciosos, congeniaron de inmediato. Se tenían que encontrar y se encontraron.

Para entender a México como país, e incluso a los mexicanos como pueblo, es necesario revisar, por desgracia, la historia del crimen organizado. En estas tierras, el narcotráfico no es algo colateral o circunstancial, sino la base para la forma en que se gestiona la economía, las leyes, las elecciones, el comercio y quizá también la cultura misma. Esto lo sabía Genaro García Luna; por ello negoció con el crimen organizado, por eso no se limitó a perseguir algunos cárteles y prefirió tejer alianzas poderosas. No es tanto «el que no tranza no avanza» sino «el que no pacta no avanza». Se infiltró y escarbó túneles que iban del poder judicial al poder del narcotráfico. Para terminar de aclarar su imagen, su figura como ser humano, es necesario adentrarnos en la genealogía de los cárteles, en ese árbol sin hojas, de tronco de carbón, requemado y siniestro, que se riega con la sangre de niñas, niños, mujeres, hombres, ancianas y ancianos, con la sangre de mexicanos, y en cuyo tronco están grabados los nombres de los infinitos desaparecidos. Este árbol, a su vez, explica la conexión que entabló Poveda con los cárteles más poderosos de México.

***

Los vínculos de los Beltrán Leyva con los grupos criminales del narcotráfico podían rastrearse hasta Badiraguato, su tierra natal y la del Chapo Guzmán, ciudad donde fungían como brazo armado al servicio del Cártel de Sinaloa; no obstante, su aprendizaje en el oficio del sicariato —sinónimo de torturar, ejecutar y desaparecer en nombre del crimen organizado— se remontaba al histórico Cártel de Guadalajara, aquel fundado por el Vampiro Miguel Ángel Félix Gallardo, Rafael Caro Quintero, el Narco de Narcos, y Ernesto Fonseca Carrillo, Don Neto, sinaloenses los tres.

Allí, al lado del brutal Amado Carrillo, sobrino predilecto de Don Neto, los Beltrán Leyva conocieron a importantes criminales: algunos eran negociadores impunes y escurridizos como Juan José Esparragoza Moreno, el Azul; otros, crueles y de bajo perfil, «invisibles», como Ismael *el Mayo* Zambada García, cuya carrera criminal había empezado a los 16 años de edad en su pueblo natal, El Álamo, en Sinaloa.

Llegado el momento, la alianza de los Beltrán Leyva con el Chapo y el Cártel de Sinaloa se había forjado. Alfredo Beltrán Leyva se casó con una prima de Joaquín Guzmán. Este a su vez contraería nupcias, aunque fuera solo de palabra y promesa, con Emma Coronel Aispuro, sobrina del capo Ignacio Coronel Villarreal, mejor conocido por sus sobrenombres de Nacho Coronel, Don Nacho o el Rey del Cristal, y cuya cabeza tenía para las autoridades de México y Estados Unidos un precio superior a siete millones de dólares. Por su parte, el casi invisible Esparragoza Moreno, discreto negociador del narco conocido como el Azul, haría vida matrimonial con las sinaloenses María Guadalupe Gastelum Payán y (Gloria) Ofelia Monzón Araujo, cuñada del Chapo.

El Azul había forjado un compadrazgo con Carrillo Fuentes al apadrinar el bautizo de un hijo y entablaría esa misma relación con el Mayo Zambada —cuya carrera delictiva puede rastrearse hasta Miguel Ángel Félix Gallardo—, quien también iría por la senda del narco escudado en otros alias: el del Sombrero, el M Grande, el Padrino o el Quinto Mes.

La unión matrimonial de Juan José Esparragoza Monzón —hijo del Azul y Ofelia Monzón— con Gloria Beltrán Leyva, la única hermana visible de los Beltrán Leyva, así como la relación sentimental de Patricia Guzmán Núñez, la Patrona —hija de Ernesto Guzmán Hidalgo, medio hermano de Emilio Guzmán Bustillos, padre del Chapo y, por lo tanto, prima del capo— con Alfredo Beltrán Leyva, el Mochomo, robustecía esa creencia en las alianzas familiares a través de la religión.

Al margen, el Barbas había concentrado el poder familiar para tomar en sus manos los llamados negocios criminales. Se quedó con el manejo del tráfico de drogas —heroína, mariguana, cocaína y metanfetaminas— a Estados Unidos. Bien conocida sería la crueldad de su hermano Héctor, el H, el Empresario o el Ingeniero, responsable del área financiera, de las trampas, de los embustes y de negociar con los altos mandos de la Policía Federal, del Ejército y con funcionarios del gobierno.

Héctor, un criminal discreto hasta la muerte de su hermano el Barbas el 16 de diciembre de 2009, no fue nunca un actor menor. Persisten las versiones de que él fue responsable de introducir en el negocio del narcotráfico al Chapo Guzmán, aunque este crecería desmesuradamente al lado de su «compadre», el temible y sanguinario Güero Palma Salazar; al final, ambos terminarían por separarse de la tutela del Vampiro para dar forma al Cártel de Sinaloa.

Violento, sanguinario y enemigo acérrimo de los Arellano Félix, causa a la que se unió el Chapo, Palma Salazar fue detenido en 1995 en una casa de seguridad en Zapopan, Jalisco, donde convalecía de lesiones que le había dejado el desplome de una aeronave —una avioneta Learjet— en Nayarit, cuando se dirigía a una boda en Toluca. Fue extraditado a Estados Unidos en 2007, y después liberado en junio de 2016 por buen comportamiento.

Como el Chapo, Palma Salazar formó parte del Cártel de Guadalajara hasta que traicionó a Miguel Ángel Félix Gallardo al robarle un cargamento de 300 kilogramos de cocaína. Esa deslealtad cambiaría para siempre los códigos de conducta de los narcotraficantes mexicanos, los cuales prohibían agredir a las esposas, los hijos y los padres. La familia se convertiría en el blanco para cobrar venganza mediante el secuestro, la tortura y el asesinato.

Después del robo de la droga, el Vampiro reclutó a un desalmado y sádico sicario-gigoló venezolano, conocido bajo el nombre de Enrique Rafael Clavel Moreno, quien tendría la tarea de seducir a Guadalupe Leija

Serrano, esposa del Güero Palma. Tras cumplir su objetivo, la convenció de huir con sus dos hijos a Estados Unidos, donde vaciaron algunas cuentas bancarias por dos millones de dólares. Otra versión, sin embargo, advierte que fueron siete millones.

En 1989, en San Diego, California, con millones de dólares en la bolsa, Clavel Moreno decapitó a Guadalupe Leija. El Vampiro envió al Güero Palma por paquetería, en una hielera, la cabeza aún sangrante de su mujer; posteriormente ordenó asesinar a los dos hijos de Guadalupe y el Güero, lanzándolos desde el Puente de la Concordia, en San Cristóbal, Venezuela.

Unido al Chapo Guzmán, con quien formó una estrecha amistad, Palma Salazar puso en marcha un plan para asesinar, primero a Clavel, y luego al Vampiro y a sus familiares cercanos: los Arellano Félix, el Cártel de Tijuana. No obstante, fue incapaz de cumplir su objetivo debido a que fue capturado y recluido en un penal de máxima seguridad.

La caída de Félix Gallardo y la desaparición del Cártel de Guadalajara fortalecería al casi centenario Cártel de Juárez con Pablo Acosta Villarreal —quien en Ojinaga, Chihuahua, recibiría como alumnos a tres sobrinos de su amigo Don Neto: Amado, Cipriano y Vicente Carrillo Fuentes—, Rafael Aguilar Guajardo, Rafael Muñoz Talavera y Gilberto Ontiveros Lucero. Tomaría forma el Cártel de Tijuana, encabezado por los hermanos Arellano Félix, y surgiría el Cártel de Sinaloa liderado por Ismael Zambada García, Juan José Esparragoza Moreno, Joaquín Guzmán Loera y el Güero Palma.

En Tamaulipas despuntaba solo y sin influencias el Cártel del Golfo, grupo criminal que había comenzado sus operaciones en la década de 1930 bajo el mando de Juan Nepomuceno Guerra. Posteriormente, este pasaría la estafeta a Juan García Ábrego, amigo y protegido del comandante Guillermo González Calderoni, el policía-criminal más sanguinario y poderoso del sexenio de Carlos Salinas de Gortari.

El Cártel del Golfo se expandiría a países de Europa, África, Centro y Sudamérica. Y en ese telenovelesco ambiente del narcotráfico, sediento siempre de sangre y lleno de venganzas, el gobierno del expresidente

Ernesto Zedillo Ponce de León sembraría la semilla de uno de los cárteles más desalmados hasta la fecha: los Zetas, formado por desertores del Ejército mexicano.

Poco a poco, y a su manera protegidas por la Policía Federal, cada una de esas organizaciones y otras que surgirían con el paso de los años —algunas durante el calderonato al amparo de García Luna, como el Cártel Jalisco Nueva Generación (CJNG), La Familia Michoacana, Los Caballeros Templarios o los cárteles del robo y tráfico de combustibles— se dedicarían no solo al tráfico de drogas, sino también al secuestro, extorsión, tráfico de armas, lavado de dinero o blanqueo de capitales, asesinato por encargo, trata y tráfico de personas.

***

Incluso hoy, el nombre de Arturo Beltrán Leyva evoca a uno de los capos mexicanos más poderosos y sanguinarios. Fue, por mucho tiempo, alguien intocable debido a la protección que obtenía por sobornar a políticos claves en la seguridad del país, García Luna entre ellos. Al respecto, el periodista Ricardo Ravelo relató en 2010 una anécdota a la periodista Carmen Aristegui: cierto día, García Luna fue interceptado por sicarios que se identificaron como parte del Cártel de los Beltrán Leyva, quienes tenían la orden expresa de su líder de llevarlo hasta él. Genaro, entonces titular de la AFI, aceptó ir sin oponer resistencia; una vez que estuvo frente al capo, este le soltó en la cara con la misma fuerza que una bofetada: «Ya ves qué fácil es llegar a ti». Ravelo concluyó la narración afirmando que el encuentro no tenía otro fin más que recordarle a García Luna sus acuerdos con la organización.

Los topos son criaturas discretas, alejadas de los reflectores, de la mirada casual; sus túneles pasan por debajo de nuestros pies. No obstante, son capaces de causar mucho daño y numerosas molestias. Esto último es tan frecuente como notorio en los lujosos campos de golf. Ahí, en ese césped millonario en costos de agua y mantenimiento, el paso de un topo puede ser desastroso para los jugadores. Entre cada *swing* se pactan negocios internacionales, vastos, capaces de alterar la vida de muchísimas personas e incluso de países enteros. Pero un túnel de topo puede desviar la ruta de un buen tiro, de un hoyo en uno; puede ser capaz de arruinar o alterar una negociación. Ante este problema que aqueja a las élites mundiales, hay individuos que han afinado el arte de la captura. Les basta mirar el apacible campo de golf para detectar la trayectoria del topo y, con mano precisa y poderosa, perforan la tierra y extraen al culpable. El topo intenta escurrirse de la mano que lo capturó, la luz del sol le hace daño, está lejos de su ambiente, de su reino de túneles. Inevitablemente admite su fragilidad, la existencia innegable de poderes superiores a él. Lo mismo ocurrió con Genaro ante Beltrán Leyva, aquel capo especializado en ver más allá de lo superficial, experto en comprender las profundidades del campo llamado México.

La influencia de este capo alcanzaba a otros como Édgar Valdez Villarreal, la Barbie: ese gringo rubio y rudo de cara dulce, exjugador de futbol americano que tenía una vida tensa y peligrosa como patrón del sicariato e informante de la DEA. Lo mismo ocurría con el gigante y robusto Sergio Villarreal Barragán, cuyos casi dos metros de altura le valieron el apodo del Grande. Mientras que la Barbie se refería a Beltrán Leyva como tío, y el Grande lo llamaba apá, siempre en tono respetuoso, los sicarios que tenía a su cargo, salvajes asesinos, solían llamarlo Señor, Patrón, Padrino, o incluso Jefe de Jefes: título que deseaba arrebatarle al extinto Señor de los Cielos.

También conocían a Arturo por el alias de la Muerte, debido a su olor a pólvora y su gusto por desenfundar, disparar y matar. El apodo resultaría más que adecuado, pues todos los capos sinaloenses de nivel terminarían bien enterrados en faraónicos mausoleos, equipados con clima artificial, sistemas de alarma perimetral, vidrios templados, lujosas capillas privadas, señal wifi para conectarse a internet, cocinas prácticas, cable satelital y dormitorios en Jardines del Humaya: un cementerio de Culiacán que refleja majestuosidad y lujo por sus espacios, los cuales llegan a costar entre 650 mil y 1.2 millones de dólares.

El Barbas era supersticioso, iniciado en la santería y adorador radical de la Santa Muerte, costumbre en la que coincidía con García Luna. Era, además, un hombre de gustos exquisitos, pegado siempre a su AK-47 bañada en oro, al crucifijo de oro sólido que le colgaba del cuello, a su escuadra con cachas de oro; sin mencionar su adicción a la violencia y a la adrenalina del peligro, con el cerebro siempre dispuesto a matar. A todas estas características se atribuyó el «bautizo» de la *Satánica*: la camioneta negra de sus traslados, cuyo blindaje nivel 7, el más resistente, puede detener proyectiles de largo alcance y gran potencia, como aquellos que usan francotiradores.

Sobornos millonarios, ataques con granadas, descuartizados, cabezas amputadas del tronco de sus víctimas, piernas y brazos regados por doquier, restos de cuerpos quemados cuando la víctima aún vivía, cadáveres apilados bocabajo o apretados en hileras bocarriba. Abundan historias de hombres, mujeres y niños asesinados para exhibir al enemigo derrotado. Nunca se conocieron los límites de la imaginación para matar. Los chorros de sangre espantaban el miedo o rompían las fronteras de la resistencia humana. En eso coincidía también con García Luna y con el jefe de este: adictos los tres al peligro y a la violencia descarnada y mortal.

La noche del 13 de julio de 2005, al capo-ganadero Julio César Beltrán Quintero, el Potro de Sinaloa o el Julión, le metieron tantos balazos que terminó prácticamente decapitado. Su cabeza quedó colgando del cuello por un pedacito de piel, según se reveló durante el juicio del Chapo Guzmán en Nueva York. Aquella noche, los sicarios enviados por los Beltrán Leyva dispararon al menos 300 veces.

Aunque en principio el crimen se atribuyó al Chapo y a sus pistoleros, Jesús *el Rey* Zambada García declaró en la corte de Nueva York que en Acapulco se enteró de que Arturo Beltrán Leyva quería matar a Julio César. Después de pedir el permiso del Mayo Zambada y el Chapo Guzmán, lo cazaron y acribillaron en Culiacán con un cuerno de chivo. Y en el enfrentamiento contra cuatro policías estatales que protegían a Julio, uno de los sicarios quedó herido. Cuando este se recuperó le dijo al Rey que a Julio César lo habían «rafagueado» y le habían cortado la cabeza a balazos. Los cuatro policías que hacían de guardaespaldas fueron ejecutados aquella noche.

En esa guerra también cayeron allegados a la cúpula de los Beltrán Leyva. Todo esto ocurrió sin que los policías federales «científicos» de García Luna se enteraran o, como parece ahora, mientras se hacían de la vista gorda y se tapaban los oídos con billetes de generosos sobornos, para que los grupos criminales procedieran sin ser molestados y se mataran entre ellos a plena luz del día.

Este fue el caso de una banda rival en Nuevo León, que secuestró, descuartizó y luego empaquetó a su víctima con un mensaje dirigido al gobernador de aquella entidad, en el que denunciaba que la barbarie acabaría hasta que fueran capturados o liquidados Arturo Beltrán Leyva y Édgar Valdez Villarreal, la Barbie, quienes, alertaban, trabajaban con protección de generales y capitanes de la PFP.

La Barbie, hasta su entrega negociada a García Luna, era el asesino emblemático de Arturo Beltrán Leyva; su reclutamiento se atribuye al Chapo Guzmán y de hecho así lo llamaban: el brazo ejecutor del Chapo. Todo ello hasta que, en el rompimiento ocurrido en enero de 2018, decantó por el Barbas Arturo Beltrán Leyva. A Édgar se le atribuyó el secuestro de cuatro sicarios de los Zetas —los asesinos más desalmados que registra la narcohistoria de México—, quienes fueron videograbados durante un violento interrogatorio que culminó con la ejecución de un exmilitar al servicio de la mafia; se presume que este hecho, que tuvo lugar en mayo de 2005, habría sido una venganza por el plagio y la ejecución de su hermano Armando. Planeado ese secuestro, la Barbie reclutó a elementos activos de la entonces AFI, al mando de García Luna. También enganchaba y contrataba pandilleros de la Mara Salvatrucha y a exguerrilleros colombianos para enfrentar a los Zetas, hasta que en 2008 su jefe, Arturo Beltrán Leyva, rompió relaciones con el Chapo y el Cártel de Sinaloa; finalmente, este llegaría a una alianza con los Zetas y el Cártel de Juárez para aniquilar a los capos sinaloenses y tratar de tomar Sinaloa.

A los Chachos, una de las células gatilleras que la Barbie reclutó y formó todavía para el Cártel de Sinaloa, se atribuyó el plan para ejecutar a Rodolfo Carrillo Fuentes, el Niño de Oro, hermano menor de ese clan que por más de tres décadas controló el Cártel de Juárez. Los hechos tomarían lugar la tarde del 11 de septiembre de 2004, en el estacionamiento público de una plaza comercial en Culiacán, Sinaloa.

Los Beltrán Leyva habían recurrido desde principios de 2000 a grupos y clanes de la llamada mafia israelí y exagentes del Mossad —el servicio secreto de Israel creado en 1949— para armarse y conquistar nuevos territorios. Mientras tanto, las agencias de inteligencia y antidrogas de Estados Unidos consolidaban y expandían su presencia en México y, a su manera y bajo sus reglas, entregaban ilegalmente armas de alto poder a organizaciones criminales mexicanas.

Según reportes de la Unidad Especializada en Investigación de Terrorismo, Acopio y Tráfico de Armas de la Fiscalía General de la República hechos públicos en junio de 2019, entre 2000 y 2010 se registraron intensas operaciones con el Cártel de los Beltrán Leyva, al que la mafia israelí abasteció de armas de alto poder a esquemas coordinados para el blanqueo de capitales ilícitos.

La colaboración de la mafia israelí y los exagentes del Mossad —cuyos agentes desertores colaboran actualmente para el CJNG, siendo el crimen de Plaza Artz, ubicada a un costado de las instalaciones de la Policía Federal, prueba fehaciente de ello— habrían hecho una pausa y acordado mantener un perfil discreto después de la caída de Arturo Beltrán Leyva.

Es decir, gracias a los pactos y los hilos invisibles que van jaloneando a los títeres del país, el territorio nacional se llenó poco a poco de armas y agentes extranjeros. Cada quien buscaba su rebanada del pastel, y todos poseían profundos bolsillos para llenarlos tras el saqueo. Este era el México de García Luna: una nación ultrajada y hundida en ríos de sangre e injusticia, tierra fértil para los cárteles.

***

Para 1993, cuando Arturo tuvo por primera vez conocimiento del Conejo Poveda, los Beltrán Leyva tenían una vida recorrida con sanguinarias estrategias y una reputación de asesinos a sangre fría. Ese año, cuando el Chapo Guzmán cayó preso por primera vez, fueron uno de los apoyos para mantener a flote el negocio del Cártel de Sinaloa a través de Arturo, el Pollo, y Aureliano *el Guano* Guzmán Loera, todos hermanos del Chapo, quienes fueron indispensables para que este se fugara del penal de máxima seguridad de Puente Grande en el estado de Jalisco, el 19 de enero de 2001.

La repentina muerte del Señor de los Cielos el 4 de julio de 1997 en la Ciudad de México, durante el proceso de una cirugía cosmética mayor para cambiarse el rostro, le abrió la puerta a los Beltrán Leyva para posicionarse en la cima del narcotráfico en México. Así se cruzaron los caminos de Arturo y Harold Mauricio. Este último, además, también había sido recomendado por Diego León Montoya Sánchez, Don Diego, jefe del Cártel del Valle del Cauca.

Principal abastecedor de cocaína del Cártel de Tijuana, el de los Arellano Félix, Don Diego se había hecho de fama por su facilidad para matar —era responsable de, al menos, unos mil 500 asesinatos—, cualidad que se complementaría con otro alias no menos temible: el Señor de la Guerra, debido a la campaña de limpieza social que encabezó en su natal Trujillo; la cual cobraría más de 342 víctimas entre secuestros, homicidios, torturas, descuartizamiento y desapariciones forzadas.

Entre lo oculto y lo sanguinario de Don Diego, los mitos del narcotráfico en Colombia y «cartas» no menos lustrosas que él mismo se labró en su camino, el Conejo Poveda se construyó un aura seductora y potente que convenció pronto a los federales mexicanos. Esta le sirvió para asentarse en la Ciudad de México y, más tarde, en una región apacible de San Juan del Río, en el central estado de Querétaro.

Joven, embaucador y zalamero, Poveda Ortega se echó a la bolsa pronto a la cúpula del Cártel de los Beltrán Leyva, y tendió puentes «financieros», arreglos personales, con algunos lascivos comandantes federales. Ese fue el caso de Édgar Bayardo del Villar, joven abogado y policía judicial federal, parte del equipo íntimo de García Luna, que lo mismo servía a células del Cártel de Sinaloa, bajo control del Rey Jesús Zambada García, que a los Beltrán Leyva. El mismo camino seguía Iván Reyes Arzate, adscrito a los cuerpos de investigaciones especiales sobre narcotráfico de la Policía Federal.

***

En una nómina millonaria de Arturo Beltrán Leyva, controlada escrupulosamente por la Barbie, se encontraban los nombres de los comandantes Roberto Velasco Bravo, inspector del área de operaciones de la Policía Federal, Édgar Eusebio Millán Gómez, jefe provisional de la Policía Federal, e Igor Alfredo Labastida Calderón, inspector general de la Policía Federal. Asesinados en 2008, con semanas de diferencia, los tres pertenecían también al primer círculo de Genaro García Luna, desde donde salía la protección al Chapo Guzmán y a los Beltrán Leyva.

Su entrega sería negociada el 31 de agosto de 2010, pero fue en noviembre de 2012 cuando la Barbie hizo pública una carta en la que afirmaba que Millán Gómez y Labastida Calderón estaban en su nómina, además de otros mandos. Apuntó sus dardos a García Luna, a quien acusó de recibir dinero de su organización criminal desde el sexenio del presidente Vicente Fox Quesada. Desde prisión, incluyó en su misiva una lista de entrega de sobornos en donde figuraban los nombres de Luis Cárdenas Palomino, Facundo Rosas Rosas, Ramón Eduardo Pequeño García y Domingo González Díaz: todos miembros del primer círculo del secretario de Seguridad Pública. Finalmente, en junio de 2020 se soltaría la bomba de que la Barbie actuaba también como informante de la DEA.

En enero de 2020, fiscales estadounidenses vincularon a Genaro García Luna con la Reina Reyes Arzate, de 46 años de edad, comandante de un cuerpo de élite de la Secretaría de Seguridad Pública, quien fue acusado de filtrar información confidencial y algunos secretos policiales a la organización de los Beltrán Leyva por cientos de miles de dólares.

También se hizo público que la Reina tenía un caso pendiente en la Corte Federal del Distrito Este de Nueva York, acusado de tres delitos por tráfico de cocaína. Dos años antes, en 2018, un juez federal en Chicago había sentenciado a poco más de tres años de prisión a Reyes Arzate, a quien se le encontró culpable de filtrar información de la DEA a los Beltrán Leyva, una traición que, según un agente estadounidense, echó abajo pesquisas sobre narcotráfico y costó vidas.

Un agente de la DEA que testificó en la corte en Chicago dio a conocer que la Reina era el principal enlace de García Luna para intercambiar información entre agencias policiales de Estados Unidos y los cuerpos de élite de la lucha contra el narcotráfico de la Secretaría de Seguridad Pública.

De acuerdo con las crónicas de aquellos días, Reyes Arzate usó información de inteligencia de Estados Unidos para ayudar a revelar la identidad de un informante, quien posteriormente fue torturado y asesinado. A principios de 2017 se entregó a las autoridades estadounidenses y en mayo cambió su declaración de inocente a la de un acusado que prefiere abstenerse de responder a las acusaciones de obstrucción y de conspirar para obstruir la justicia.

Sergio Villarreal Barragán, el Grande, describió la forma en la que grupos criminales se apoyaban en policías federales corruptos como Reyes Arzate para expandir sus operaciones ilegales y eliminar a rivales. Cuando Joseph López, abogado de Reyes Arzate en Chicago, le preguntó si los pagos «llegaban hasta arriba en la cadena, casi hasta el presidente», este no dudó en afirmar que así es como se hace.

Reyes Arzate nunca reconoció su culpabilidad ni admitió haber cometido un delito. Sin embargo, el juez señaló que algunas partes de la declaratoria de este excomandante le parecieron inquietantes. Y a Matthew Sandberg, agente especial de la DEA que llegó a trabajar en México con

Reyes Arzate, se le quebró la voz cuando describió la manera en la que filtraciones de la Reina a los Beltrán Leyva pusieron en peligro la vida de agentes de Estados Unidos como él, e incluso, de sus familias.

Aquel enero de 2020, un fiscal federal estadounidense solicitó que el caso de Reyes Arzate fuera transferido al juez Brian Cogan en Nueva York, quien había presidido el juicio «del siglo», aquel en el que se juzgó al capo sinaloense Joaquín *el Chapo* Guzmán, condenado a cadena perpetua más otros años en prisión; el juez Cogan llevaría, además, el de García Luna. El árbol genealógico del crimen organizado, aquel árbol carbonizado y sin hojas, el que se riega con sangre y sobre el que se tallan nombres de desaparecidos, tiene raíces hondas en el territorio nacional, llegan muy profundo, tanto que alcanzan los túneles escarbados por cierto animal de la oscuridad. El topo duerme en su reino de penumbras, recostado sobre la raíz de aquel árbol macabro.

14
NEGOCIOS BAJO VIGILANCIA

Según investigaciones de la época, en el año 2000 el Conejo Poveda ya tenía capacidad para movilizar desde Colombia al menos dos toneladas mensuales de droga; la ruta era vía marítima a través del océano Pacífico, con escala en Costa Rica o Guatemala y de allí, vía aérea y marítima en submarinos, a las costas de Chiapas y Guerrero; pese al aparente éxito, su objetivo era llegar a las 150 toneladas anuales en cargamentos de entre cinco y 10 toneladas.

Durante más de 10 años después de su llegada, Poveda, quien soñaba con tejer una gigantesca red de cocaína, fue un traficante colombiano invisible, lo que le permitió hacerse de las confianzas de algunos personajes del Cártel de Sinaloa. Para 2003 contaba ya con un andamiaje sólido de contactos a través de su paisano Javier Antonio Calle Serna, conocido en el bajo mundo del hampa del Cauca como Comba; este, codo a codo con su hermano Luis Enrique, manejaba la banda criminal de los Rastrojos, remanente del Cártel del Norte del Valle, el último gran cártel del narcotráfico en Colombia.

Discípulos del capo Wilber Alirio Varela-Fajardo, alias Jabón —un criminal atroz que pasó de gatillero a narco y ascendió a capo—, los hermanos Calle se convirtieron en los mayores proveedores de la cocaína que comercializaba el Chapo Guzmán; sus redes se extendían de Colombia a México y Estados Unidos.

La telaraña del Chapo tenía entre sus mayores distribuidores a Juan Carlos Ramírez Abadía, alias Chupeta —cabecilla del Cártel del Norte del Valle hasta su captura en 2007—, quien testificó en el juicio del capo mexicano en Nueva York. Según sus declaraciones, llegó a enviar a México, en una sola noche, hasta 14 aviones cargados de cocaína de la más alta pureza, como la exigía su cliente.

«Me pidió [el Chapo] que le enviara cocaína 100% pura, de óptima calidad», precisaría Chupeta; reveló además que su relación con el capo mexicano se extendió por 17 años, desde 1990, y que los envíos llegaron a hacerse incluso en camaroneros y submarinos para burlar a las autoridades.

El Conejo Poveda creó su propio corredor para entregar toneladas de cocaína a su cliente mexicano; sin embargo, su nombre y sus alias eran un misterio, excepto para algunos comandantes de la Policía Federal que se beneficiaban de los narcoingresos y otros negocios paralelos del Conejo tan rentables como la droga: el regenteo de mujeres extranjeras y el blanqueo de capitales a gran escala. Hábil, astuto y ya con conexiones de primer nivel, Harold Mauricio se abría paso como perverso criminal de la llamada tercera generación de narcotraficantes colombianos.

Con cara de buena persona, se hizo un demonio cuya organización tenía capacidad para manejar decenas de toneladas de cocaína por mes, que le dejaban a él sus 40 millones de dólares mensuales. El Conejo, además de asentarse en aquella zona del Desierto de los Leones y la acaudalada Santa Fe en la Ciudad de México, donde sus costosos gustos pasaban inadvertidos, eligió también establecerse en Galindo, Querétaro, a 25 kilómetros de San Juan del Río. Su nuevo establecimiento se conformaba por 14 hectáreas del rancho La Muralla, también conocida por algunos lugareños como Los Caballos.

Llegó Poveda en 2006 a ese lugar apacible, aunque nadie sabe con precisión la fecha, porque esa transacción con un ganadero local fue confidencial. En 2008 había montado allí un minizoológico particular, tratando de hacer, a su manera, una réplica en pequeño de aquella Hacienda Nápoles que Pablo Escobar levantó como su paraíso en el municipio colombiano de Puerto Triunfo. La Muralla contaba con cientos de animales exóticos, se habló hasta de 3 mil 380, pero destacaban

15 tigres de bengala, jaguares, cebras, osos, leones, pumas, búfalos, jirafas, venados de cinco especies diferentes, hipopótamos, monos araña, avestruces y reptiles.

El Conejo se había hecho construir una especie de castillo medieval, un cuartel y refugio personal alejado de los ojos curiosos; vivía encerrado en una muralla de piedra de cantera, con más de 219 habitaciones, un helipuerto al que llegaban aeronaves repletas de droga y, de vez en vez, jerarcas de la Policía Federal y la Secretaría de Seguridad Pública, quienes salían cargados de costales o portafolios que se preparaban en las habitaciones confidenciales del rancho y que se usaban como una especie de banco privado, una capilla mediana, con capacidad para albergar a 378 personas, además de espaciosas caballerizas para caballos portugueses pura sangre, más de mil cabezas de ganado de registro y coloridos jardines. Los habitantes de Galindo y periodistas queretanos la llamaron la morada del delito.

Poveda también se había convertido en uno de los canales más importantes de los Beltrán Leyva para lavar decenas de millones de dólares producto del narcotráfico. Y ese era otro negocio lucrativo que se le facilitaba a través del regenteo de mujeres: un número desconocido de las prostitutas prepago que traía de Colombia.

Las prostitutas colombianas, confiando en sus atributos físicos, su belleza, y la complicidad de agentes federales comisionados de la Secretaría de Seguridad Pública para vigilar la terminal aeroportuaria de la Ciudad de México, burlaban con facilidad todos los canales legales en los que estaban obligadas a declarar el dinero que llevaban a Colombia. Nadie se habría atrevido a detenerlas, y menos a revisarlas.

Los manejos ocultos del Conejo Poveda, su personalidad de *rey Midas*, una robusta sociedad con empresarios mexicanos, una maraña de amistades financieras y responsables de casas de cambio que se extendía de Puebla a Querétaro y, sobre todo, arreglos y complicidades con comandantes de la Policía Federal le daban en 2006 capacidad para transportar y hacer llegar a México toneladas mensuales de cocaína.

El tráfico lo lograba a través de aeronaves medianas que aterrizaban en una telaraña de pistas clandestinas que, a su vez, conectaban finalmente con una flota de vehículos terrestres, lanchas rápidas y submarinos en aguas de Chiapas, Guerrero y Oaxaca; aunque también solían utilizar el Aeropuerto Internacional de la Ciudad de México, bajo vigilancia de García Luna.

Cuando fue necesario, los federales le ayudaron a desaparecer a los supuestos cómplices en el negocio del blanqueo de capitales o células financieras del Cártel del Valle del Cauca. Llegaron a ser detenidos en México, acusados a través de la socorrida figura de testigos protegidos. Evitaban así que pudieran causar problemas o delatar a policías y comandantes corruptos que recibían sobornos. Fue el caso del empresario Joaquín Alejandro Senderos Higuera, el Licenciado, propietario de la compañía Life and Victory de México, S. A. de C. V., distribuidora de alimentos naturales, quien apareció colgado en su celda del Reclusorio Norte de la Ciudad de México en las primeras horas de la mañana del jueves primero de septiembre de 2011.

La DEA lo acusaba de pertenecer a una peligrosa célula del Cártel del Norte del Valle, asociada a la que comandaba el Conejo Poveda. A partir de señalamientos de un testigo protegido, a Senderos se le había identificado como supuesto cabecilla financiero del Cártel del Valle del Cauca, por lo que enfrentaba los cargos de asociación delictuosa, lavado de dinero y delincuencia organizada. En el camino se encontró que Poveda era un blanco de la DEA, pero la Secretaría de Seguridad Pública no tenía intenciones de dejarlo ir. Como él, muchos otros fueron puestos bajo custodia y torturados por órdenes de la DEA.

Supuestamente, Senderos se colgó con una cuerda poco después de las 6:00 horas del primero de septiembre de 2011. En las esferas policiacas y criminales se sabía que las cárceles de la Ciudad de México, controladas por Genaro García Luna y sus allegados, se destacaban por las ejecuciones disfrazadas de suicidio. Luego se documentó que policías federales al mando del comandante Bayardo del Villar, entonces jefe de la Tercera

Sección del Estado Mayor de la Policía Federal, habían hecho la detención a solicitud de la DEA.

En ese contexto, y de ser ciertas las sospechas de la Policía Federal, incluida la ignorancia sobre el caso que tenía armado la DEA, Senderos podía minar la credibilidad de los comandantes allegados a García Luna. Podría abrir la cloaca de la corrupción en la guerra contra el narcotráfico y la lista con nombres y apellidos de la distribución de sobornos millonarios, junto con otras irregularidades y jugosos negocios oscuros que se arrastraban desde la AFI y se habían heredado al proceder de la SSP.

La muerte por «suicidio» de Joaquín Alejandro Senderos Higuera era la crónica de una muerte anunciada desde el día de su captura, y se aceleró porque en ese proceso se dio el rompimiento de los Beltrán Leyva —quienes decidieron formar su propio cártel— con el Chapo Guzmán y el Mayo Zambada, y, por lo tanto, con el Cártel de Sinaloa. Comandantes, comisarios y altos funcionarios de la Policía Federal tenían todo que perder.

Debido a la secrecía de la DEA en ese caso, agentes federales de inteligencia estaban convencidos de que Senderos tenía la lista, con nombres y apellidos, de los altos mandos de la SSP que habían recibido y repartido el soborno de 80 millones que permitió la fuga del Conejo. Incluso despertaron sospechas, pues el operativo en el Desierto de los Leones había empezado a las 1:00 horas del 18 de octubre de 2008; no obstante, los informes confirmados de la asistencia del Conejo Poveda a aquella bacanal para festejar el cumpleaños de su novia Juliana se tenían desde las 19:30 horas del jueves 16 de octubre, y solo se enviaba a seis agentes. Esto puede ser a causa de que había una solicitud verbal de no dañar al capo colombiano y limitarse a su captura, puesto que los agentes de la DEA lo querían vivo y de una pieza.

Sea cual fuere la situación, la madrugada del 17 de octubre de 2018 el Conejo Poveda recibió, al filo de la media noche, una llamada de uno de sus contactos e informantes de la Policía Federal que lo puso sobre aviso del operativo especial al que enviarían seis agentes para capturarlo.

Cuando inició la violenta toma de la mansión en el Desierto de los Leones, el narcotraficante colombiano había escapado ileso con uno de sus socios. Por eso se había acordado el pago de 80 millones de dólares: 40 millones por cada uno, y nadie supo quién era el acompañante ni a qué hora habían dejado la fiesta.

Acordó el pago de los 80 millones porque, en caso de caer en una de las prisiones mexicanas controladas por García Luna, temía correr la suerte de «suicidarse» en una celda. El criminal colombiano estaba consciente de que la Secretaría de Seguridad Pública tenía su propio grupo de traidores y que cada uno jugaba en cancha diferente, según sus intereses. Sabía del cuerpo de verdugos entre cuyas víctimas se encontraban los comandantes Roberto Velasco Bravo, inspector del área de operaciones de la Policía Federal, Édgar Eusebio Millán Gómez, jefe provisional de la Policía Federal, e Igor Alfredo Labastida Calderón... y un rosario de comandantes.

A nadie le sorprendió que se esfumara la información sobre los 80 millones de dólares porque en México se guarda silencio sobre temas delicados como ese. En el mundo de policías y ladrones, o de capos y ladrones, el que no sabe, especula, y esparce rumores hasta que aparezca la verdad. Allí, en el radiopasillo de la Policía Federal y los archivos secretos de Bayardo del Villar, quedaron atrapadas las versiones e informes confidenciales sobre los 80 millones de dólares por permitir la fuga del Conejo y uno de sus cómplices aquel 18 de octubre de 2008. Que para alguien que un año antes, entre el 25 y el 26 de octubre de 2007, había desaparecido de la aduana mexicana un barco con 21 mil 116 paquetes de cocaína pura, cuyo valor ascendía hasta los 460 millones de dólares, no era tanto.

Antes de que el Conejo Poveda negociara su entrega en noviembre de 2010 a la Policía Federal, tenía bien amarrada la protección de la DEA. Mientras García Luna, aliado del Chapo Guzmán, mantenía una campaña para cazar a los Beltrán Leyva —la cual había detonado el 21 de enero de 2008, cuando el capo sinaloense filtró información para la captura de Alfredo Beltrán Leyva, el Mochomo— la SSP y el mismo García Luna descubrieron el 16 de diciembre de 2009 los planes verdaderos que los agentes estadounidenses antinarcóticos tenían para el narco colombiano.

Infiltrada su organización desde 2007, el Conejo Poveda se había convertido en uno de los testigos colaboradores e informantes clave para que agentes de inteligencia de la DEA localizaran en forma precisa la ubicación del Barbas Beltrán Leyva en el conjunto residencial Altitude de la colonia Lomas de la Selva, cerca del centro de Cuernavaca.

Con la información aportada por el narcotraficante colombiano y algunos mexicanos como Jesús Zambada Reyes —hijo del Rey Zambada—, Richard Arroyo Guízar o Richard Flores —hijastro del Rey— y el narco mexicano-colombiano Leyner Valencia Espinosa, alias Piraña o el Remache, agentes de inteligencia de la DEA reconstruyeron las actividades y movimientos de Arturo Beltrán Leyva.

Jesús Zambada, por cierto, también se «suicidaría» a los 22 años de edad, ahorcándose con una cinta atada al cuello, en la casa de seguridad en la colonia Santa Úrsula Xitla de la alcaldía Tlalpan, en el sur de la Ciudad de México, sitio en el cual la PGR lo tenía recluido.

* * *

Capturado por la policía de inteligencia de Colombia en febrero de 2006 y extraditado a Estados Unidos en octubre de 2007, Leyner Valencia Espinosa, Piraña, uno de los criminales cercanos a Diego León Montoya Sánchez, Don Diego, capo del Cártel del Norte del Valle, tenía vínculos con los cárteles mexicanos desde 2002. Por aquella época era responsable del manejo de rutas y contactos con los cárteles de Juárez y Tijuana; así, trabó amistad con Arturo Beltrán Leyva —a quien terminó sirviendo— y con Édgar Valdez Villarreal, la Barbie, cuando los capos mexicanos, entre 1993 y 2002, se habían apoderado de la industria de la cocaína y de su riqueza monetaria. Desde principios de la década de 2000, agentes de estadounidenses seguían la pista del Piraña, quien fue fundamental en la cacería de Beltrán Leyva y, por lo tanto, de su muerte en Cuernavaca.

En un reportaje para *Proceso* de 2015, el periodista Rafael Croda escribió: «Ayudó mucho con información valiosa y detallada que tenía sobre el mafioso, sus gustos, lociones, mujeres, familia, amigos, enemigos. Todo fue minuciosamente detallado por él a la DEA e informado a las autoridades mexicanas hasta que el hombre fue dado de baja».

Los agentes estadounidenses tuvieron informes precisos de que el 10 de diciembre de 2009 el capo mexicano había asistido, en una de sus residencias en Cuernavaca, a una fiesta narca o narcoposada. La madrugada del día 11 Arturo escapó a un operativo secreto de la Marina Armada de México, cuyos efectivos hicieron su presentación con el estallido de granadas y armas de fuego de grueso calibre. Una crónica que apareció poco después en el sitio *El blog del narco* dio cuenta de la apresurada huida del capo: «¡Fuga, patrón! ¡Fuga!», gritaban a la carrera los pistoleros.

> Todos los testimonios de los presentes coinciden en que aproximadamente a las 1:30 horas del viernes 11 de diciembre, la Barbie y el Grande tuvieron que llevarse a [Arturo] Beltrán. Su cuerno de chivo (una AK-47 bañada en oro) que tenía en el sillón fue lo único que alcanzó a llevarse.
>
> Llegó una persona y le dice al señor alto con barba y al que se dirigían con respeto: Tío, vámonos […] llevaron a Beltrán al estacionamiento donde había una Suburban negra, una pick up Chevrolet blanca y una Cherokee gris. Eligieron la primera camioneta y arrancaron.

La semana siguiente, la tarde-noche del 16 de diciembre de ese 2009, el Patrón no fue tan afortunado. No pudo escapar a la trampa que le tendieron los agentes de la DEA ni al aparatoso despliegue militar que coordinó la Marina con informes estadounidenses.

Las imágenes que filtró la Marina a los medios de comunicación se difundieron ampliamente en internet, y generaron gran temor e incertidumbre. Mostraban el cadáver semidesnudo de Arturo Beltrán Leyva, aún sangrante, desfigurado, con extrañas muecas que iban desde la sorpresa al terror o la resignación en lo que alguna vez fue el rostro; deshecho en algunas partes de tanto balazo, vejado y humillado, aparecía cubierto en billetes en una de las habitaciones de su departamento en el conjunto residencial Altitude. Quienes lo mataron recurrieron a los mismos métodos que los narcotraficantes: la pedagogía del miedo a través de la difusión de imágenes de terror.

Fue un operativo exitoso del trabajo de inteligencia de la DEA, aunque se lo hayan apuntado la Marina Armada de México y García Luna. Lo cierto fue que en la Secretaría de Seguridad Pública descubrieron con aturdimiento y estupefacción los planes secretos que los agentes estadounidenses tenían para el Conejo Poveda y supieron, también hasta entonces, por qué no podían tocarlo, aunque le hubieran sacado, para lavar su honor, 80 millones de dólares. El criminal colombiano se había burlado de la Policía Federal.

Por eso aquella situación levantaba recelos: la madrugada del sábado 18 de octubre de 2008 y las horas que siguieron los agentes federales, con sus equívocas sospechas, habían llevado a cabo un supuesto operativo con apenas seis elementos para capturar a un peligroso narcotraficante y algunos cómplices. También por esta razón acordaron entregar intacto el «tabique» de un kilogramo de clorhidrato de cocaína —un agente anónimo filtraría que se trataba de cocaína rosa, aquella que produce efectos psicodélicos y alucinógenos que alteran todos los sentidos—, probablemente sembrado por la misma DEA, mismo que encontraron arriba del librero de la recámara principal de la exótica mansión de Poveda. Tuvieron cuidado, además, de conservar como evidencia algunos cientos de miles de dólares, sin mencionar las palabras millón ni millones, ni la relación de propiedades de gran lujo en Santa Fe, mucho menos la de los sobornos.

El 5 de noviembre de 2010, cumplido su objetivo como informante de la DEA, el Conejo Poveda negoció su entrega con la Policía Federal.

En febrero de 2011 fue enviado al Reclusorio Oriente de la Ciudad de México, donde llevó una vida llena de lujos, a cuerpo de rey, sirvientes y servicios incluidos a la espera de que un juez federal autorizara su entrega a la DEA y, por lo tanto, su extradición a Estados Unidos, donde lo esperaba una condena menor. Poveda jamás supo lo que era en realidad una cárcel del sistema penitenciario mexicano.

Una vez muerto Arturo Beltrán, y con el Conejo Poveda protegido por Estados Unidos, manos invisibles filtraron de nueva cuenta la averiguación previa que se inició el 18 de octubre de 2008 y el posterior juicio de amparo por el operativo violento o la incursión de agentes de la Policía Federal a la mansión del capo colombiano.

El 25 de octubre, siete días después del asalto policial a la mansión del Conejo Poveda, un testigo protegido de la PGR hizo una serie de declaraciones juramentadas, que, a días de terminar el sexenio de Calderón, serían consideradas sin sustento o falsas; no obstante, lograrían llevar a prisión al comandante Víctor Gerardo Garay Cadena, comisionado de la Policía Federal, a quien se vinculó con las redes oficiales que daban protección e informes oficiales al Cártel de los Beltrán Leyva.

Aquel testigo protegido, que respondía al nombre clave de Tigre, dio a conocer detalles del operativo. Se trataba del comandante Édgar Enrique Bayardo del Villar, inspector de la PFP, quien estaba también al servicio del Cártel de Sinaloa en la nómina de Jesús Reynaldo Zambada García, pero siempre abierto para servir al mejor postor, incluso si eso involucraba proteger a una banda de secuestradores formada por familiares. Tiempo después, el primero de diciembre de 2009 se le aplicaría la ley de la *omertà* o pena de muerte por soplón. Con su muerte, se llevó a la tumba el secreto del soborno de 80 millones de dólares.

Toda bruma se desvanece, todo mar, tras una tormenta, llega a cierta calma. Así, los sucesos poco claros del operativo comenzaron a mostrar sus verdaderos colores. La narrativa oficial quedaba contrariada. Las palabras indiscretas de quien violaba el código de silencio de la mafia mostraban las raíces del árbol macabro.

Después de una serie de confusas declaraciones en privado y otras integradas a la averiguación previa, se marcaba con claridad que los federales habían terminado la fiesta en una escandalosa bacanal con robo, pillaje y saqueo. Bayardo del Villar también dio a conocer que en un departamento y en una oficina del Gaviota —alias del colombiano Mauricio Fina Restrepo, número dos de la organización criminal del Conejo—, ubicados respectivamente en las inmediaciones del acaudalado centro financiero y de negocios Santa Fe de la Ciudad de México, y en la colonia Del Valle, había otros 210 mil dólares, pero solo aparecieron 30 mil, que se integrarían a la investigación.

> De allí —del departamento— nos fuimos a la oficina de la colonia Del Valle para recoger los 200 mil restantes [...] percatándonos que la sirvienta le había robado [...] 200 mil dólares [...] La caja fuerte y la camioneta [también] habían sido sustraídas [por la supuesta sirvienta], por lo que Gaviota solo entregó 30 mil dólares.

La sirvienta, de la que jamás se conoció el nombre, nunca apareció ni se le investigó, por lo menos no para el público. En los pasillos de la Policía Federal el tema se comentó con sarcasmo y jocosidad, porque aquella debía ser una mujer muy valiente, temeraria o inconsciente para atreverse a robarle 200 mil dólares a la mafia; sobre todo, a una de las células del grupo criminal sanguinario de Arturo Beltrán Leyva. La camioneta tampoco aparecería, al menos no públicamente.

En el proceso para integrar la averiguación previa del operativo policial de aquella fiesta se reportaron 15 detenidos, entre ellos la colombiana Juliana López Aguirre, novia del Conejo Poveda, Carlos Augusto Poveda Bello, el padre del capo, así como los números dos y tres de la banda: los colombianos Mauricio Muñoz Correa, alias la Gorda, y Mauricio Fina Restrepo, Gaviota. Se dio paso a la desconfianza porque se afirmaba que el operativo inició con una llamada a las 19:30 horas del día 18 de octubre, pero los testigos coincidían en que la fiesta no empezó sino hasta las

22:00 horas, pero del día 16, y que, además, los detenidos fueron golpeados, torturados y presentados ante las autoridades hasta el día 19.

La comedia de enredos ahora lucía como una película de terror. Es decir, se asemejaba más a la situación nacional, a lo que llevaban sufriendo los mexicanos durante años de esa supuesta guerra contra el narcotráfico. El operativo era una maqueta perfecta, un retrato de cuerpo completo, del mal que desangraba a los mexicanos.

Durante todo el proceso, la situación se tornó caótica porque no hubo un operativo policial formal; se trataba más bien de un allanamiento en el que participaron no seis agentes federales, sino un centenar de elementos encapuchados bajo el mando del comisionado Víctor Gerardo Garay Cadena. Además de saquear aquella exótica mansión del capo colombiano, autorizaron la tortura de algunos de los supuestos cómplices «capturados».

Los relatos fueron crudos: policías de rostro desconocido que participaron en aquella irrupción arrojaron bolsas de hielo a la piscina; posteriormente, algunos de los «cómplices» de Poveda fueron golpeados, desnudados y arrojados al agua helada de la alberca.

Tras eliminar al comandante Bayardo del Villar, testigo colaborador de la PGR —y quien con su deceso se llevó el secreto de los 80 millones de dólares que se pagaron por facilitar la fuga del narco colombiano—, y bien muerto el capo Arturo Beltrán Leyva —cuyo cadáver se exhibió sin pudor en las redes sociales—, y a unos días de que terminara el sexenio de Felipe Calderón Hinojosa, el campo todavía quedaba libre para algunas otras maniobras. Genaro García Luna, ya sin posibilidades de repetir como secretario de Seguridad Pública a partir del primero de diciembre de 2012 y ni hablar sobre buscar una candidatura presidencial, cabildeó para que un tribunal unitario ordenara la liberación inmediata y exoneración de todos los cargos de los que se acusaba a su amigo y exempleado Víctor Gerardo Garay Cadena, excomisionado de la Policía Federal, detenido por sus vínculos con el Cártel de los Beltrán Leyva, la célula de Harold Mauricio Poveda Ortega y el robo, pillaje y saqueo a departamentos de lujo de los cómplices del criminal colombiano.

A dos días de que se fueran para siempre Calderón y García Luna, Garay Cadena pudo respirar tranquilo, y el Conejo Poveda, con su socio y cómplice Mauricio Fina Restrepo, quedaba bien protegido por la DEA en una cárcel de Estados Unidos desde el 18 de febrero de 2012.

El 29 de noviembre de 2012, durante una entrevista radiofónica en la que no mencionó el cabildeo soterrado que concluyó con la exoneración total de su excomisario de la Policía Federal, García Luna calificó las acusaciones y condena de Garay Cadena como un ejemplo ideal de que el crimen organizado había encontrado la forma de desprestigiar a las instituciones. Sometido a la ley del silencio o la muerte por ejecución, las acusaciones de Bayardo del Villar se fueron al olvido. Nadie se acordó siquiera de aquel «perrito chingón».

Un último carpetazo de parte del topo. Antes de dejar el país se aseguraba de recoger las migajas que llevaba hasta en sus fauces. Con palas rebosantes de tierra se enterró la versión de Bayardo. La niebla regresó. Y las raíces del árbol quedaron escondidas. Ese operativo permanecería en el misterio, junto con el dinero que desapareció, junto con el acompañante de Poveda y junto con un cachorro bulldog inglés cuyo costo rondaba los 25 mil pesos.

El 30 de noviembre de 2012, cuando terminó el segundo sexenio panista, Felipe Calderón Hinojosa y su superpolicía Genaro García Luna salieron con las manos llenas de sangre, dejaron una sociedad lastimada y rota, un país inflamado por la violencia, entregado a organizaciones criminales incendiarias, en el que los cárteles de la droga habían encontrado facilidades para hacerse del mando de otras actividades tan lucrativas y menos peligrosas que el secuestro, siembra y cultivo de marihuana y de amapola (base para producir heroína, el oro maldito), extorsión, tráfico y trata de personas, producción de metanfetaminas y drogas de diseño. Esas nuevas actividades las representaban el robo de combustible, la minería y la producción de aguacate.

El árbol del crimen organizado quedaba firme y sano, bien regadito con la sangre de gente inocente y con el silencio de varios carpetazos. Las manos inquietas, ágiles y experimentadas en el manejo de archivos, de documentos cargados de la historia oscura de la nación, seguirían acariciando lo invisible frente a los jueces estadounidenses. Quizá esas mismas manos acariciaron a un perrito «chingón» que jamás apareció. Quizá el acompañante misterioso de Poveda no era otro que el dueño de esas manos. Quizá su historia apenas comienza y llegará el día en que dejen de acariciar lo invisible, se alcen, y señalen con un dedo acusatorio a quienes fueron cómplices, a quienes ahora pierden el sueño por la voz tartamuda que resuena en la corte.

Lo que sí sabemos es que el hombre de las manos inquietas ya no es tan misterioso. Desde sus inicios de soplón de barrio, sus afanes esotéricos, años en el Cisen, ouijas malditas, series televisivas, activistas desaparecidos, pactos con cárteles, propiedades de lujo, hasta su aferre por mantener control de los hilos invisibles detrás del nuevo partido político de Calderón, le hemos seguido la pista. En estas hojas nos hemos vuelto expertos en rastrear el paso del topo, en detectar sus cientos de túneles que llenan la tierra del país. Ahora, cuando vemos las lágrimas que suelta ante la jueza estadounidense, sabemos lo que esconden, la cantidad de sangre que regó sobre el árbol macabro del crimen organizado, las voces de activistas que permitió silenciar, las fosas y minas a cielo abierto que lo enriquecieron, los operativos fallidos, los misteriosos suicidios en cárceles y la deuda que mantiene con el pueblo mexicano. Ya no es el hombre del traje azul y nada más, ahora es todo lo que contiene este libro y lo que se está por desenterrar. Porque no hay que olvidar que el silencio es cómplice y que un México más justo solo se podrá lograr responsabilizando a quienes lo ultrajaron y continúan ultrajando.

15
EL OTRO TOPO

La sonrisa se congela en el rostro de Genaro. Tiene la mirada fija en el individuo que se pasea por los pasillos seguido de un séquito de policías sin el menor decoro en el vestir: jeans, botas, camisas desabotonadas mostrando el pelo en pecho. El hombre saluda a diestra y siniestra. Reparte palmadas confianzudas y chascarrillos que acompaña con su imponente voz y la fila de los dientes bien pelados. A Genaro le revuelve el estómago ver el contraste que estos elementos policiales hacen con los suyos: trajeados, cabello engominado, corbata con nudo perfecto y zapatos relucientes. Se encuentran y el recién llegado le extiende la mano: el apretón es firme y exagerado, de esos que dejan una impronta de dolor. Genaro no necesita del don de la profecía para saber que la presencia de este sujeto significa malas noticias.

El comandante Alberto Pliego Fuentes era alguien con experiencia. Había hecho carrera como agente de investigación, especializado en casos de secuestro, desde finales de la década de 1970 en la Dirección Federal de Seguridad, la policía política del régimen, y a partir de 1980 en la Procuraduría General de Justicia del Estado de México; llegaría a ser el primer personaje público en sentir con la fuerza de huracán las intrigas y los odios de Genaro García Luna. Fue el desencuentro de dos personajes llenos de ambición, con proyecciones de grandeza y sueños de poder, hambrientos de reconocimiento y adictos a los pactos tenebrosos.

La historia del desencuentro había empezado en septiembre de 1997, cuando, desde la oficina del presidente Ernesto Zedillo Ponce de León, se dio una orden inesperada: integrar a un desconocido policía del Estado de México, Pliego Fuentes, a un selecto grupo interinstitucional que sería responsable de cazar al sanguinario secuestrador Daniel Arizmendi López y poner fuera de circulación a su banda. Esto, inevitablemente y sin que nadie lo hubiera podido prever, condujo a que en agosto de 1998 García Luna perdiera ante Pliego Fuentes su primera gran posibilidad de convertirse en un héroe nacional.

La orden del presidente tambaleó el prestigio del Cisen. Pliego Fuentes no encajaba en los perfiles de personalidad y preparación profesional que buscaba la «nueva» inteligencia mexicana. Su nombramiento era una afrenta directa. Pero las órdenes presidenciales debían ser acatadas sin chistar y lo reclutarían para atrapar a la peligrosa banda de secuestradores. Sin embargo, hubo chismes que indicaban que Pliego Fuentes no solo estaba familiarizado con la situación, sino que tenía relación con peligrosos grupos criminales que operaban en la Ciudad de México y el colindante Estado de México. Era pues, otro infiltrado, otro topo policiaco.

El Mochaorejas, Daniel Arizmendi López, y su hermano Aurelio se habían convertido en un punzante y permanente dolor de cabeza para dos agentes del Cisen asignados a la resolución del caso: el contralmirante Wilfrido Robledo Madrid y su subordinado, el ingeniero Genaro García Luna.

Cuatro meses antes de aquel septiembre de 1997, con el sigilo y las reservas que ameritaba la situación, Robledo Madrid y García Luna habían recibido órdenes superiores de formar un grupo de élite del Cisen, con presupuesto abierto, para hacer trabajo de inteligencia, con la intención de ubicar y capturar, vivo o muerto, al Mochaorejas. Sin embargo, el secuestrador más cruel y sanguinario en décadas, y quizá de la historia en México, se había tomado el tiempo de tejer, a través de la entrega de generosas sumas de dinero en efectivo, una amplia telaraña de protección policial y judicial en los estados de México, Morelos y en la Ciudad de México. Su influencia se extendía hasta la Procuraduría General de la República y el Poder Judicial de la Federación, de tal forma que anticipaba operativos de las áreas de combate al secuestro y burlaba a policías enviados a capturarlo. También conocía el precio de los agentes del Ministerio Público que tenían a su cargo investigaciones por casos de secuestro, de tal forma que podía tomar medidas para huir o esconderse por un tiempo mientras sus abogados preparaban una defensa sin fallas y a los jueces que llevaban o llevarían casos de sus cómplices.

Con ojos y oídos en todos lados o gracias a la protección oficial comprada, el Mochaorejas y su banda se hicieron «invisibles» e impunes. A esta se integrarían su esposa María de Lourdes Arias García; sus hijos Daniel y Sandra Arizmendi Arias; su nuera Verónica Jaramillo Saldaña; sus amantes Dulce Paz Vanegas Martínez y Araceli Morán Ramírez; los hermanos de Dulce Paz, Daniel —principal operador del grupo criminal, encargado de la vigilancia inicial de las futuras víctimas— y Josué Juan; y, por supuesto, a su hermano Aurelio Arizmendi López, también un exladrón de autos y exagente de la Policía Judicial del estado de Morelos, su segundo de a bordo.

Aunque escurridizo, Daniel se hacía cada día más notorio y sanguinario. Y ese renombre lo hizo todavía más visible en la oficina del presidente Ernesto Zedillo Ponce de León después del secuestro y asesinato de Raúl Nava Ricaño: un joven de 27 años, heredero del emporio Navafruit y cuyo padre, además de ser un conocido exportador de plátanos, tenía fama de hacendado, terrateniente y propietario de bodegas en la Central de Abasto de la Ciudad de México. Por él, Daniel pidió tres millones de dólares.

El tema lo conocería Zedillo a través de varios canales, pero principalmente a través de la comunidad española asentada en México, la cual se convertiría en uno de los blancos del Mochaorejas y su banda. Las quejas de los ibéricos habían llegado hasta el Ministerio del Interior de España y de allí pasarían a México por medio del secretario de Gobernación, Emilio Chuayffet Chemor, y del procurador Jorge Madrazo Cuéllar.

En su intento de rescatar con vida a Nava Ricaño, el Cisen contactó a Control Risks, una firma británica especializada en riesgos políticos y de seguridad, para hablar con los secuestradores. Aunque algunas versiones atribuyeron a Téllez Kuenzler el acercamiento con especialistas de

Control Risks, fue irrelevante porque el resultado fue el mismo. Durante la medianoche entre el 14 y el 15 de mayo, el Mochaorejas ordenó a su cuñado Daniel Vanegas Martínez ejecutar a su joven víctima.

La intervención del Cisen, de la Policía Judicial Federal, de la Policía Judicial de la Ciudad de México y del especialista de Control Risks probó ser la fórmula para un desastre letal. Robledo Madrid, García Luna y el negociador contratado para salvar al joven Nava Ricaño no tenían idea de a qué se enfrentaban. O lo sabían, pero lo ocultaban bien, del mismo modo en que escondían su incapacidad para entender cómo operaba una banda despiadada que había empezado robando autos en el Estado de México.

Si en los sexenios de Miguel de la Madrid y Carlos Salinas se habían sembrado las semillas del secuestro de alto impacto o macrosecuestro, estas germinarían a plenitud y detonarían con salvajismo cavernario durante el mandato del presidente Zedillo. Solo en 1997, la banda del Mochaorejas había cobrado 16 millones de dólares por los rescates de 21 plagios. Y, según informes de la PGR, ese año en los secuestros reconocidos —la mayoría no se denunciaba, incluso por temor a que la misma policía formara parte de los grupos criminales— las bandas habrían obtenido ganancias por al menos 30 millones de dólares.

La cantidad, como quiera, era un cálculo raquítico y erróneo; tan solo a los 16 millones de dólares que había cobrado el Mochaorejas debían sumarse otros 10 millones de dólares que se habían entregado, producto de varios plagios, a la banda de los Mochadedos, misma que operaba en estados del norte y estaba liderada por José Alonso *el Loncho* Ávila Palafox, un personaje tan infame y cruel como Arizmendi López.

Todo era un fracaso para el Cisen. Al equipo interno encabezado por Robledo Madrid y García Luna se incorporaron dos agentes especiales: Luis Cárdenas Palomino, ojos y brazo izquierdo de García Luna, y Benito Roa Lara, un expayaso callejero con apenas la secundaria terminada, habilitado como peculiar negociador del Cisen; ambos resultaron ser un desastre, por decir lo menos.

Ni siquiera habían logrado elaborar un perfil real del Mochaorejas ni concentrar en una carpeta única de investigación todos los informes sobre el secuestrador que los había puesto de cabeza: una parte se encontraba en la PGR, otra en la Procuraduría del Distrito Federal, una más en la Procuraduría del Estado de México; el resto estaba disperso en el Cisen, aunque nadie sabía qué era ni qué periodos abarcaba. Lo más cercano a un perfil serio llegó cuando el Cisen consultó a expertos extranjeros en el tema del secuestro. Ejemplo de ello fue la colaboración del francés Michelle Marie, quien, con los datos que recibió, entregó por escrito un pormenorizado resumen de la personalidad del secuestrador mexicano.

Estaba claro que ninguno de los cuatro —Robledo Madrid, García Luna, Cárdenas Palomino y Roa Lara— entendía la dinámica, comportamiento ni motivaciones de un personaje cuerdo y complejo. Arizmendi López era un escurridizo criminal y expolicía del estado de Morelos, nacido en 1958. El grupo delictivo, que tenía unos 40 cómplices leales, terminaría reconociendo su participación en al menos 200 secuestros y ejecución de víctimas inocentes, otros asesinatos de cómplices que habían traicionado a la banda, y tres o cuatro por celos y placer: el placer de matar.

Arizmendi había tomado como ejemplo a la mafia italiana de Calabria que en julio de 1973 mutiló una oreja a John Paul Getty III, un joven de 17 años de edad y nieto del tacaño petrolero multimillonario John Paul Getty. El grupo criminal enviaría la oreja por correo tradicional al periódico italiano *Il Messaggero*, acompañada por un mechón de pelo de la víctima y un mensaje para el diario; posteriormente, haría circular una fotografía del joven mutilado para «convencer» a la familia de pagar un rescate.

Ante el fracaso, a nadie extrañó que en septiembre de 1997 el gobierno del presidente Zedillo llamara al entonces desconocido comandante Pliego Fuentes —por recomendación del gobierno del Estado de México, que en aquel entonces encabezaba César Camacho Quiroz— para que se integrara al equipo especial interinstitucional, bajo el nombre de Grupo de Apoyo Táctico (GAT). A este se sumarían especialistas y analistas de la

Sedena y la Secretaría de Marina (Semar), la PGR, la PFC y la Procuraduría General de Justicia del Distrito Federal (PGJDF), además del Cisen, para cazar al Mochaorejas y desmantelar su temible banda de secuestradores.

Un exagente de inteligencia recuerda:

> El comandante era el único que sabía que el Mochaorejas y su hermano Aurelio utilizaban a las células de su banda en forma compartimentada para evitar fugas de información, infiltraciones o delaciones, y sabía que Arizmendi, porque recibía dinero a cambio de protección, usaba la violencia como el valor primordial de su empresa. Así empezaron a verse el temor al secuestro y el secuestro mismo como una industria real, como alguna vez lo señaló Alfredo Harp Helú, por cuya liberación, 106 días después de su secuestro en 1994, se pagó un rescate de 30 millones de dólares.
>
> Hubo otro secuestro de un sobrino del magnate Carlos Slim Helú, pero la información se manejó con discreción para evitar filtraciones a la prensa. Ni una palabra salió del Cisen. A la información solo tuvieron acceso dos personas —Robledo Madrid y García Luna—, quienes lograron bajar el rescate de 10 millones de dólares a cinco millones. Nadie supo cuánto duró el cautiverio; solo se supo que la casa de seguridad fue el cuarto de un hotel y que, gracias a la intervención de los dos agentes del Cisen, el secuestrado vivió cómodamente sus días de encierro, que fue liberado sin un rasguño y que gracias a los billetes marcados que se entregaron, los criminales fueron capturados.
>
> El ingeniero García Luna fue visto como un amigo de la familia Slim, o por lo menos él así lo creyó. Poco después, el magnate instruyó a ejecutivos de Telmex, la joya de la corona del grupo Carso, para brindar todas las facilidades al personal del Cisen. Desde entonces, el Centro tendría acceso a la base actualizada de datos de la empresa, así como a la base de datos, también actualizada, de la red celular Telcel.
>
> El Mochaorejas era entre los suyos un semidiós, y en ocasiones un dios, porque decidía cuál de sus víctimas debía morir. Él lo señaló varias veces: «Tenía que ser enérgico para obtener algo». Así fue como logró

amasar una gran cantidad de dinero: millones de dólares y millones de pesos con los que viajaba, empacados como parte del equipaje de viaje, en maletas o cajas de cartón. Esto le permitió adquirir bienes inmuebles y comprar autoridades, como el comandante Pliego Fuentes, quien, paradójicamente, fue comisionado por el gobierno del Estado de México para combatir al secuestrador.

El comandante llegó al Cisen acompañado por cuatro judiciales de su confianza, los típicos agentes enjoyados que han sido inmortalizados por el cine mexicano: pantalón de mezclilla, botas vaqueras de piel exótica, camisas desabotonadas para dejar al descubierto el pecho, relojes y anillos caros, el lenguaje florido del barrio, levantado en cualquier cantina de mala muerte, y una panza prominente, lo que fastidiaba a García Luna.

Tomás Borges, el exagente que trabajó en el Cisen y en la Policía Federal con García Luna, lo recuerda como se lo contaron algunos de sus excompañeros, lo vivió en aquellas dos dependencias y lo revive hoy como lo escribió en 2013 para *Diario de un agente encubierto: La verdad sobre los abusos de los responsables de la seguridad nacional en México*:

al llegar Pliego Fuentes por instrucciones de la superioridad, a pesar de no haber acreditado los exámenes de confianza, lo primero que hizo fue ponerse a las órdenes de García Luna, quien como acto de «buena fe», entendida como juego maligno de palabras, le regaló una camioneta Suburban nueva, la favorita de los mandos de las corporaciones policiacas federales [...] El comandante entendía ese juego de palabras, así que, con la sonrisa en la cara y amable como era, dejó a García Luna con un palmo de narices porque, sin darle un segundo de pensamiento, rechazó el «regalo». Ese rechazo le dio otra dimensión al comandante, pero, y eso a la larga sería un «error» político, agravió a García Luna. Le alimentó la hostilidad contra policías y agentes empíricos, la vieja escuela.

La sala del Grupo de Apoyo Táctico (GAT), que se creó para capturar al Mochaorejas —y al que el presidente sugirió integrar a Pliego

> Fuentes— estaba en las instalaciones del Cisen, en el área de Protección y todos los lunes el ingeniero Jorge Tello Peón, titular del Cisen, presidía la reunión de alto nivel del GAT, a donde llegaban los enviados por los titulares del Ejército, la Marina, la PGR, la PFC y la Procuraduría General de Justicia del Distrito Federal, además del Cisen para intercambiar información y homologar acciones encaminadas a combatir los altos índices delictivos que, desde entonces, azotaban a los mexicanos.
>
> Además de desempeñarse como un *think tank* —grupo estratégico, gabinete de alto nivel o laboratorio de ideas y propuestas—, el GAT contaba con un equipo táctico al que se enviaron no solo los mejores elementos, sino aquellos capacitados por los grupos de reacción más reconocidos en el mundo, entre ellos el español Grupo Especial de Operaciones (GEO) y los británicos SCO 19 y SAS [...] y entrenados para la toma de instalaciones y liberación de rehenes. Podían desplazarse incógnitos, desde el hangar del Cisen en el Aeropuerto Internacional de la Ciudad de México, a cualquier parte de México.

Aunque el equipo estaba a cargo del coronel Luis Rodríguez Bucio —quien en la administración del presidente Andrés Manuel López Obrador sería responsable de formar a la Guardia Nacional—, García Luna se empeñaría en colocar como jefe de grupo a su amigo Víctor Gerardo Garay Cadena. García Luna desconfiaba desde entonces del Ejército y la Marina, tanto como de los policías formados en la vieja escuela. Quería tener el control de todo y enterarse de todo lo que hacían los militares. Tampoco quería perder de vista al comandante Pliego Fuentes.

A finales de mayo de 1998, la tarde-noche del miércoles 20, parte de la banda del Mochaorejas fue desarticulada y prácticamente toda su familia terminó en la cárcel después de un operativo en la ciudad de Cuernavaca, Morelos, en el que se ubicó a su hijo Daniel Arizmendi Arias.

«Fue una cacería en la que Arizmendi Arias ganó tiempo en oro para que su padre pudiera evadir el cerco policial. Y lo hizo. Mientras su hijo intentaba eludir una persecución automovilística, el Mochaorejas huía tomando la autopista al puerto de Acapulco, protegido y escoltado por un grupo especial de policías ministeriales del estado de Morelos», recuerda Tomás Borges.

En las siguientes horas caerían la esposa de Arizmendi Arias, Verónica Jaramillo Saldaña, su hermana, Sandra Arizmendi Arias, y su mamá, María de Lourdes Arias García. En las semanas posteriores sería el turno de Aurelio Arizmendi López. En el recuento del operativo de aquel 20 de mayo, de acuerdo con las crónicas de la época, el GAT le encontraría al Mochaorejas 4.7 millones de dólares en efectivo —aunque algunos informes establecen que su fortuna en dólares alcanzaba los 47 millones—, 43 millones de pesos contantes y sonantes escondidos en una caja fuerte y en cajas de cartón, además de 601 centenarios de oro puro, la moneda de oro más cotizada de México, y 25 documentos que avalaban la propiedad de igual número de casas en tres estados y la Ciudad de México. Todo ello producto del pago de rescates.

Con la familia encarcelada, parte de su flujo monetario decomisado y 50 agraviados exigiendo el regreso de unos 34 millones de pesos que habían pagado en rescates, el cerco para capturar al Mochaorejas se empezó a cerrar. García Luna intensificó su trabajo y movió a su gente de confianza en el Cisen, dentro y fuera del GAT, así como en otras policías, para capturarlo. Vigilaba también al capitán Domingo Tassinari Bustillo, jefe de la policía antisecuestros del Gobierno del Distrito Federal, así como a policías judiciales del Estado de México, y apresuró la disolución de la Unidad Antisecuestros de la Policía Ministerial de Morelos. Genaro pensaba que todo era cuestión de presionar algunos días para que el Mochaorejas cometiera un error.

* * *

En pleno ascenso político y buscando el favor de la Presidencia, García Luna olió la oportunidad que representaba la captura del secuestrador más sanguinario del que se hubiera tenido memoria. Bajo la guía de Marco Antonio Novella Juárez y el mando de García Luna, el Cisen se había convertido en uno de los pilares para posicionar a este último en el mejor de los rangos y propulsar su carrera como espía mayor. Esta era la oportunidad de Genaro, era la catapulta que lo lanzaría al estrellato, a las cúpulas más altas del poder.

A mediados de 1997, desde el Cisen, García Luna había dado la orden de «colgar» —sinónimo de intervenir— los teléfonos privados de los principales jefes de la Policía Judicial de Morelos, así como de los de la Unidad Antisecuestros, de tal forma que Arizmendi no tendría a quién recurrir en esa entidad; esto se debía a que la PGR había descubierto que más de una veintena de judiciales protegían o eran cómplices de bandas de secuestradores o células del narcotráfico, y otros más protegían al Mochaorejas.

«Íntegras, las conversaciones eran transcritas cada día por el área técnica del Cisen y analizadas minuciosa y cuidadosamente por nosotros», recuerda Borges. Por eso, y por algunos errores que cometieron, entre finales de enero y principios de febrero de 1998 habían caído el procurador morelense Carlos Peredo Merlo, el director de la Policía Judicial, Jesús Miyazawa Álvarez, y Armando Martínez Salgado, coordinador operativo de la Policía Judicial y jefe de la Unidad Antisecuestros, los tres acusados de sostener vínculos con bandas de secuestradores.

A su manera y sin tantos recursos, Pliego Fuentes también buscaba al Mochaorejas, aunque se negaba a faltar a los acuerdos para entregar información al Grupo de Apoyo Táctico del Cisen, que dirigían el contralmirante Robledo Madrid y García Luna. El comandante había sido claro con los hombres bajo su mando: «Vivo». Era una obsesión: el Mochaorejas debía caer vivo.

Su protector, lo llamaban. Se llegó a documentar en ocasiones cuánto dinero habría recibido directamente en efectivo y cuánto en especie por dejarlo escapar, pero él mantuvo su inocencia. Por eso quería ser él quien lo capturara. A pesar de que sus rivales y algunos críticos lo llamaban policía vendido, Pliego Fuentes se negaba a vivir bajo la sombra de García Luna. Se negaba también a ser el juguete del Cisen y del Grupo de Apoyo Táctico. No le rendiría culto a la personalidad de nadie. Para eso, anteponía su carrera policial de dos décadas.

Se hizo de fama en septiembre de 1992, mientras se desempeñaba como subdirector de Investigaciones de la Policía Judicial de la delegación Cuauhtémoc. Ya fuese por suerte, por sus contactos en el mundo del crimen o porque tuvo ayuda de sus compañeros, Pliego Fuentes capturó al secuestrador Nicolás Andrés Caletri López, un sujeto corpulento y recio, convertido en uno de los criminales más peligrosos y temidos del país.

Sin dejar de rendir cuentas al Cisen, pero con la mira puesta en su trabajo y por las razones que fueran, Pliego Fuentes le llevaba ventaja a García Luna porque conocía la forma de operar del Mochaorejas y su banda, así como sus nombres —incluidos los alias de su esposa e hijos—, domicilios, la ubicación de ciertos escondites o casas de seguridad, algunos cómplices, lugares que frecuentaban e incluso sabía de otros criminales que en algún momento se habían cruzado en el camino del secuestrador. El comandante estaba familiarizado con su mundo porque había hecho más trabajo de calle que García Luna, el contralmirante Robledo Madrid y sus muchachos egresados de carreras universitarias.

La madrugada del martes 18 de agosto de 1998 Pliego Fuentes lanzó un anzuelo. Y Daniel Arizmendi López, el Mochaorejas, el secuestrador más despiadado de México, lo mordió: pactó el encuentro con sus cómplices capturados por el Grupo Yaqui, uno de los grupos policiales de combate al secuestro que el propio Pliego Fuentes comandaba.

El secuestrador, quien juró que nunca lo capturarían vivo, porque sería fea toda una vida en la cárcel y «morir sería más bonito», llegó confiado al lugar del acuerdo con sus cómplices. Llevaba con él cinco millones de pesos y unos 500 mil dólares para sus gastos personales: «El pago de su nómina, cómplices y elementos policiacos de varias corporaciones que le dieron protección durante varios meses», como publicó en su crónica el periodista David Aponte a través del periódico *La Jornada*.

Y aquel raudal de agentes con Pliego Fuentes al frente, como ocurría siempre durante sus operativos de captura, le cayó. El comandante daría a conocer después de la captura que tuvo al Mochaorejas justo en la mira de su AR-15. «Para mí era muy sencillo matarlo, tan sencillo como doblar el dedo», aseguró.

En las horas posteriores a la captura, hubo una serie de contradicciones en los informes y declaraciones que ofrecieron el procurador Jorge Madrazo Cuéllar y el titular de la Procuraduría de Justicia del Estado de México, Jorge Reyes Santana. El hecho incontrovertible era que el comandante Alberto Pliego Fuentes les había ganado la carrera a García Luna y a sus agentes de inteligencia. Capturó y entregó vivo al secuestrador más peligroso y torvo del país, Daniel Arizmendi López, el Mochaorejas.

A la distancia, Tomás Borges recuerda los hechos. Asegura que el comandante Pliego Fuentes

> se anotaba un éxito más en su carrera al entregar a uno de sus protegidos, lo que hace ver a todas luces cómo la seguridad pública está llena de intrigas y traiciones.
>
> La captura del Mochaorejas tomó a Marco Antonio Novella Juárez, responsable del área de secuestros del Cisen, bajo la guía de García Luna, en Washington. Y allí recibió la noticia vía *pager* de parte de Maribel Cervantes Guerrero, la novia eterna y analista estrella de García Luna. Ella coordinaba los cursos y decidía quién salía de comisión y quién se quedaba.
>
> La notoriedad de Pliego Fuentes no fue bien vista por García Luna, pues la mística de aquel entonces era no parecer policía, tratar de pasar inadvertido, acciones que el comandante siempre omitió. Alberto Pliego era un agente de la Procuraduría General de Justicia del Estado de México y demostró tener un carisma y liderazgo inusitados, rompiendo los esquemas del Cisen. Siempre se comportaba de una manera campechana, fresca

> y franca, al grado de dar entrevistas, como al periodista Ricardo Rocha en una casa de seguridad del Mochaorejas [...] La fama del comandante crecía como espuma [...] Y así crecieron el recelo y odio de García Luna hacia el comandante Alberto Pliego Fuentes.

García Luna puso en marcha toda la maquinaria interna del Cisen para vengar la afrenta del comandante. No había lugar en el país para dos infiltrados, para dos topos. Sus reflejos eran idénticos en cuanto a los modos, pero las diferencias se hacían presentes en cuestión de imagen pública, al exterior. Uno trajeado finamente de azul, corbata impecable, cabello acomodado y lenguaje profesional. El otro más inclinado a la estética cantinera, con sus jeans y la camisa abierta, el léxico florido. Uno tartamudeaba y el otro daba conferencias de prensa, ganándose las simpatías del público. En esta obra de teatro solo podía brillar un actor y, con la captura del Mochaorejas, era claro quién recibía la ovación de pie. Ante tal afrenta, se fermentó un celo incontenible, un odio profundo que continuaría hasta sus últimas consecuencias.

Todavía en 1999, Pliego Fuentes le daría otra lección humillante a García Luna, al capturar vivo, porque esas fueron sus órdenes expresas, a otro peligroso y truculento secuestrador: Marcos Tinoco Gancedo. Mejor conocido por su alias del Coronel, Tinoco había conformado una banda delictiva de cinco células, cada una con al menos 10 integrantes, que se desconocían entre sí, y cuya firma alarmó a empresarios del ramo joyero en el estado de Morelos y la Ciudad de México: cortaban el dedo meñique a sus víctimas, a todas.

Esa segunda humillación fue demasiado para García Luna: apenas llegó a la PFP, puso en marcha la maquinaria para cazar y vejar a Pliego Fuentes. En 2002 Genaro ya estaba posicionado como el policía consentido del gobierno de Vicente Fox Quesada y gozaba de la protección de la primera dama, Marta Sahagún de Fox. Fue entonces cuando Pliego Fuentes resultó involucrado en una enmarañada red de complicidad dedicada al secuestro, dentro de la cual participaban policías en activo, narcotraficantes y joyeros. Así, terminó encarcelado en el penal de máxima seguridad de Almoloya de Juárez.

El comandante de la vieja escuela pasó de héroe a villano. Su encarcelamiento y la muerte que lo sorprendió en 2007 dentro de su celda, mientras esperaba un amparo para defenderse en libertad, mostraron los modos de operación de García Luna. El secuestro había sido el antecedente que nadie vio o nadie quiso ver: Genaro roció combustible, prendió fuego con intereses oscuros y México se llenó de secuestradores sanguinarios, en tanto él recibió la encomienda de combatirlos.

Pliego Fuentes terminó pagando la afrenta a la imagen del policía supremo. Tras las rejas ya no lucía la vitalidad y confianza que demostró en las ruedas de prensa. La sonrisa de Genaro ya no era tensa y temerosa, ahora era genuina. Ya nadie recordaría con elogios a aquel héroe caído. El camino quedaba libre. Además, la experiencia, amarga sin duda, le había otorgado valiosas enseñanzas.

En diciembre de 2019 el periodista Raúl Rodríguez Cortés tuvo acceso a una carpeta de la inteligencia militar que contenía información sobre García Luna. Por medio de «Gran Angular», una columna de opinión publicada en *El Universal*, Raúl apuntó: «De manera que, mientras protegía a bandas de plagiarios —según las acusaciones— daba golpes contra el secuestro para registrar en estadísticas, una reducción en ese delito que todavía muchos le reconocen [...] ¿A poco no sabían de todo esto Fox y Calderón? Bien dice el dicho: "Para tener el pico largo hay que tener la cola corta"».

El ambiente propició que se formaran bandas de secuestradores como los Benítez, los Cobra, los Jarochos, los Colmenos de Pedro Sánchez González (o Pedro Cornejo Silva), los Jeremías, los Temerarios o los Malditos, los Solís, los Chinos, o los Cuadros. La competencia feroz entre bandas desembocaría en la práctica de lo que posteriormente se conocería como secuestro exprés; además, favoreció la expansión desmedida de la extorsión o cobro de piso. El país se llenó de secuestradores y extorsionadores. El negocio era tan lucrativo para todos —criminales, policías, agentes del Ministerio Público y jueces— que algunos delincuentes mayores llegarían a operar desde sus celdas dentro de las prisiones en que fueron recluidos.

En forma paralela, aumentaron los gastos empresariales destinados a la seguridad personal. Para 1998, cuando García Luna se presentaba como agente de inteligencia especialista en secuestros y esta se convertía en un área neurálgica en el Cisen, creció exponencialmente el número de firmas privadas que ofrecían seguridad física: desde automóviles blindados hasta prendas discretas antibalas, servicio de guardaespaldas, análisis de riesgo e incluso inteligencia preventiva. El directorio, que en la década de los setenta estaba conformado por apenas una treintena de empresas, se extendió a más de dos mil en 1999.

Unos meses después de iniciar el sexenio de Fox, cuando García Luna ya controlaba a placer la Policía Federal, se reportó en Acapulco el secuestro del empresario inmobiliario Ron Lavander Bachur, por cuyo rescate la familia pagó 1.2 millones de dólares. Luego seguiría una larga lista en la que destacarían el exfutbolista y entrenador argentino Rubén Omar Romano, al igual que Nelly Catalina Esper Sulaimán, hija del entonces dirigente del PRI en San Luis Potosí, Antonio Esper Bujaidar, y sobrina de José Sulaimán Chagnón, expresidente del Consejo Mundial de Boxeo.

En junio de 2007, seis meses después del inicio del gobierno de Felipe Calderón Hinojosa, con García Luna como secretario de Seguridad Pública, se reportó el secuestro de Eduardo García Valseca, hijo del coronel José García Valseca, expropietario de Organización Editorial Mexicana, la cual todavía publica una cadena de periódicos bajo el nombre de El Sol: *El Sol de México*, *El Sol de Acapulco*, *El Sol de Toluca*.

La lista se hizo impresionante: Silvia Vargas Escalera, hija de Nelson Vargas, exdirector de la Comisión Nacional del Deporte (Conade); Fernando Martí, hijo del empresario Alejandro Martí, propietario de la cadena de tiendas Deportes Martí, y el excandidato presidencial panista Diego Fernández de Cevallos.

Las víctimas circunstanciales o directas de García Luna —amigos, personajes de su círculo íntimo, rivales y enemigos políticos— empezaron a caer. La defenestración, el encarcelamiento y la muerte tocaron a las puertas del gabinete presidencial, no solo a las áreas de combate a la inseguridad. El secuestrador Marcos Tinoco Gancedo, el Coronel, denunció la protección que García Luna daba en 2002, como titular de la AFI, a las más peligrosas bandas de secuestradores —entre ellas la del mismo Tinoco Gancedo—, mismas que servirían de base para arrestar, encarcelar y enjuiciar al comandante Alberto Pliego Fuentes.

Para finales de 2010 García Luna afinaba sus aspiraciones políticas, convencido de que su futuro aguardaba grandes logros: quizá la titularidad vitalicia de una eventual agencia de espionaje y seguridad nacional del gobierno, un híbrido entre la CIA y el FBI, o tal vez un puesto de elección popular, como una senaduría. Mientras tanto, en México se perpetraban tres secuestros por día, aunque por temor a la policía solo se denunciaba uno de cada cuatro. Así, gracias al «trabajo» de este funcionario, los delincuentes sabían que solo había una posibilidad entre nueve de que fueran capturados.

Los secuestros, desapariciones y los muertos quedarían como punzante testimonio de su labor en las altas esferas del gobierno; primero como responsable del área de Inteligencia de la Policía Judicial Federal en el sexenio de Ernesto Zedillo, luego como titular de la Agencia Federal de Investigaciones en el de Vicente Fox, y, finalmente, como secretario de Seguridad Pública en el de Felipe Calderón.

16
EL PODER A CUALQUIER COSTO

Los finales pueden ser paulatinos, hasta pacíficos, dictados por el paso del tiempo, quizá en la clausura impuesta de los barrotes de una celda. Los hay misteriosos, envueltos en una bruma que no distingue entre suicidio o asesinato. Pero existe un tercer tipo, el explosivo, el más estruendoso, aquel que es visto por millones y, aun a plena vista, guarda una cantidad enorme de interrogantes y suposiciones. Sin embargo, los tres tipos ofrecen un mismo resultado: el camino limpio para seguir andando.

Los mayores enemigos y detractores del exsecretario de Seguridad Pública, poderosos todos, se sumaron a las estadísticas de las decenas de miles de muertos; algunos fallecieron en circunstancias absurdas, por lo que aún levantan sospechas. Sobresale entre estos José Luis Santiago Vasconcelos, un zar antidrogas —y, tras algunas conjeturas, quizá el único que pudo haber llevado a la cárcel a García Luna—; destacan también los nombres de Juan Camilo Mouriño Terrazo y Francisco Blake Mora, ambos secretarios de Gobernación, quienes, cada uno a su manera, disputaban la cercanía y favores del presidente Felipe Calderón. Los tres coinciden en finales del tipo estruendoso: accidentes aéreos.

El nombramiento de Mouriño Terrazo como secretario de Gobernación parecía un jaque mate por parte de la política mexicana. No obstante, fue a las 18:45 horas del 4 de noviembre de 2008 que el destino le torció ese futuro a Mouriño y cortó de tajo los sueños de Felipe de prolongar el calderonismo: el jet en el que viajaba acompañado por Santiago Vasconcelos cayó en pleno corazón de la Ciudad de México.

Antes de siquiera dar tiempo a la conmoción, las ondas expansivas del desplome del Learjet 45 atravesaron el túnel del tiempo, al pasado, hasta alcanzar con la fuerza de una bomba el 21 de septiembre de 2005. Fue en aquella fatídica fecha que un helicóptero oficial se estrelló, antes del mediodía, en una zona boscosa cercana a la Ciudad de México; el incidente ocasionó la muerte de Ramón Martín Huerta, exgobernador de Guanajuato y, en ese momento, secretario de Seguridad Pública del gabinete del presidente Vicente Fox, así como de otras ocho personas, entre ellas el general Tomás Valencia Ángeles, comisionado nacional de la Policía Federal Preventiva.

A tres lustros del percance, hoy hay elementos para advertir que la aeronave, una Bell 412-EP matrícula XC-PFI, se estrelló porque alguien la quería tirar. Un atentado, pues. La PFP le guardaba resentimiento al secretario por el linchamiento de tres agentes de esa corporación a manos de una turba del pueblo de San Juan Ixtayopan, en la delegación Tláhuac, en la zona sureste de la Ciudad de México. Dos de los agentes, de hecho, morirían quemados en vida.

***

La tarde-noche del 23 de noviembre de 2004 un espectáculo de pesadilla se transmitió en vivo por la televisión. Una horda violenta salió a la caza de los supuestos delincuentes. Para entonces, apenas pasaban de las 18:00 horas. Los acusaban, sin una sola prueba, de fotografiar a niños de una escuela y de agredir sexualmente a otros estudiantes. Las imágenes en tiempo real mostraban al pueblo, amotinado y fuera de sí, castigando a palos, puñetazos y patadas a los agentes: el subinspector Víctor Mireles Barrera y los suboficiales Édgar Moreno Nolasco y Cristóbal Bonilla Martín.

En las calles aledañas al lugar del sacrificio solo se escuchaban las arengas: «¡Jálenlo de los huevos para que aprenda!», «¡Hijos de la chingada... los vamos a matar!». A las 20:00 horas llegó el equipo de

Televisa, la principal cadena de televisión del país. En la Secretaría de Seguridad Pública, los equipos de élite seguían esperando una orden del secretario.

Mientras empujaban a los agentes al lugar que serviría como hoguera, el equipo de Televisa iniciaba la trasmisión del caos. Era una entrevista. «¿Cómo se llama usted?». Una masa sangrante alcanzaba a mascullar: «Víctor Mireles». El subinspector imploraba por su vida. «¿Qué hacían aquí?», preguntó el reportero. «Somos de la PFP y estamos investigando», apenas logró balbucir.

Mireles y Bonilla, de 39 y 27 años de edad, eran arrastrados a su muerte. La gente no les creía nada, se violentaba más. Tal vez era la adrenalina lo que mantenía vivos a los agentes. A unos metros de la plaza de San Juan Ixtayopan, TV Azteca mostró el pasmo y el verdadero rostro del Estado Mayor de la Secretaría de Seguridad Pública: «Estamos muy lejos, nos cuesta mucho llegar hasta allá», decía el comisionado de la PFP, el almirante José Luis Figueroa Cuevas. «Pero estamos viendo que hay medios de comunicación… Sí, por el tráfico y la distancia», respondía el funcionario. Nadie atinaba a decir para qué servían o cuándo volarían los helicópteros de la secretaría que transportaban a las tropas de élite. Tampoco había una respuesta clara sobre los cuerpos de élite de la corporación.

Miguel Ángel Lorenzana, camarógrafo de Televisa, revelaría después que cuando empezó el alboroto, uno de los agentes alcanzó a llamar a uno de sus jefes en la PFP para pedirle que fueran por ellos porque los estaban linchando. La turba enardeció todavía más. Lorenzana confesó a la prensa que la televisora tomó la decisión de transmitir las imágenes menos violentas.

A unos metros de la plaza del pueblo se encendió una pira humana. Los policías federales volvieron a la imagen de Ramón Martín Huerta, el secretario de Seguridad y quizá el amigo más cercano del presidente Fox y de la primera dama, Martita Sahagún; sin embargo, el comisionado de la PFP, Figueroa Cuevas, atajó: «Todos llegamos tarde». El alto mando de la PFP supo del secuestro a las 18:00 horas. Y fue recién a las 18:30 que «subió el coordinador de Inteligencia de la PFP, José Luis Palacios Razo, quien informó al almirante José Luis Figueroa Cuevas».

Pero era mentira, sabía del altercado desde las 17:00 horas. En julio de 2020, durante una charla informal, Tomás Borges recrea parte de lo que vivió aquella tarde-noche del 23 de noviembre de 2004, mientras hacía pruebas con una impresora en la sede de la PFP: «Llegó uno de los choferes, Israel Islas, el Pokemon, quien me preguntó si había visto la televisión, porque estaban golpeando a los de Terrorismo».

Las imágenes hablaban por sí mismas: la turba arrojó a Mireles —un agente que seguía a Genaro García Luna desde el Cisen— y a Bonilla a la hoguera. Los dos murieron carbonizados. Los martirizaron hasta la muerte. Moreno Nolasco se salvó de milagro. Tomás recuerda todo con vehemencia, coraje y tristeza. Quince años después, todavía lo lamenta. Eran sus compañeros. Las palabras le salen deprisa y claras:

> A las 21:19 horas, cuando iba de regreso a su oficina en una motocicleta, el almirante Figueroa tomó una llamada que exhibiría el desdén del alto mando de la Policía Federal Preventiva. Era una reportera.
>
> —Comisionado, buenas noches, ¿qué nos puede decir de lo que está pasando en San Juan Ixtayopan, Tláhuac?
>
> —Buenas noches... Sé que tienen detenidos a unos compañeros; están un poco golpeados, pero están bien.
>
> —Señor, le informo que ya están muertos —respondió la reportera. Millones de televidentes escucharon las voces nítidas de ambos, sin poder despegarse de ese grotesco espectáculo.

Fue ese uno de los contextos en los que, 10 meses más tarde, el 21 de septiembre de 2005, se estrelló el Bell 412-EP matrícula XC-PFI del secretario de Seguridad Pública. Y al interior de la PFP todos sabían que el helicóptero no había cargado combustible suficiente para cubrir la ruta trazada. Martín Huerta se dirigía al penal de máxima seguridad de La

Palma para la puesta en operación de la Fuerza de Seguridad Penitenciaria, una nueva policía que buscaría mantener sin corrupción los centros carcelarios federales de máxima seguridad.

Por razones que nunca se conocerán debido a su muerte y a que esos helicópteros no estaban equipados con una caja negra como otras aeronaves, Martín Huerta y el general Valencia Ángeles habían tomado la decisión —o se habían dejado convencer— de transportarse a la ceremonia en el penal de máxima seguridad, ubicado a 75 u 80 kilómetros de la Ciudad de México, en una aeronave que no reunía las condiciones de seguridad para volar. La dependencia responsable de que la aeronave estuviera en condiciones —técnicas, mecánicas y de combustible— para hacer el vuelo era la AFI, a cargo de Genaro García Luna.

El presidente Fox ordenó clasificar como reservada la información relacionada con el accidente. No era secreto que, sin combustible, el helicóptero no habría podido ascender a más de 3 mil 500 metros de altitud y acabar estrellándose contra un cerro de Xonacatlán, en el Estado de México. El manoseo de la información propició que muy pocos repararan y revisaran el depósito de combustible del helicóptero de Gobernación, lleno hasta el tope con al menos mil 500 litros, de tal forma que un accidente cualquiera garantizaría que los cuerpos de la tripulación y los pasajeros se hicieran cenizas.

El helicóptero Bell 412-EP, manufacturado en Canadá, era considerado como una de las aeronaves más confiables en condiciones extremas; trascendió entonces que el piloto Habacuc de León Galicia, un exagente de la PFC, no estaba capacitado para pilotarlo: apenas había tomado algunos cursos para convertirse en piloto aviador. También se hizo público que Habacuc de León, autorizado por García Luna, había decidido cambiar la ruta del vuelo; el despegue había tenido lugar en el helipuerto del Campo Marte en la Ciudad de México y no debía tomarle más de 40 minutos aterrizar en el penal de máxima seguridad de Almoloya de Juárez. Además, se filtraron señalamientos sobre un flamazo o una explosión en la parte trasera del helicóptero, a la altura del rotor.

México es un país en el que la verdad se puede ocultar en un mar de intrigas o entre vericuetos jurídicos, pero en el que también hay sujetos mal pensados con el hábito de almacenar la información para evitar que algunos temas queden en la oscuridad. Así pues, hubo quienes recordaron que la Policía Federal Preventiva, a cargo de Wilfrido Robledo Madrid, había autorizado la compra de un helicóptero similar en seis millones de dólares, todo mediante un proceso confuso, inexplicable y sin licitación, como se refirió en capítulos anteriores.

Desde la Secretaría de la Contraloría y Desarrollo Administrativo (Secodam) se dio a conocer que esta dependencia había olvidado revisar la compra irregular de otras 12 aeronaves. Después del percance del 21 de septiembre de 2005 el más interesado en enterrar el escándalo era el titular de la AFI, el protegido del presidente Fox: García Luna.

Tomás Borges lo recuerda y relata con claridad, debido a que aquel miércoles 21 él cubrió la guardia matutina en ese penal. Su tarea era precisa: tener la mirada fija en el capo tamaulipeco Osiel Cárdenas Guillén:

> A mi llegada al penal (a las 7:00 horas) se nos dio a conocer una visita del secretario. A las 10:00 horas empezaron a llegar los funcionarios, aunque el acto estaba programado para las dos de la tarde. Llegó el subsecretario Miguel Ángel Yunes Linares, quien rompió todos los protocolos de seguridad porque ingresó al penal con teléfonos celulares y con sus escoltas armados.
>
> Posteriormente ingresó el personal que prepararía y serviría los bocadillos. Bebidas y botanas fueron colocadas en mesas habilitadas sobre la explanada del acceso principal del penal. Alrededor de las 10:00 horas, en mi custodia en torno a Osiel, lo vi muy sonriente, de muy buen humor.
>
> Media hora más tarde, me llamó para pedirme agua para beber. Pedí autorización, la cual me fue concedida por Delfín 18, nombre clave de una de las compañeras de Control. Al llevarle su jarra con agua, Osiel señaló entre dientes: «No ha venido el secretario ¿verdad?».

«No sé, el evento está programado para más tarde», respondí. «No va a venir», aseguró Osiel. Al salir, me di cuenta de que, efectivamente, todo estaba preparado, pero no había rastro del secretario ni de su comitiva. El sol estaba radiante. Le comenté a un compañero de apellido Romo el señalamiento de Osiel.

La respuesta de Romo fue contundente: «Lo que me dices está cabrón, ¿no ves que se la sentenció al secretario por la puesta en marcha del programa?». A las 14:00 horas hice mi relevo. Ya en mi punto, observaba a Osiel. «¡Qué le dije! Su secretario no va a llegar», exclamó mientras le entregaba sus alimentos, sonriendo como si no le importara una sanción de Control por hablarle a un oficial.

Osiel Cárdenas Guillén, el Mata Amigos, capturado el 14 de marzo de 2003 en Matamoros, Tamaulipas, tenía razón: Ramón Martín Huerta, el secretario de Seguridad Pública, el gran amigo del presidente Fox, no llegaría jamás a ningún lado. Por una u otra razón, su destino estaba sellado. El final estruendoso levantaría una nube de suposiciones.

* * *

Ambicioso por naturaleza y con la mira puesta en Pemex, Juan Camilo Mouriño Terrazo, jefe de la Oficina de la Presidencia antes de llegar a Gobernación el 16 de enero de 2008, había convencido a Calderón de copiar las estructuras más patibularias del PRI. Reprodujeron todos los vicios e hicieron del PAN un apéndice del gobierno. Juntos reconstruyeron e hicieron resurgir con fuerza el concepto patrimonialista del Estado, que se traducía en un partido político como prolongación del poder presidencial, o bien, la burocratización del PAN. De la mano de Mouriño —su hermano, como lo llamaba—, Calderón gobernaría con el apoyo de los poderes fácticos, cuyo rostro estaba representado por las dos grandes cadenas televisoras: Televisa, de Emilio Azcárraga Jean, y TV Azteca, de Ricardo Benjamín Salinas Pliego.

En 2003 los Mouriño habían maniobrado para imponer como gobernador de Campeche al priista Jorge Carlos Hurtado Valdez. Durante el año 2007 era un secreto a voces que se había levantado una fortaleza familiar protegida por efectivos militares del Estado Mayor Presidencial, la cual contaba con servicios públicos que ni los ciudadanos de Campeche tenían. También existían rumores sobre los negocios irregulares de Hurtado Valdez con Pemex, aunque el mismo gobierno y legisladores del PAN lo exonerarían.

El 16 de enero de 2008, dos años y 45 días después del ascenso del calderonismo a la presidencia, Felipe no pudo ocultar su regocijo por el futuro reservado para Mouriño Terrazo. Lo nombró secretario de Gobernación en sustitución de Francisco Javier Ramírez Acuña, exgobernador de Jalisco. La nueva investidura del político no era un mero formulismo; en realidad, encaminaba a Mouriño a la sucesión de Calderón. A partir de aquel día, Mouriño despacharía como virtual vicepresidente, aunque ya lo hacía desde el primero de diciembre de 2006, cuando fue nombrado jefe de la Oficina de la Presidencia.

Por su parte, el ambicioso y taimado secretario de Seguridad Pública, Genaro García Luna, aparecía cerca, pegado como una sombra y sin atreverse a levantar la mano. Como era de esperarse, los celos volverían a surgir como lo habrían hecho en su momento con Pliego Fuentes. No obstante, ahora el contrincante vestía bien, demasiado bien. Mouriño representaba todo lo que alguien de la Romero Rubio desesperadamente aspiraba a ser: con su nacionalidad mixta, española y mexicana, de familia y orígenes adinerados, y, sobre todo, consentido por el presidente. Su actual rival no era un policía infiltrado en grupos criminales, alguien a quien fácilmente podría incriminar y mandar encerrar. Este sujeto era de la realeza mexicana.

A las 18:45 horas del 4 de noviembre de 2008, la aeronave en la que viajaban Mouriño y Santiago Vasconcelos se había desplomado. El percance ocurrió en Monte Pelvoux y Ferrocarril de Cuernavaca, en la colonia Lomas de Chapultepec, a unos cuantos pasos de la prolongación

Paseo de la Reforma. El impacto y la explosión casi inmediata de la aeronave y de algunos automóviles alcanzados por las llamas dejaron un saldo de 14 personas muertas, incluidos algunos transeúntes, y 40 lesionados.

Mientras tanto, en medio del caos, fluían nombres de la tripulación y otras personas, algunas empleadas del Gobierno federal, quienes viajaban en la aeronave. Se trataba de un Learjet 45 modelo 1998 con capacidad para 10 personas; volaba bajo la matrícula XC-VMC y regresaba de San Luis Potosí, transportando no solo a Mouriño, sino también a Santiago Vasconcelos, extitular de la Subprocuraduría de Investigación Especializada en Delincuencia Organizada (SIEDO).

El desasosiego y la angustia dieron paso a una cólera escondida cuando, en los días siguientes, al margen de especulaciones y luego de encontrar y analizar la FDR —caja negra o registrador de datos técnicos del vuelo—, se descubrió que esta había dejado de funcionar en 2006. La empresa responsable de su operación tenía conocimiento pleno del hecho.

Desde las páginas de Compranet, alguien —y ese alguien tenía que ser de muy arriba— había dado la orden de desaparecer la licitación de la Secretaría de Gobernación para la adquisición del Learjet. Otro alguien filtró informes perturbadores que levantaban aún más interrogantes pues, en teoría, el Learjet 45 de la Secretaría de Gobernación no tenía 10 años de antigüedad, sino cuatro, y contaba con todos los adelantos tecnológicos del momento. Además, desapareció el contrato de la empresa responsable de dar servicio de mantenimiento y la aportación de la tripulación.

Un hecho innegable era que los dos personajes muertos deambulaban también como cadáveres políticos. El primero, Mouriño, por las sospechas de corrupción y tráfico de influencias, incluso aunque el mismo gobierno y algunos diputados lo hubieran exonerado por una serie de contratos preferenciales e irregulares con Petróleos Mexicanos. El segundo, Santiago Vasconcelos, por supuestos vínculos preferenciales con el Cártel de Sinaloa, como sugirió el doctor Alfredo Jalife-Rahme.

Entre la especulación y justa indignación, se añadía el hecho de que las posibilidades matemáticas de una falla mecánica en un Learjet 45 eran de 0.0001%. Aunado a esto, se supo que a hora muy temprana de aquel martes 4 de noviembre, minutos antes del despegue de la aeronave desde un hangar del Aeropuerto Internacional de la Ciudad de México, la cual volaría a San Luis Potosí y luego de vuelta a la capital del país, el secretario de Seguridad Pública, Genaro García Luna, había hecho una peculiar llamada, por decir lo menos, para avisar que no llegaría, que no lo esperaran, que su lugar podía ser ocupado por otra persona.

Según la oficina de García Luna, el atareado titular de la SSP no podía acompañar al secretario Juan Camilo Mouriño porque personalmente daría posesión a un comisionado interino de la PFP, que sustituiría a su amigo y protegido Víctor Gerardo Garay Cadena. Luego se supo que el nuevo comisionado interino, el comandante Rodrigo Esparza Cristerna, había dejado plantado a García Luna. Así pues, el secretario realmente estaba ocupado o había mentido para no encontrarse de frente con Santiago Vasconcelos, quien le tenía bien guardado un expediente por vínculos con el crimen organizado, y evitar, a toda costa, abordar ese avión.

García Luna no solo eludió el encuentro en San Luis Potosí, plaza entonces negociada por la Policía Federal Preventiva con los Zetas. Se había acordado que durante el vuelo de ida y de regreso se discutirían los detalles de una serie de iniciativas de ley sobre reformas a la seguridad pública, en función de librar de mejor manera la guerra contra la delincuencia organizada. Como consecuencia, también analizarían señalamientos serios sobre el involucramiento de comandantes de la Policía Federal con los cárteles de la droga, y la transformación de estos grupos criminales y de bandas de secuestradores en organizaciones cuyo estilo para operar se asemejaba al de la mafia italiana.

San Luis Potosí debía representar un paisaje poco atractivo para un policía federal y, en especial, para el secretario de Seguridad Pública, debido a la existencia de un sicario potosino responsable de la desaparición de cuatro agentes federales en 2007 y que fungía como jefe de la plaza de Reynosa, Tamaulipas. Jaime González Durán, quien operaba bajo el sobrenombre del Hummer, tenía autorización para incursionar en su natal San Luis Potosí; por si fuera poco, también se había atribuido el asesinato de Valentín Elizalde, un famoso y popular cantante de banda, al término de un concierto el 26 de noviembre de 2006. El capo esperaba «saludar» en persona y presentarle sus «respetos» a García Luna, un rival más al servicio del Cártel de Sinaloa y cercano a Joaquín *el Chapo* Guzmán.

El Hummer había sido un allegado confiable de Arturo Guzmán Decena, alias el Z-1: otro sicario todavía más cruel, carnicero, líder y también fundador de los Zetas. De él llegó a recibir órdenes directas de torturar, ejecutar y desaparecer a las víctimas o entregarlas a los «cocineros» del Lazca.

Extitular de la AFI, entre cuyas tareas destacaba el combate al narcotráfico, y en ese momento secretario de Seguridad Pública, era lógico que García Luna no deseara volar a San Luis Potosí aquel 4 de noviembre de 2008. Quizá no lo hizo simplemente porque no quería, y su decisión de ausentarse nada tenía que ver con el sicario zeta ni su nuevo comisionado interino de la PFP, pero el registro de los hechos abonó material para las interrogantes.

Nada detenía el mar de conjeturas y teorías de una conspiración criminal o gubernamental, e incluso emergieron algunos secretos sucios del extinto secretario de Gobernación. La situación continuó hasta que el 14 de noviembre, 10 días después de la caída de la aeronave, durante una rueda de prensa en la que hubo una exposición gráfica-cronológica de los últimos momentos del vuelo, se dio a conocer la transcripción editada y revisada de tres micrófonos de la aeronave: el del piloto, el del copiloto y el ambiental.

A punto de que un pasajero visitara la cabina, una voz femenina —probablemente de la sobrecargo Gisel Carrillo Pereira— solicitó el tiempo de llegada a la Ciudad de México. «En 11 minutos», aseguraron piloto y copiloto, el tiempo exacto antes del desplome del avión. El visitante, que bien pudo ser el mismo Mouriño aunque en la transcripción se identificó solo como voz masculina (VM), entró a la cabina.

Quien haya sido, extrañamente conocía el estado mecánico del Learjet 45, pues preguntó a la tripulación cómo había quedado el aparato después de la última reparación. Tiene un detallito, explicaron, de los que resultan «cuando les meten mano»; pese a ello, coincidieron en que la aeronave estaba bien.

En un momento, el controlador se dirigió a la nave, identificada como Víctor Mike Charly, e insistió que girara por la derecha. Tal parece que piloto y copiloto comenzaron a dudar sobre las instrucciones del controlador, argumentando que nunca les había ordenado sobrevolar la radioayuda. El controlador les pidió mantenerse a 220 nudos y bajar la altitud, para luego indicarles la pista en la que aterrizarían. Los pilotos continuaron con maniobras mientras su visitante hacía preguntas sobre cómo iba el trabajo, la altura a la que viajaban, la velocidad, si se medía en millas, kilómetros o nudos, sus equivalencias; y así continuaron hasta que apareció lo que confundieron con Celaya o Salamanca.

De acuerdo con las explicaciones y señalamientos con los que se trataba de convencer a los periodistas, piloto y copiloto habían perdido el control total de la aeronave después de entrar a la mitad del vórtice de la turbulencia que dejaba el avión de Mexicana de Aviación que antecedía al Learjet 45 en la misma ruta. En otras palabras, la pequeña aeronave se internó en una turbulencia que sorprendió a los inexpertos tripulantes.

Según los informes oficiales, el Learjet 45 volaba a una distancia de 4.15 millas náuticas (o 7.6 kilómetros); aquello incumplía la normativa internacional de aviación, la cual establece un mínimo de cinco millas (equivalentes a 9.2 kilómetros). Por más que lo intentaron, nunca pudieron cuadrar la cercanía del Learjet 45 con la aeronave de Mexicana de Aviación.

No obstante, durante el transcurso de los meses siguientes se descubriría que había causas más sombrías que habrían provocado el desplome de la pequeña aeronave. La presión fue tal que la Comisión Investigadora y Dictaminadora de Accidentes e Incidentes de Aviación (CIDAIA) atribuiría el percance a una «pérdida de control a baja altura y posterior impacto de la aeronave con el terreno, por el encuentro con turbulencia de estela producida por la aeronave que le precedía».

Las versiones oficiales, al igual que otras hipótesis y conjeturas descabelladas, alimentaron por meses la inusual e inesperada cancelación de García Luna y su desdén al secretario Mouriño. También abrieron la puerta a la teoría de una narcomaquinación para derribar la aeronave.

En la política mexicana abundan los ejemplos de maquinaciones que se ocultaron detrás de versiones oficiales. Ejemplo de ello son los asesinatos del candidato presidencial priista Luis Donaldo Colosio Murrieta, la tarde del 23 de marzo de 1994; del cardenal Juan Jesús Posadas Ocampo, el 24 de mayo de 1993; del cuñado del presidente Carlos Salinas de Gortari, exgobernador de Guerrero y diputado federal, José Francisco Ruiz Massieu, la mañana del 28 de septiembre de 1994, y del exdiputado y candidato a gobernador tamaulipeco Rodolfo Torre Cantú, el 28 de junio de 2010.

La maquinación pudo tener la intención de matar dos pájaros de un tiro. Santiago Vasconcelos, exsubprocurador de Investigación Especializada en Delincuencia Organizada de la PGR, sabía de los vínculos y acuerdos de García Luna con los cárteles del narcotráfico. Por su parte, Genaro tenía claro que el Chapo Guzmán y el Cártel de Sinaloa habían puesto precio a la cabeza del exfuncionario. Como reza el dicho, lo querían muerto para ayer.

Años más tarde, durante el juicio del Chapo Guzmán en Nueva York, Jesús *el Rey* Zambada García, hermano del Mayo y testigo estrella de la fiscalía estadounidense, dio a conocer que el capo sinaloense, líder visible del Cártel de Sinaloa, había pactado en 2008 un encuentro con Santiago Vasconcelos. El Rey Zambada ofreció un perfil aniquilador de García Luna y confirmó que este sabía que los capos habían puesto precio a la cabeza del entonces zar antidrogas: «Querían matarlo porque no aceptaba dinero». Y la última semana de octubre de 2008, querían matarlo por la captura del Rey.

Lo querían ejecutar porque, aunque ya no era zar antidrogas, lo responsabilizaban de la captura del Rey, lo que hizo enfurecer al Mayo.

El cónclave en San Luis Potosí sería para despejar diferencias

> y dejar en claro que Vasconcelos nada tenía que ver con esa detención [la del Rey Zambada]. Que alguien más buscaba quitarlo de en medio para controlar también la SIEDO.
>
> Y es ahí donde se tejen dos hipótesis que en su momento el gobierno calderonista sepultó, porque acabarían revelando que existía abierta comunicación e incluso negociaciones [del Gobierno federal] con los cárteles y sus jefes.

Así lo escribió el 21 de noviembre de 2018 el periodista Ramón Alberto Garza en su columna para *Código Magenta*, una revista *online* que se promociona como «contenido de alto impacto».

García Luna negó todos los señalamientos e hizo como si no hubiera escuchado nada; no obstante, ese mismo año, en el mismo juicio, el Rey Zambada ratificó que él en persona le había entregado 8.1 millones de dólares. Y, más allá de simples sospechas conspirativas, testificó que entre 2005 y 2007 le pagó 50 millones dólares para proteger las operaciones del Cártel de Sinaloa.

En 2018, en la corte federal en Nueva York, en la que se enjuició y condenó al Chapo Guzmán, un documento confirmó que el capo tenía su lista negra de la muerte. Entre nombres de cabecillas de cárteles contrincantes aparecía el de José Luis Santiago Vasconcelos.

Durante el tercer día de testimonios, Zambada testificó sobre dos intentos de ejecutar a Santiago Vasconcelos. Mientras desempeñaba su cargo dentro de la PGR, además de los fallidos planes para liquidarlo, el subprocurador habría escapado a por lo menos cinco atentados criminales y enfrentado tres serias amenazas de muerte, además de otras muchas que no se documentaron. Era blanco de los Zetas, los Beltrán Leyva y el Chapo Guzmán.

El desplome del Learjet de la Secretaría de Gobernación suscitó sospechas en Calderón apenas recibió el reporte del accidente. Y es aquí cuando dos preguntas obligadas saltan a la vista: ¿por qué el primer pensamiento del presidente debía ser el del atentado y no el de un accidente? ¿Qué sabía para suponerlo?

La muerte de Mouriño afianzó la presencia de García Luna en la cima del poder. Se convirtió en el hombre más poderoso del sexenio, aquel que le endulzaba el oído a Calderón, quien, insiste, nunca se enteró de las andanzas del funcionario con el crimen organizado. Era este un ser autónomo y el presidente, su marioneta. Además, con la muerte de Santiago Vasconcelos, con quien Genaro mantenía una lucha soterrada de gran envergadura, desaparecían testimonios y pruebas de sus acercamientos, negociaciones y vínculos con los cárteles de la droga, los cuales podrían llevarlo a la cárcel.

Hay finales estruendosos que caen en picada y al tocar tierra provocan una explosión en más de un sentido. Hay finales que son compartidos, que resultan doblemente provechosos para quien se beneficia de no tener competencia. También son favorables si ese alguien siente que la debe y la teme. Una paz profunda, acompañada de una sonrisa discreta, puede apreciarse en alguien con estas características. Es posible que se sienta libre, listo para recorrer un camino prometedor y directo al cielo, de donde cayeron los desafortunados tripulantes del final estruendoso. Inmerso en esta paz, se sentirá lejano a sus deudas pendientes; incluso llegará a considerar cosa de leyendas y mitología antigua todo ese asunto de las cortes y los jueces. Jamás rondará por su mente que las caídas y los finales les llegan a todos. Ese es el lado oscuro de la ley de la gravedad.

17
IMPUNIDAD AEROPORTUARIA

Los túneles oscuros e infinitos del topo transitaban bajo la totalidad del territorio nacional. Pasaban por debajo de edificios de gobierno, casas de seguridad, cárceles, mansiones del crimen organizado, estudios de televisoras, etcétera. Pero incluso en ese sitio donde termina lo terrenal y se abrazan las nubes, incluso debajo de las grandes planchas de concreto de una pista de aterrizaje, llegaban los túneles escarbados con tanto esmero.

Las personas bajan de los autos que no pueden permanecer estacionados mucho tiempo. Hay policías agilizando el tráfico. Desde la llegada a la terminal se marca el apresurado ritmo imperante. Maletas pesadas entran a la inmensa estructura. Restaurantes, cafés, librerías, tiendas tipo miscelánea, y filas, muchas filas de gente ansiosa por despegar, por volver lo menos tortuoso su paso por el aeropuerto. Algunos van a la playa, otros a reunirse con familiares tras una lamentable pérdida, pero también los hay trajeados con miras a cerrar negocios transcontinentales, y, finalmente, están aquellos que guardan secretos a lo largo del planeta. Familias, parejas, hombres y mujeres de negocios, pilotos y personal de las aerolíneas; la masa es variopinta. El aeropuerto es una ciudad en sí misma. Es una microsociedad, con sus leyes, autoridades, ciudadanos de a pie, brazos fuertes y… personajes oscuros. Hay de todo… incluso aquello que muchos temen.

A cambio del pago de sobornos, el Cártel de Sinaloa tenía abierto un corredor para el envío de toneladas de cocaína y otras drogas de México a Estados Unidos y Europa, así como la protección a sicarios que se encargaban de la trata de mujeres de Sudamérica y de reservar zonas del

Aeropuerto Internacional de la Ciudad de México. La logística era tal que García Luna y su comando central dividieron la terminal aérea en cuatro comisarías: sector Vialidad y Ambulatorio, sector Filtros, sector Salas de Última Espera y sector Plataformas.

Este último sector fue desde el principio el más codiciado porque, extrañamente, todos los comandantes y comisarios que pasaban por él se convertían en «policías» acaudalados; esto se debía, por supuesto, a la gran cantidad de drogas y estupefacientes que llegaban desde varios países de Sudamérica en paquetes arreglados que, además, dejaban generosas ganancias a empleados de algunas aerolíneas y empresas prestadoras de servicios.

En temporadas en las que se esperaban cargamentos mayores de cocaína procedentes de Colombia, Perú o Bolivia, se hizo saber con claridad que algunos inspectores del sector Plataformas formaban parte de una extraña «hermandad» (La Hermandad) que García Luna formó y consolidó dentro del Cisen. En otras palabras, fueron impuestos personalmente por el jefe máximo de esa hermandad, un personaje acostumbrado, por seguridad personal, a tener ojos y escuchas por cada rincón del país.

El AICM se convirtió en un negocio con tarifas establecidas. Por ejemplo, se cobraban 600 dólares por cada ilegal que transitara por la terminal aérea. Sin embargo, el trato era especial si el negocio se pactaba con traficantes de ciudadanos chinos que arribaban, regularmente en grupos de seis a 10 personas, en vuelos de Air France o KLM, los cuales eran monitoreados desde el Centro de Control del aeropuerto; en esos casos, el costo era de 15 mil dólares por cabeza, como si se tratara de una vulgar compra y venta de ganado. El contrabando de equipaje de alto valor, por otro lado, se cotizaba hasta en cinco mil dólares por paquete: divisas o dinero sucio a granel que se transportaba en maletas de viaje, al igual que metales preciosos (barras de oro y plata), joyería de diseño (gemas y diamantes, lo más cotizado), productos controlados y prohibidos, animales exóticos o de especies en peligro de extinción, armas automáticas y hardware de tecnologías de la información.

El tráfico imperaba en esa sociedad en diminuto. En un aeropuerto lleno de gente, hallaron el modo de mantener estos asuntos fuera de la vista general. Por la banda de equipaje desfilaba la variedad: dentro de aquella maleta viajaban juguetes para un niño que vería a su padre tras un viaje de negocios; la de al lado, prácticamente sin diferencias exteriores, contenía un cargamento ilegal capaz de invocar millones de pesos o, en su defecto, ríos de sangre; eso dependía de la ley y el brazo fuerte de la pequeña sociedad.

El paso de la droga, incluidos precursores, era asunto aparte: la encomienda de verificación y control recaía en comandantes o comisarios nombrados por el Rey Zambada, del Cártel de Sinaloa, que tenía al teniente José Guillermo Báez Figueroa como sus ojos y oídos dentro de la PFP.

Báez Figueroa estaba ligado al teniente José Antonio Montes Garfias, policía federal adscrito a la Coordinación de Seguridad Regional de Culiacán, quien sería acusado de asesinar al comandante Édgar Eusebio Millán Gómez, jefe provisional de la Policía Federal, en la vecindad 132 de la calle Camelia en el barrio bravo de Tepito. Nueve disparos acabaron con su vida. Montes Garfias también estaba relacionado con el homicidio de Roberto Velasco Bravo, inspector del área de Operaciones de la Policía Federal, probablemente como resultado de las luchas intestinas para borrar huellas o eliminar traidores de La Hermandad.

Antes de ser enviado a Culiacán, Montes Garfias estuvo asignado a uno de los sectores del AICM, donde representaba los intereses personales del violento capo sinaloense Arturo Beltrán Leyva, el Barbas; además, se encontraba respaldado por Sergio Villarreal Barragán, también conocido como el Grande o el Come Niños, uno de los lugartenientes del Barbas. En Sinaloa, tenía en su poder un cuaderno con anotaciones relacionadas con el tráfico de drogas en la terminal aérea de la Ciudad de México, así como información sobre algunos de los oficiales y comandantes que estaban en la nómina mensual del Cártel de Sinaloa: cuánto recibían y bajo las órdenes de quién, por ejemplo.

Para salvaguardar los intereses globales de esta organización criminal, en aquel aeropuerto de la capital mexicana también había oficiales de la Policía Federal al servicio personal de Ignacio Coronel Villarreal, el Rey del Cristal, entonces tercero al mando del Cártel de Sinaloa, solo por debajo del Chapo y el Mayo Zambada.

La posesión territorial del aeropuerto y el control de las operaciones nunca estuvieron a discusión, representaban un punto toral. La prosperidad era visible casi para cualquiera. «Los de abolengo», llamaban a los comandantes que más dinero hacían, aquellos a quienes llegaba el «progreso» bajo el ala protectora de La Hermandad; no obstante, los cargamentos mayores de droga que llegaban a la Ciudad de México ya estaban supervisados, etiquetados y listos para su entrega o embarque a los aeropuertos nacionales correspondientes.

Fue solo un error por falta de coordinación lo que abrió una pequeña ventana que dejaría al descubierto parte de lo que pasaba y se comerciaba dentro de la terminal aérea. El incidente ocurriría entre un agente del Ministerio Público Federal adscrito a la PGR, un oficial —el teniente Abel Rentería Roldán— y dos suboficiales —Juan Carlos González García y Richard Germán Montes Félix— del sector Vialidad y Ambulatorio, entre la noche del domingo 12 y la madrugada del 13 de agosto de 2007.

El error provocó un escándalo interno y terminó con el decomiso de un embarque de 152 cajas irregulares de cartón con documentación falsificada, cuyo peso alcanzaba los 2 mil 464 kilogramos; dentro de estas se habían empaquetado 9 mil 130 frascos con 9 millones 130 mil tabletas de un psicotrópico etiquetado como clorhidrato de pseudoefedrina. Su destino era una célula del Cártel de Sinaloa bajo el mando directo de Nacho Coronel, a través de Olimpo García Manzo.

En los meses siguientes también se filtró que aquella misma madrugada, después de los enredos que culminaron con el descubrimiento de la droga, Nacho Coronel y el oficial Jorge Almanza Guzmán, perteneciente al Grupo de Operaciones Especiales de la AFI, coordinaron un operativo fallido para tomar por asalto la bodega de la aerolínea e intentar «rescatar» el cargamento de clorhidrato de pseudoefedrina.

También se haría público que agentes federales mexicanos estaban en la nómina mensual de un operador del Cártel de Sinaloa identificado como Juan Jesús Preciado Espinoza o Juan Jesús Martínez Espinoza, preso en Argentina. La responsabilidad de Espinoza era la toma por asalto de bodegas del aeropuerto para «rescatar» droga que hubiese sido retenida en algún control, ya fuese por falta de coordinación entre la Policía Federal y los agentes del Ministerio Público, por las pugnas con personal de Aduanas de la Secretaría de Hacienda o por enfrentamientos internos en la AFI.

El aeropuerto fue una peligrosa tentación que, en los sexenios de Fox y Calderón, casi siempre estuvo bajo control. Casi, porque al filo de las 8:45 horas del 25 de junio de 2012, mientras los altos mandos de la Secretaría de Seguridad Pública apostaban abiertamente por la candidatura presidencial del PRI, que recaía en Enrique Peña Nieto, y trataban de apuntalar las ambiciones de su jefe máximo Genaro García Luna, una decena de agentes federales se enfrentó a balazos por un paquete de cocaína que había llegado en un vuelo procedente de Perú.

El enfrentamiento dejó un saldo final de tres agentes muertos. Pese a que todo mundo —y ese todo mundo eran los policías federales— sabía que la riña tenía origen en la lucha de poder por mantener los favores de la cruel y poderosa Hermandad, el jefe de la División de Seguridad Regional de la Policía Federal, Luis Cárdenas Palomino, intentó atribuir el tiroteo a un operativo para capturar a peligrosos narcotraficantes. La realidad era distinta: lo aplastaron los hechos y la versión de numerosos testigos.

La balacera entre policías federales se había originado en un restaurante durante una acalorada disputa por el paquete de cocaína que había llegado en el vuelo procedente de Lima; no obstante, la trifulca terminó en un área de libre acceso, la zona de comida rápida, de la Terminal 2 del AICM. No solo quedó registrada en imágenes de video que grabaron las cámaras de vigilancia instaladas en esa zona de la terminal aérea, sino también en la memoria de múltiples testigos presenciales.

Investigadores de la PGR descubrirían en los siguientes días que el tráfico de drogas, metales preciosos, joyería fina de alto diseño y dinero en efectivo, sobre todo dólares y euros, era controlado por la Policía Federal de la Secretaría de Seguridad Pública. Sin embargo, las investigaciones se pararon en seco por la proximidad de las elecciones presidenciales. García Luna intentaba colarse al equipo del candidato priista Enrique Peña Nieto.

La presencia de los narcotraficantes en el aeropuerto de la Ciudad de México no solo era evidente, sino desfachatada y agresiva, porque también se permitían enviar cargamentos de droga a Europa y había penetrado hasta la cocina a través de personal de algunas aerolíneas privadas. Y el problema estallaría el viernes 19 de agosto de 2011, cuando la Policía Nacional de España arrestó al primer oficial (copiloto) del vuelo 001 de Aeroméxico, apenas aterrizó en el aeropuerto Barajas de Madrid. Identificado como Rubén García García, el copiloto intentó introducir a España una valija con 42 kilogramos de cocaína. Investigaciones posteriores mostraron que los cárteles utilizaban como «correos» especiales a pilotos, copilotos y sobrecargos mexicanos para que escondieran cocaína colombiana en sus equipajes personales.

La información se regó a pesar de la impasible Policía Federal en México y se descubrió que, desde muchos meses antes, el copiloto estaba bajo la mira de las autoridades antinarcóticos de España. El 7 de diciembre de 2010 había estado a punto de ser capturado en la misma terminal aérea, pero como pasajero, en un vuelo en el que arrestaron a tres sobrecargos de la misma compañía que transportaban 140 kilogramos de cocaína en tres maletas, considerado en ese momento el mayor decomiso de cocaína en el aeropuerto Madrid-Barajas. En aquella ocasión fueron detenidos sus cómplices Gerardo Zárate Álvarez, Luis Avilés García y Eduardo Pérez Ayala, empleados de la aerolínea que viajaban como turistas con privilegios.

Los métodos de los narcotraficantes tenían una razón simple y práctica: capacidad, aprovechando la corrupción y complicidad de la policía mexicana. Apoyados siempre por policías federales que franqueaban puertas, los capos exhortaron a sus hombres de confianza a estudiar la compleja operación logística y de interrelación entre los subsistemas de infraestructura y equipamiento de los aeropuertos. No obstante, enfocaron la mayoría de su atención en el de la Ciudad de México, debido al número de vuelos, así como al flujo en las terminales, el manejo de equipaje, y en general la cadena completa del tránsito de la carga aérea y movimiento de pasajeros.

Los ríos de dólares que corrían y circulaban por la terminal aeroportuaria aportaban lo suficiente para que los agentes, oficiales, suboficiales, comandantes y comisarios mantuvieran la boca cerrada y se marcharan a casa con los bolsillos llenos. Eran tales cantidades que muchos de estos terminaban como enlaces entre la Policía Federal y la Gente o la Mañana, nombres con los que se identificaba a los cárteles de la droga que operaban en el aeropuerto.

Los narcotraficantes le habían puesto el ojo al AICM, pero era cuestión de tiempo para que hicieran lo mismo con los de Cancún, Guadalajara, Monterrey y Toluca. En julio de 2007 Tomás Borges sería asignado al AICM en una de las guardias de la PFP, aunque pronto se le marginó debido a que no había sido enviado por La Hermandad ni servía a ella, ni directamente por García Luna; su presencia se debía simplemente a un reajuste «normal» en las comisarías y en las listas de guardias. Así pues, en su testimonio de 2020 relata:

> El AICM se había convertido en una sucursal mayor del crimen organizado en México y una mina de oro para las autoridades comisionadas a la vigilancia de la terminal aérea.
>
> Aunque todo estaba previamente establecido y había reglas no escritas que eran respetadas, aquellos que intentaban pasarse de listos, hacerse los inteligentes y desconocer lo pactado lo pagaban con la muerte, como sucedió en noviembre de 2006 y enero de 2007 con los suboficiales Adrián Rodríguez Sánchez y Juan Manuel Rincón Ulibarri.

El cuerpo de Rodríguez Sánchez, que presentaba un disparo en la nuca, fue abandonado el 15 de noviembre de 2006 en la cajuela de su auto en la delegación Álvaro Obregón; el de Rincón Ulibarri, por su parte, fue hallado la madrugada del jueves 11 de enero de 2007, y presumía tres disparos de un arma de calibre 9 milímetros. Las ejecuciones de ambos agentes se atribuyeron a su papel de *soplones*, delatores o *dedos*: ambos habían cambiado de idea después de aceptar sobornos por un cuantioso cargamento de drogas que en agosto de 2006 arribó al Aeropuerto Internacional de la Ciudad de México.

El 13 de agosto, después de involucrarse con los capos que controlaban la terminal aérea, los dos agentes habían cometido una pequeña indiscreción que culminaría con el decomiso de los 22.530 kilogramos de heroína que ya había «burlado» todos los controles internos y estaba en proceso de ser enviada, en dos maletas, a Holanda.

El primero en aparecer sin vida sería el suboficial Rodríguez Sánchez, cuyo cuerpo mostraba las señales de un disparo en la nuca. El suboficial Rincón Ulibarri tenía también los días contados. Los verdugos asignados tardaron casi dos meses en encontrarlo solo, pero al final lograron cazarlo; le metieron tres tiros.

En medio de la maraña del aeropuerto, camuflados entre turistas rubios en shorts, grupos de monjas en misiones y familias con niños y niñas al por mayor, se pasean algunos individuos señalados; caminan con la mira de un rifle en la frente. No lo saben, pero tienen los días contados. Tan diversa es la pequeña sociedad que ciertas personas podrían ser descritas como muertos vivientes.

* * *

Ser soplón o *dedo* tenía sus consecuencias. La traición o la avaricia desmedida, para quien fuera, sin importar el grado, tenía un precio: la vida. No obstante, hubo quienes estuvieron dispuestos a pagar ese costo, ya que la cantidad de dólares impresionaba a cualquiera. Rodríguez Sánchez se había dejado encandilar por un suboficial conocido por sus alias de Paquito Juárez o el Narcoplaticante; este último se lo había ganado debido a que era narco-mafioso solo de habladas, pero capaz de impactar a jóvenes policías como Rodríguez Sánchez.

En los siguientes meses salió a la luz una parte de la historia de la ejecución de los dos suboficiales. Al término de su guardia, habían «olvidado» reportar el hallazgo de los 22.530 kilogramos de heroína que había llegado en dos maletas enviadas desde la Ciudad de Guatemala o del aeropuerto de Lima. A causa de su novatez, ellos no sabían que otros compañeros ya esperaban la droga para hacer el cambio de vuelo y pasar los controles de revisión del AICM.

Lo que sucedió después ya lo sabían en los cuatro sectores de la Policía Federal en el aeropuerto: los dos suboficiales habían pasado por los puntos ciegos de la terminal aérea y escondido la droga para negociarla por su cuenta con el Cártel de Sinaloa. En el pecado llevaron la penitencia: se autocondenaron a muerte. Y, puntual, la muerte les llegó.

Como dijeron socarrones en la comisaría: «Querían quedarse con todo el dinero del 10 y, por su avidez e inexperiencia, la heroína llegó sin custodia hasta el personal de Aduanas». El número 10 era la clave interna para «asunto», y este se refería a la droga.

En diciembre de 2007, entre los días 16 y 19, se había desatado una serie de ejecuciones; nadie sabía si se trataba de venganzas por parte del Cártel de Sinaloa o eran atribuibles a policías federales que ejecutaban la *omertà*. Al menos cuatro decapitados fueron identificados como empleados de la empresa Jet Service, firma que transportaba y almacenaba cargamentos de aerolíneas como la alemana Lufthansa y la española Iberia, y que operaba un recinto fiscal en la aduana del aeropuerto. Se sabía de los nexos del narcotráfico con personal que laboraba en la terminal aérea: ejecutivos y operadores de montacargas de las empresas que manejaban los paquetes que arribaban a la terminal aérea y personal de agencias aduanales, además de policías federales.

Entre las «espadas» del fuego de los criminales y las armas de los cómplices federales, los cuatro empleados de Jet Service desaparecieron luego de un operativo. El 12 de diciembre, ya fuese porque alguien dio aviso o hubo algún descuido, todos se dieron cuenta del transporte clandestino de media tonelada de cocaína que, atrapadas con las manos en la masa, las autoridades se vieron obligadas a decomisar. Se autoincautaron. Y eso no estaba en el libreto de la prestación de servicio a los cárteles.

La primera cabeza, localizada en las inmediaciones del aeropuerto, fue la de Francisco Gerardo Santos Iglesias, gerente de transferencias de Jet Service. En su auto, un Peugeot abandonado en un pueblo del municipio de Tlalnepantla, Estado de México, la policía encontró otra cabeza cercenada. «Apareció» también la cabeza de Carlos Alberto Tapia Rosillo, un tramitador aduanal, aunque su tronco nunca pudo ser hallado. Otros dos cuerpos fueron abandonados en el interior de un vehículo Cavalier, también en Tlalnepantla. Estos últimos pertenecían al gerente general de Jet Service, Jorge Villegas Valdivia, y a Mauricio Cedillo García, operador de montacargas.

En Ciudad Nezahualcóyotl, otro municipio del Estado de México, encontraron el cuerpo de un sexagenario, decapitado también, al que los verdugos dieron un trato todavía más vejatorio: le amputaron las manos. A la derecha, además, le cercenaron los dedos índice y meñique.

En enero de 2011, investigadores de la PGR que podían zafarse un poco de los tentáculos de García Luna, documentaron que el Cártel de Sinaloa mantenía un centro de operaciones en el AICM para el trasiego de drogas vía aérea. El tema de la repartición de soborno no se tocó porque significaba atentar contra el poderoso secretario de Seguridad Pública, quien parecía tener ojos y oídos en cada dependencia.

El 7 de diciembre de 2010, apenas aterrizar en el aeropuerto Barajas de Madrid, la policía española detuvo a tres sobrecargos de Aeroméxico con 140 kilogramos de cocaína que intentaban pasar en tres maletas. La PGR descubriría que la complicidad del Cártel de Sinaloa con agentes de la Policía Federal, funcionarios de la terminal aérea y ejecutivos de empresas prestadoras de servicios, todos los cuales se hacían cargo de transportar los equipajes y las mercancías a las aeronaves, databa de 2005.

Los enlaces se hacían a través del Mayo Zambada y Juan José Esparragoza Moreno, el Azul. La primera empresa prestadora de servicios identificada fue Eulen Seguridad Privada, S. A. de C. V. Se estableció entonces que los primeros indicios sólidos de los vínculos que los capos del narcotráfico mantenían con la Policía Federal podían rastrearse hasta 2005 a través de la averiguación previa AP/970/D/2005. Esta se abriría después de la ejecución del comandante José Pedro Madrigal Trejo, la cual ocurrió mientras se desempeñaba como jefe de la Unidad Operativa Aeroportuaria de la PFP.

La ejecución de Madrigal Trejo tuvo lugar el 16 de junio de 2005, apenas 14 días después de haber encabezado un decomiso de 289 kilogramos de cocaína pura en el aeropuerto de la Ciudad de México; por supuesto, el incidente acaparó al día siguiente grandes espacios en la prensa escrita de la capital mexicana. El comandante era responsable del decomiso de más de 300 kilogramos de cocaína, 20 de heroína, 13 de mariguana y de la captura de seis presuntos narcotraficantes.

Aquel 16 de junio, poco después de salir de su casa para llevar a dos de sus hijos a la escuela, una pareja de pistoleros lo cazó y le metió cinco balazos por la espalda. Gravemente herido, el comandante hizo el intento de correr para refugiarse en su casa, pero los criminales lo alcanzaron para rematarlo. Le perforaron el tórax y el abdomen. Fueron tiros, como dijeron los médicos, mortales por necesidad. Murió de camino al hospital militar.

Investigadores de la PGR y estudios internos de la SSP tenían evidencias de la descomposición de la PFP y nombres de comandantes vinculados al crimen organizado. No obstante, la fortaleza y proyección de García Luna frenaron cualquier investigación más profunda. Incluso existían pruebas de que, con algunos comandantes de la PFP, el secretario de Seguridad Pública había formado su «hermandad del polvo blanco». García Luna ejercitaba su habilidad para silenciar, para terminar cualquier pesquisa que pudiera conducir a destejer su inmensa red de confabulaciones. El aeropuerto era una de las muchas esquinas de esa telaraña que tejía con cuidado, donde acumulaba cuerpos envueltos en la seda que desprendía de sus fauces, indistinguibles los unos de los otros, perdidos sus nombres, identidades y errores que los llevaron ahí. Y para que esa telaraña se sostuviera no solo era necesario el silencio de algunos, sino también la complicidad, el compadrazgo, el jalar parejo.

***

Era conocida la venta de plazas a través de La Cofradía y La Hermandad, fraternidades clandestinas que habían tomado forma en la década de 1940 en las policías Federal de Caminos y de la Ciudad de México, hasta que se separaron y cada una formó su propia mafia. Cualquiera hubiera podido comprar una plaza, solo se necesitaba de la autorización de Genaro García Luna.

Un estudio terminado en octubre de 2000, dos meses antes de que Fox tomara posesión como presidente, concluyó que, de 232 mandos evaluados de la PFP, unos 210 (90.5%) no eran aptos para ocupar su cargo. Y que de esos 210, el 82% aceptó haber cometido faltas que iban desde recibir dádivas de 10 mil a 20 mil pesos por alterar partes informativos en accidentes, infracciones o recuperación de vehículos robados, hasta otras faltas más graves, como permitir el paso de armas en vehículos.

Lo mismo pasaba con el examen del polígrafo: 224 de 232 elementos fallaron cuando se les preguntó si protegían a criminales involucrados en el narcotráfico, vinculados al tráfico de mercancía ilegal o al robo a autotransportes; así lo anunció la revista *Proceso* el 31 de julio de aquel 2005.

Ese y otro estudio fueron entregados al entonces titular de la SIEDO, José Luis Santiago Vasconcelos. Tres años después tendría lugar su fatídica muerte en el accidente aéreo junto con el secretario de Gobernación, Juan Camilo Mouriño Terrazo, único funcionario que disputaba a García Luna la cercanía y la atención del presidente Calderón. Santiago

Vasconcelos se llevó muchos secretos a la tumba. El más importante: el de García Luna.

Durante todo el enredo, mucha información se mantuvo fuera de la vista de la población. Antes de terminar su sexenio y entregar el mando a su sucesor Enrique Peña Nieto, Calderón llegó a un acuerdo con este para ocultar las cifras reales de la violencia y de otros asuntos fundamentales para la marcha del país: solo de julio a noviembre de 2018, después de las elecciones presidenciales y antes de la toma de posesión, el gobierno puso bajo reserva 3 millones 776 mil asuntos.

En otras palabras, en esos cuatro meses Felipe Calderón, guiado por algunos consejeros del Instituto Nacional de Transparencia, Acceso a la Información y Protección de Datos Personales (INAI), abusó de la ley para frenar, bloquear y esconder el acceso a datos públicos relativos a la guerra contra el narcotráfico, por más que esta haya sido una farsa que García Luna usó para negociar con los capos de la droga. Calderón puso lejos del alcance del público expedientes que consideraba sensibles, como los de la violencia y los de la firma constructora brasileña Odebrecht, misma que, inmersa en una maraña de corrupción que inició con Calderón y algunos de sus funcionarios protegidos, se consolidó en el gobierno de Peña.

«¿Cuál era el diagnóstico del país después de seis años de guerra? ¿Por qué Peña siguió con la estrategia? Ni siquiera hoy puede saberse, porque la Presidencia reservó hasta 2024 tanto el documento como lo que se dijeron esa vez los dos políticos», escribió la periodista Linaloe R. Flores en noviembre de 2018, para la revista electrónica *Vice México*. El documento mencionado era un diagnóstico sobre la seguridad del país titulado «Panorama Nacional», el cual Calderón le entregaría a Peña y contenía datos sobre la guerra contra el narcotráfico y los números reales de las víctimas de asesinato y desaparecidos. Ya en la última semana de julio de 2020, la revista *Proceso* confirmaría la información.

A qué acuerdo llegaron los dos políticos, solo ellos lo saben; mientras tanto, el saldo de la guerra contra el narcotráfico quedó a buen resguardo.

También se protegió la generalizada corrupción de la Policía Federal que comandaba García Luna, como los datos de la desaparición de decenas de miles de personas, las decenas de miles de ejecuciones y las múltiples y sistemáticas violaciones a los derechos humanos.

Como advirtiera Tomás Borges, la palabra *policía* es un sinónimo de corrupción, pues el tráfico de drogas «no podría florecer sin la complacencia y la venia de las autoridades de los tres niveles de gobierno». Por ello, un lenguaje siniestro se ha arraigado en zonas donde la colaboración de las fuerzas del orden como ejecutores, traficantes de expedientes oficiales, vendedores de información y guardianes de los intereses del patrón son servicios de gran valía; lo mismo sucede en el ámbito de los testigos protegidos, que sirvieron como un siniestro brazo vengador de García Luna.

Así, de cuando en cuando hacen su aparición algunos códigos y términos absurdos pero fielmente arraigados en el diccionario del narcoimaginario. Cercenar la lengua, por ejemplo, servía para identificar a un soplón y la entrega de informes a la fiscalía federal para consolidar acusaciones contra capos o matones a sueldo; la tortura y el tiro de gracia con remate de un dedo cercenado, el cual luego era atado con un listón amarillo y colocado en la boca de la víctima, identificaba a un informante de las policías antidrogas. Un *halcón* era un joven incluido en la nómina del Cártel del Golfo cuya tarea consistía en cazar agentes federales infiltrados o narcotraficantes rivales. Por su parte, un *halcón rojo* era un aspirante a pistolero.

Los mismos corridos se habían incrustado, desde tiempos lejanos y como avisos del futuro, en ese narcolenguaje: dedicar uno sinaloense implicaba amenaza para uno o varios policías *caridobles* o *doblecara*; si en las ondas radiales se escuchaba uno de Beto Quintanilla, el muerto sería de una banda rival. Automóvil incendiado: aviso de los Zetas.

El AICM se había convertido en una zona estratégica de vital importancia. Incluso un grupo de élite de las comisarías había colaborado en el grado de sofisticación que habían alcanzado tanto el sistema de almacenaje como las prácticas de los cárteles para pasar la droga a través de la terminal aérea. Había métodos que iban desde lo rudimentario hasta lo más ingenioso: bocadillos de jamón, latas de talco, botellas de aceite, diluida en pulpa de fruta, oculta en piñas, lechugas, aguacates, artesanías, computadoras, tableros de ajedrez, imágenes religiosas, entre hojas bien recortadas de algún libro o hasta mezclada con salsa picante.

También se habían documentado otras trampas inusuales para enviar cocaína y heroína a Estados Unidos y Europa. Podía enviarse oculta en productos alimenticios: en el relleno de bombones, dulce de chocolate, cocos tropicales, frascos de frutas en conserva, latas de café, e incluso se detectaron donas espolvoreadas con polvo de cocaína. En el calzado, abundaban las suelas más gruesas y las plataformas de tamaño inusual. También se usaron balones de futbol, implantes mamarios, implantes quirúrgicos en el abdomen de alguna mujer o, en otros casos, atiborrar los estómagos de personas, perros y cadáveres con hasta un kilogramo de cocaína en bolsitas de plástico. Cuando la fantasía y la imaginación se agotaban, se intentaba de nuevo en maletas de doble fondo, frascos de champú, empaques al vacío o encapsulada en tabiques y bases de mesas de concreto para jardín. Y si las aeronaves particulares no podían burlar más los aviones-radar ni el rastreo de Aduanas de Estados Unidos, el método era más simple, más directo y todavía más mortal: insertarla en el ano de algunos animales.

En 2012, antes de que terminara el gobierno de Calderón y García Luna «huyera» para refugiarse en Golden Beach, el Departamento de Justicia de Estados Unidos había pedido investigar a ejecutivos del AICM por presuntamente haber otorgado facilidades a diversas organizaciones de narcotraficantes para que introdujeran y embarcaran cargamentos de droga desde la terminal aérea, al grado de convertirla en el corredor más importante del narcotráfico en la Ciudad de México.

Y antes de que el gobierno le suspendiera la licencia en 2000 —una medida derivada del desplome de un DC-9 ocurrido el 9 de noviembre de 1999, que dejó un saldo de 18 muertos—, había sospechas sólidas de que en aeronaves de Transportes Aéreos Ejecutivos, S. A. (TAESA), una empresa de bajo costo, se transportaban cargamentos de droga. Sin embargo, después de la juramentación de Vicente Fox como primer presidente de oposición en México hubo una especie de borrón y cuenta nueva.

Las mismas sospechas recaían sobre algunos vuelos específicos de Mexicana de Aviación que cubrían rutas entre México y Colombia, Perú y Ecuador. Pero, cuando había elementos para investigarla en 2010, al mediodía del 28 de abril de ese año se declaró en concurso mercantil y sus operaciones fueron suspendidas. Finalmente, la declararon en quiebra, lo mismo que a sus empresas filiales Click y Link, el 4 de abril de 2014.

Y así se cerraba uno de los muchísimos capítulos turbios del crimen en el aeropuerto. Quedarían ocultos entre los incontables archivos cuyo destino se desconoce. Quizá el topo los enterró entre las penumbras del subsuelo, junto a cientos de fosas clandestinas. Quizá los secretos turbios de la nación comparten sepultura con las miles de víctimas de la guerra contra el narcotráfico. Secretos frutos del compadrazgo, los pactos de sangre y el miedo que imperaron durante años.

18
LA HERMANDAD

Siete hombres en una fotografía en blanco y negro. Sus rostros dicen poco y ocultan mucho. Detrás de esos ojos hay pactos, escenas cruentas, tortura, nombres de desaparecidos, llamas que encienden la noche y millones de archivos. La fotografía no lo muestra, pero los oídos de esos siete hombres han escuchado el miedo mismo, llanto desbordado, crujir de huesos y pólvora homicida. Las fosas nasales, que en el blanco y negro capturado por una inocente cámara asemejan el vacío del universo, el oscuro más oscuro, olieron la putrefacción, no solo de cuerpos humanos sino de un sistema policiaco y político. Se muestran hermanados, cómplices, sus gestos son los de quien se sabe protegido por su prójimo. Llama la atención en especial uno, el mismo que será inmortalizado por el dibujante de una corte estadounidense. Es el mismo hombre, aunque todavía está lejos de portar ese desánimo, esa derrota infinita que él mismo se trazó. La fotografía lo muestra lejano a su destino, pues ahí están los otros seis: representan un ejército, un escudo humano afianzado por el dinero y el tráfico de influencias.

Unos 4 mil 500 agentes investigadores de la AFI y poco más de 10 mil federales adscritos a la PGR fueron sometidos por una «hermandad», una mafia bien estructurada de jefes policiacos federales que había desplegado una red interna de espionaje y que ya encabezaba García Luna. Fueron obligados a aceptar nuevas reglas para incorporarse primero a la Policía Federal Ministerial (PFM) y luego a la Policía Federal (PF) «científica»; esta respondería en los hechos a las órdenes del mismo personaje, con la autorización ciega del presidente Felipe Calderón Hinojosa, quien se encargó de proponer y firmar la iniciativa de ley que se envió al Congreso de la Unión.

De entre los policías que le servían, García Luna seleccionaría con sumo cuidado a los integrantes de lo que se llamaría La Hermandad, luego llamados Los 12 Apóstoles. Se trataba de una sociedad tenebrosa o club secreto de policías corruptos ligados al narcotráfico, la cual había tomado forma en el Cisen, cuando Genaro empezó a trepar en la escalera del poder.

«Ese club no solo pagaba su ingreso. También debía generar ingresos para mantenerse ahí y pagaban en dólares para estar en las plazas más importantes. Por supuesto, era mucho dinero que se repartían hasta lo más alto del gobierno», dijo en una entrevista en mayo de 2020 Javier Herrera Valles, excomisario general de la Policía Federal.

Durante esa entrevista con Óscar Balderas, para la revista electrónica *M-X*, Herrera Valles hizo otro señalamiento:

> Después me enteré por un conocido que para pasar de mandos destituidos en la AFI a comisarios o directores generales adjuntos en la Policía Federal había que pagar 50 mil dólares [...] Yo, por supuesto, los rechacé. No les firmé sus ingresos, pero en octubre me los pusieron a la fuerza [...] Después, claro, no fueron solo 12. Fueron muchos los que pagaban para entrar y lo hacían en dólares, porque a los jefes no les gustaba la moneda nacional. Todo lo pedían en dólares [...] Entre ellos estaban altos funcionarios del calderonismo como Nahúm García Martínez, jefe de la sección 1 del Estado Mayor; Héctor Moreno Mendoza, director general de Puertos y Fronteras; o Benito Roa, director general del área antisecuestros de la Policía Federal.

Genaro tejió desde el Cisen una maraña de complicidades internas. La primera fue muy clara porque en su oficina mantuvo una fotografía, en blanco y negro, con algunos compañeros-subordinados, socios, amigos o cómplices, que permanecería por años colgada en su oficina y que daba cuenta de ese pacto.

En la imagen aparecían Mario Barriga Santana, el instructor Joel García, Benito Roa Lara (el Buches o el Payasito, porque eso era, un payaso callejero), Marco Antonio Novella Juárez, Víctor Gerardo Garay Cadena y Édgar Eusebio Millán Gómez acompañando a García Luna. La fotografía funciona como una revelación fundamental sobre los planes futuros de Genaro y es la representación fidedigna de su círculo de confianza, de sus cotos de poder. En esos siete hombres se resguardaban los secretos turbios de todo un país.

Fuera de la fotografía se incorporarían al grupo Luis Cárdenas Palomino, Maribel Cervantes Guerrero, Javier Garza Palacios, Ramón Pequeño García, Facundo Rosas Rosas, Armando Espinosa de Benito, Édgar Enrique Bayardo del Villar —informante de la DEA y enlace con los cárteles— e Iván Reyes Arzate. Con los años, este último se convertiría en testigo protegido de la justicia de Estados Unidos y sería incluido en la lista de testigos principales en el juicio de su examigo, exsocio y excolega García Luna.

Tan importantes como aquellos serían Linda Cristina Pereyra Gálvez —quien quedaría «fuera» despúes de consolidar su relación sentimental con García Luna—, Víctor Hugo García Padilla —quien se descarriló por su adicción a las drogas— y Felipe García Padilla, estos últimos sobrinos de Genaro por el lado paterno.

Se sumarían otros personajes como María Vanesa Pedraza Madrid, Nahúm García Martínez, Mario Arturo Velarde Martínez, Francisco Navarro Espinosa, Ricardo Gutiérrez Vargas —quien llegó a ser jefe de la oficina de la Interpol México—, Luis Manuel Becerril Mina y Osvaldo Luna Valderrábano.

Sí, García Luna formaba su pequeño ejército en el que todos jugarían un papel central en el esquema policial de inteligencia diseñado para el futuro, es decir, el plan transexenal. Algunos servirían como puente de negociación con los cárteles de las drogas y organizaciones del crimen organizado y otros serían traicionados y borrados de la hermandad, como Javier Herrera Valles, coordinador regional de la Policía Federal.

Quizá de los últimos en incorporarse a esa secta policial federal fue Luis Rosales Gamboa, mejor conocido por su indicativo clave de Jefe Apolo. Se trata de uno de los herederos de La Hermandad de la policía de la Ciudad de México, un grupo mafioso nacido en la década de 1940 que controlaba a toda la policía capitalina y regenteaba las ganancias de todos los negocios ilegales en la capital del país.

La única retirada estratégica de esa sociedad oscura de policías se había dado en los años comprendidos entre 1976 y 1982, cuando el presidente José López Portillo nombró titular de la Dirección General de Policía y Tránsito del Distrito Federal —más tarde Secretaría General de Protección y Vialidad, y luego Secretaría de Seguridad Pública de la Ciudad de México— a su amigo el pandillero y criminal Arturo *el Negro* Durazo Moreno, mismo que, en algún momento de 1982, luchó por la candidatura presidencial del PRI.

Como heredero directo de aquella hermandad de la policía de la Ciudad de México, Luis Rosales Gamboa conocía la historia. Por eso García Luna se fijó en él, lo estudió y, en su momento, lo reclutó para consolidar una nueva hermandad, una con otros alcances, para todo el país. La selección de Rosales Gamboa para incorporarse a la fraternidad de la Policía Federal no fue nunca una casualidad.

El 22 de octubre de 2018 Rosales Gamboa presentó su baja voluntaria como subsecretario de Control de Tránsito y Ejecutivo de Operación Policial de la Secretaría de Seguridad Pública de la Ciudad de México (SSP-CDMX). La renuncia no ocultó su pasado: a lo largo de sus años de servicio se vio relacionado en diversos casos de corrupción y abuso de autoridad, aunque, como funcionaban las autoridades en este país, bajo un modelo de corrupción que permeaba todos los poderes y los niveles, nunca se le pudo acreditar una responsabilidad. Pero tampoco se ha ido del todo de la policía.

Omar Hamid García Harfuch fue nombrado titular de la SSP-CDMX el 4 de octubre de 2019, y un mes después ascendió a Jorge Alfredo Alcocer Rosales, uno de los sobrinos consentidos del Jefe Apolo, a la

Subsecretaría de Control de Tránsito; no obstante, las malas lenguas advierten que es el tío quien mantiene el control. El objetivo de dejar a su sobrino en el cargo se encuentra en el valor que tiene cada uno de los sectores en la Ciudad de México, dividida en ocho zonas viales que, a su vez, representan una ganancia monetaria por el cobro de piso, tarea delegada a los policías.

A la Zona Vial 1 se integran las alcaldías Iztacalco y Gustavo A. Madero, e incluye el perímetro ocupado por el Foro Sol, ubicado en la Ciudad Deportiva Magdalena Mixhuca; ahí, la cuota semanal o extorsión directa es de 200 mil pesos. La llamada Zona Vial 2 comprende el Centro Histórico, donde por cada tráiler que entra la cuota inicial es de mil pesos. La Zona Vial 3, en el oriente de la capital, es atractiva porque el cobro de piso a los paraderos de microbuses y camiones asciende a 50 mil pesos semanales. En la Zona Vial 4, parte del sur de la ciudad, la cuota directa es de 100 mil pesos semanales, contra los 50 mil de la Zona Vial 5, ubicada en el poniente. La Zona Vial 6 es una mina de oro: cada uno de los 200 motociclistas de vialidad debe entregar, producto de la extorsión, mil 500 pesos diarios a la superioridad. Es la que brinda apoyo a todas las zonas viales. A la Zona Vial 7 se le otorgó el servicio de grúas de arrastre, y si bien no operan al cien por ciento, a las que se encuentran en funcionamiento se les impone una cuota de entre 30 mil y 50 mil pesos semanales. Finalmente, a la Zona Vial 8 se le cedió la responsabilidad de colocar los candados o arañas a los automovilistas o camiones mal estacionados. Aquí la cuota es de 150 mil pesos semanales.

Todo eso sería irrelevante de no ser porque desde que llegó a la policía de la Ciudad de México, invitado por el entonces jefe de Gobierno Marcelo Ebrard Casaubón, el Jefe Apolo es parte fundamental del engranaje que mueve a la Secretaría de Seguridad Pública y a su corrupción. Conoce todos los secretos: las mafias de la policía capitalina se consolidaron cuando los jefes de la corporación descubrieron, a finales de la década de los sesenta y principios de los setenta, que los políticos enviados a la Regencia de la Ciudad de México apostaban su futuro a mantener el orden y no hacer ruido, todo en función de afianzar su imagen pública y brincar a otros puestos o, de plano, ser considerados en la lista de los presidenciables del priismo.

Ese fue el caso de Manuel Camacho Solís. Desde la Regencia desgranaba ambiciones y labraba su candidatura presidencial hacia 1994, hasta que Salinas de Gortari hizo a un lado sus acuerdos e impuso al sonorense Luis Donaldo Colosio Murrieta. Camacho rompió con Salinas, renunció al PRI y con él se fue Ebrard.

A su llegada a la nueva Jefatura de Gobierno del Distrito Federal, Cuauhtémoc Cárdenas Solórzano instaló un Consejo Consultivo de Seguridad Pública y Procuración de Justicia, pero su labor se enfocó más en la búsqueda de medidas urgentes para combatir la delincuencia. En ese ambiente permisivo, los cabecillas de La Hermandad tejieron amplias redes de corrupción interna. Con el poder acumulado impusieron un sistema de tráfico de plazas, venta de cargos y de grados, y se apoderaron de la Caja de la Policía que, entre otras cosas, administra jubilaciones, préstamos hipotecarios, préstamos a corto y largo plazo, cambios de adscripción, pensiones, pagos de marcha o defunción, así como toda clase de descuentos y aportaciones a los fondos especiales y de ahorro.

Tras tomar el control operativo a través de la amenaza, el soborno y la extorsión, La Hermandad impuso un abusivo e ilegal sistema de cuotas a cada elemento de la corporación. El nivel de impunidad era tal que, hasta principios de la década de los setenta, en el sexenio presidencial de Luis Echeverría Álvarez, los policías acusados de algún delito debían enfrentar a un jurado popular que se elegía cada primero de enero entre los habitantes de la capital. Muy contadas fueron las ocasiones en las que un agente fue encontrado culpable.

Según testimonios de la época, el policía acusado recibía de manos de Carmelita —pintoresco personaje que conocía todo el tejemaneje— una lista con siete nombres de igual número de jurados —cinco titulares y dos de reserva— para que comprara a cuatro de los ciudadanos que juzgarían su caso.

Cuando el general Daniel Gutiérrez Santos era titular de la Dirección General de Policía y Tránsito —de 1970 a 1976—, y el coronel David *el Veneno* Romero López fungía como subdirector, los policías preventivos eran intocables. Literalmente, todos compraban a los jurados populares. Solo había una condición: que todos le «entraran» con Carmelita. Esta mujer era la responsable de recibir las cuotas: soborno, chantaje, cohecho o como se les quiera llamar.

Solo ella, la eterna Carmelita, tenía derecho de picaporte con el general Gutiérrez Santos. Sus frases se hicieron famosas: «Te sale en tanto», «Abre el cajón del escritorio y allí deposita», «¡Que asaltaste a un parroquiano en La Villa y le robaste cinco mil pesos! [...] Nunca estuviste en ese lugar [...], estabas de vacaciones o estabas asignado a otra compañía», «Abre el cajón y deposita 2 mil 500». En su oficina del viejo edificio de Tlaxcoaque, junto a la del general, Carmelita era práctica: 50% de todo, esa era la regla y «nada se trata con el general».

El carácter negociador y afable de esta mujer contrastaba con las formas abusivas impuestas por los generales y coroneles, las cuales, con los años, adoptarían los jefes policiacos como futuros líderes de La Hermandad. Aquellos abusos se convertirían en referente para explotar a toda la tropa: rasos, cabos, sargentos y hasta oficiales. Estos últimos eran los responsables de las colectas.

El capitán Avilés, por ejemplo, se hizo Famoso en la Décima Compañía; además del «entre», exigía a cada elemento bajo su cargo un peso diario para costear la gasolina de su Dodge 1970. Su frase era casi por todos conocida: «Nel, éntrale con tu peso para mi gasolina».

La respuesta de la tropa a esas curiosas extorsiones era, asimismo, famosa: «No hay pedo, está Lalo». Lalo era el teniente encargado de la Compañía B. También se hacía notar: «¿Qué pasó, mi chavo?, te vieron faltando. Miéntame la madre cuatro veces y dame mis 20 pesos». Y sí, le mentaban la madre cuatro veces, pero cada mentada costaba cinco pesitos. O estaba el Astroboy, un comandante de patrullas en Legaria, en la delegación Miguel Hidalgo, que pedía 500 pesos para el «desafane»; en realidad, las ganancias estaban destinadas a sostener su grupo musical, Los Astroboys.

Por si alguien dudara del poder de la Policía Preventiva antes de la llegada del Negro Durazo, hay oficiales que todavía recuerdan aquella ocasión, entre 1975 y 1976, cuando el procurador del Distrito Federal llegó a la Octava Delegación —sede de la Academia de Policía y donde se instalaba el mayor tianguis de venta de armas— para detener a un policía preventivo. Salió a recibirlo el coronel Fortunato Almada Chacón, quien fue breve: «Lo detiene pura madre, aquí el que manda soy yo. Si te lo quieres llevar, pídemelo por oficio. Y ya veremos». El procurador se fue con la cola entre las patas.

Doblegados por la imposición del Negro, nombrado por López Portillo, los militares se resguardaron en sus cuarteles. Al amigo del presidente López Portillo le quedó un rival único: La Hermandad, cuyos tentáculos habían empezado a mostrarse plenos en la década de 1970, con la llegada de Luis Echeverría Álvarez a la presidencia de la República. El general brigadier Daniel Gutiérrez Santos, cabeza de La Cofradía, y su subalterno David *el Veneno* Romero, cedieron sus espacios de mando al equipo del Negro Durazo.

***

El origen de las cofradías policiales puede rastrearse hacia mediados de la década de 1950. Las formaron elementos del escuadrón de motopatrullas de la Policía Federal de Caminos y sus contrapartes de tránsito capitalino —que nacieron en 1932 y fueron incorporados a la Policía Preventiva del Distrito Federal en 1948— para promover convivencias recreativas, participación en desfiles como los del 16 de septiembre y espectáculos de acrobacia. Su consolidación ocurrió en 1958, a través de una organización denominada La Hermandad. En 1968, después de la brutal represión a estudiantes de educación media y superior en la Ciudad de México, los federales se fueron por su lado, conservando el nombre de La Hermandad. Con los años, la PFC se convirtió en una de las corporaciones más elitistas, temidas y corruptas del país.

Para finales de los sesenta, los cabecillas de La Hermandad controlaban las cuotas y cualquier otro descuento que se hiciera a los elementos en activo que tenía la corporación. También tomaron por asalto la Caja de la Policía, mientras los militares, generales de división y coroneles se ocupaban del presupuesto formal. A principios de la década de los setenta, La Hermandad controlaba oficialmente un cuerpo policial superior a 10 mil agentes.

Hacia mediados de 1970 la Dirección General de Policía y Tránsito —que en 1988 dio paso a la Secretaría General de Protección y Vialidad— tenía un organigrama definido: un general de carrera en la Dirección General, apoyado por 69 jefes de alto nivel y 400 oficiales.

A mediados de la década de 1980 la policía del Distrito Federal sí contaba con al menos 40 mil plazas y, después de la salida del Negro, La Hermandad había dado un salto definitivo para afianzar el control de la corporación. Una vez al descubierto la inmoralidad y los abusos de Echeverría, de López Portillo y de Durazo, emergieron los primeros grandes líderes de La Hermandad: Ignacio Flores Montiel y Faustino Delgado Valle.

Con la influencia de estos líderes que escribieron su propia historia negra, La Hermandad se afianzó en áreas estratégicas: la expedición de licencias, Control de Tránsito y el agrupamiento de grúas conocido como Gatos, cuyos elementos eran apodados los cirujanos o los carniceros motorizados porque tenían capacidad para desarmar, en tres minutos y pieza por pieza, cualquier tipo de vehículo que levantaran. Las piezas, desde luego, se revendían en los corralones que manejaban aquellos curiosos cirujanos. También garantizaron su llegada a los centros de canje de placas y a la Dirección de Servicios Públicos.

Poco a poco emergieron los secretos mejor guardados por La Hermandad. Primero, en los setenta y los ochenta se impusieron cuotas ilegales de dos pesos por agente, así como descuentos, también ilegales, a cada uno de los efectivos por cada agente muerto que se reportara en la policía del Distrito Federal. Ningún agente en activo se enteró nunca para qué servirían ni cómo se usarían los dos pesos. Más tarde, en esa misma década, se descubrió con horror que cada quincena se reportaban las muertes de 12 elementos o más que, en realidad, estaban vivos.

Cuando un policía se descubría a sí mismo entre los muertos de la quincena, acudía a la Caja, donde era premiado con un bono especial en efectivo. El inesperado regalo hizo que muchos agentes desearan aparecer en la famosa lista quincenal. «El "muerto" recibía un apoyo de cinco mil pesos por guardar silencio», recuerda un viejo policía quien, durante sus años en activo, fue declarado muerto en seis ocasiones.

La ilimitada codicia de La Hermandad se mostró sin pudor, pues hubo quincenas en las que se hicieron descuentos por 30 muertos. Dos por día. A finales de los noventa se habían reportado, a través de la Caja de la Policía —que aún se encuentra en la calle de Pedro Moreno, en la colonia Guerrero—, escandalosos fraudes con créditos hipotecarios y construcción de unidades habitacionales como La Capilla, en Ixtapaluca, Técnicos y Manuales, en Iztapalapa, y Bahía del Copal, en Tlalnepantla.

En los caminos de una vejatoria impunidad donde la historia se pervierte, el poder de La Hermandad se sintió pleno cuando, al iniciar la década de 1990, logró imponer como jefe de la Policía de la Ciudad de México —o secretario de Seguridad Pública del Distrito Federal— a Santiago Tapia Aceves, un funcionario que después sería acusado por los delitos de cohecho y vinculación con bandas de narcotraficantes, secuestradores y asaltabancos. Tapia fue sucedido por el segundo líder de La Hermandad: René Monterrubio López. Con ellos, La Hermandad alcanzó el poder real.

Hacia 2005, la cantidad de personal operativo de la Secretaría de Seguridad Pública rayaba en la monstruosidad: 35 mil efectivos en la Policía Preventiva —Sectorial, Agrupamientos y Tránsito—, además de 28 mil de la Auxiliar y 15 mil de la Policía Bancaria e Industrial, ambas ya legalmente integradas a la SSP. La Ciudad de México tenía en aquel año, mismo en el que Andrés Manuel López Obrador se perfilaba como candidato presidencial único del PRD, 78 mil elementos en activo.

El 30 de mayo de 2007, cinco meses después de su renuncia con visos de despido, el exdirector de Asuntos Internos de la SSP de la Ciudad de México, Javier González del Villar, hizo declaraciones que volvieron los reflectores a la corporación y exhibieron la triste realidad.

> «El hampa [...] se apoderó de la institución [...], los niveles de corrupción que prevalecen son superiores a los que se vivieron en la administración del Negro Durazo [...]». [Javier González del Villar] responsabilizó al subsecretario Luis Rosales Gamboa —[y] al hermano de este, de nombre Felipe, subdirector de Investigación de Asuntos Internos, cuyos lazos familiares los llevan a los fundadores de La Hermandad— de proteger y estar coludidos con la delincuencia organizada. [...] Y remató: «No pueden declarar y decir que no es cierto, porque yo viví dos años en las entrañas de la SSP-DF».

Vista así, la cooptación de Rosales Gamboa para el equipo de García Luna tenía una finalidad clara: el control de la policía de la Ciudad de México, una mafia estructurada que funcionaba como una máquina. También en eso fracasó, pero su debacle no es atribuible a eso. Genaro, sus publicistas y estrategas pretendían que los mexicanos lo vieran como el salvador de la patria, cuando el país se ahogaba en la sangre de sus decenas de miles de ejecuciones y en las lágrimas de decenas de miles de desaparecidos, mientras sus restos eran desechados en fosas clandestinas. La fotografía que coronaba su oficina no representaba exactamente a siete hombres dispuestos a salvaguardar a la nación, costara lo que costara. No es casualidad que estuviera en blanco y negro, y que la ausencia de colores impidiera observar los matices de la imagen. En esa limitada escala de grises no había lugar para medias tintas. Este no era un equipo que sacrificaba algunos estándares morales para rescatar otros, quizá más significativos y apremiantes. Se trataba, más bien, de un equipo corrompido hasta el tuétano, sin asegunes, sin términos medios: oscuridad absoluta, de túneles y archivos desaparecidos, de gritos silenciosos y verdades ultrajadas.

***

La fotografía es un desafío al tiempo, un pacto a perpetuidad con una imagen. Se congelan instantes seleccionados por un caprichoso dedo índice. Pero deja mucho de fuera. Ese hombre de gesto misterioso, aquel que sería inmortalizado por el dibujante en la corte estadounidense, transitó por infinidad de instantes que se perdieron, que nadie capturó en una fotografía. En su adolescencia, en el barrio, con una pandilla similar en compadrazgo a la de la fotografía en blanco y negro, selló su destino. Si hubiera fotografías de ese instante, lo veríamos entrar a una propiedad, saltar bardas, escabullirse, y lo veríamos con el gesto de quien se sabe intocable.

Desde ese instante no fijado en fotografía, Genaro descubrió el valor de los lazos: a quién conoces, quién te echa la mano. Años después, para mantener el control de la Policía Federal, fue sembrando oficiales de mando que, aun cuando se encontraba en Golden Beach, Miami, le rendían cuentas a él. En su prisa por saquear al país, el gobierno de Enrique Peña Nieto dejó al garete la Policía Federal y mantuvo casi intacto el equipo de García Luna. Al infiltrado se le permitió dejar a sus infiltrados de confianza.

Ese equipo actuó en concierto en julio de 2019. Durante los primeros días del mes, tomaron el control y saquearon expedientes sensibles de las instalaciones del Centro de Mando de la Policía Federal en Iztapalapa, en la Ciudad de México.

Si bien algunos comandantes cercanos a García Luna no estaban en la estructura de la Policía Federal, todavía estaban muy activos en puestos clave, de mando, en otras corporaciones: Ardelio Vargas Fosado, en Puebla; Emiliano García Ruiz, en Chihuahua; Maribel Cervantes Guerrero, en el Estado de México; Vidal Díaz Leal Ochoa, como jefe de la Policía

Federal Ministerial de la Fiscalía General de la República; Felipe de Jesús Gallo Gutiérrez, como titular de la Coordinación de Métodos de Investigación Criminal de la Fiscalía General de la República.

En la Policía Federal Ministerial y la Policía Federal se sabe quiénes son sus cómplices, socios o protegidos que mantenían puestos de mando en una u otra corporación; se sabe también que ampliaron su red de vínculos a las fiscalías de otras entidades: Michoacán, Puebla, Nuevo León y Estado de México, además de la Ciudad de México.

Y los nombres brotan de la tierra como hongos, con o sin cargo: Víctor Hugo Sánchez Muñoz, Adrián Cortés Cortés, Ricardo López Castillo, Martín Armendáriz Chaparro, Daniel Espinosa Alcántara, Manuel de Jesús Gómez Rojas, Horacio Magdiel Estrada Soto, Carlos Alberto Cedano Filippini, Nahúm García Martínez y Héctor Moreno Mendoza.

Y se cuentan como rosario: Ricardo Delgado Castellanos, Héctor Elizalde Mora, Alfredo Sánchez Alvarado, Sergio Téllez Bárcenas, Adolfo Eloy Peralta Mora —amigo cercano de Luis Cárdenas Palomino—, Nelson Zamudio Diez, Francisco Almazán Barocio, Ivonne Castañeda Altamirano, Luis Enrique Pacheco Acevedo, Armando Espinosa Benito. Todos formaban una pandilla como la que tuvo durante su adolescencia en la Romero Rubio, aquella vez del gran golpe, el que invariablemente lo llevaría por un camino directo hasta la corte estadounidense.

En su autoexilio, desde Miami, no pudo alejarse de la tentación e intentó transponer su presencia física para controlar a la Policía Federal a través de GLAC Security Consulting, Technology and Risk Management, su empresa especializada en inteligencia cibernética, seguimiento informático y sus derivados: intervención telefónica, inteligencia criminal, seguridad política y software de espionaje. En otras palabras, seguridad pública, seguridad nacional, inteligencia, ciberseguridad, redes digitales y geolocalización.

Conocido ya como Genaro el Guapo, o Genaro el Impune, pudo hacer todo esto porque el presidente que asumió funciones del primero de diciembre de 2012 al 30 de noviembre de 2018, Enrique Peña Nieto, se entretendría más en el pago a favores recibidos y el saqueo de las arcas públicas que en gobernar al país.

Los priistas no aceptaron a García Luna en su círculo, pero, temerosos de que hiciera pública información secreta, lo mantuvieron cerca a través de la entrega de millonarias sumas del tesoro nacional. Gustoso, Genaro se dejó consentir y recibió millones que le entregó el gobierno peñista triangulando recursos a través de paraísos fiscales; además, le permitió mantener otros negocios lucrativos, como, por ejemplo, los millones reportados por la Unidad de Inteligencia Financiera de la Secretaría de Hacienda, producto de sus empresas fantasma.

García Luna se llevó a su autoexilio cientos de miles de carpetas digitalizadas para alimentar GLAC Security Consulting, Technology and Risk Management. Entre esas carpetas destacaban las de cerca de 580 mil policías —con nombre, apellidos, dirección y un perfil— de los tres órdenes de gobierno, además del registro de unas 582 mil 542 armas cortas y 247 mil 716 largas con registro oficial. Como agente y luego directivo del Cisen, también tuvo acceso a los expedientes históricos cuyos archivos llegaron a reunir poco más de tres millones de fichas de personas y organismos diversos, que el gobierno entregó al Archivo General de la Nación.

Durante 10 años, de 1989 a 1999, García Luna había dado muestras de ser un hombre metódico, estudioso y disciplinado, que fue acumulando información a través de los archivos secretos del Cisen. Manejó a su antojo sus propias áreas de inteligencia: cinco años como responsable de la Agencia Federal de Investigaciones y seis como secretario de Seguridad Pública. Además, el magnate Carlos Slim Helú le había garantizado acceso a las bases de datos de Telmex, empresa que, por décadas, operó como el monopolio mexicano de las telecomunicaciones.

Nadie estuvo a salvo de él: ni los indígenas, ni luchadores sociales, ni jóvenes, ni políticos, ni periodistas, ni mujeres, ni maestros, ni menores de edad, ni médicos, ni académicos, ni ancianos, ni estudiantes. Nadie. Fue regando crímenes perturbadores, matanzas colectivas. La naturaleza de su autoexilio en Miami, su condición como uno de los personajes más infames de la vida pública de México y su categoría de reo de Estados Unidos hacen que la especulación sobre su futuro sea inevitable.

Genaro García Luna hacía lo que quería y sabía qué quería: ser jefe de todas las policías de México, agrupándolas en un mando único desde donde controlaría a todo el país; ser director vitalicio de una agencia de espionaje, una especie de J. Edgar Hoover a la mexicana; aunque también le hubiera gustado hacer una exitosa carrera política en el PAN al terminar su encargo en la SSP.

Alejado de la violencia que alentó y propició durante 11 años, protegido por la manipulación de cifras sobre el número de víctimas que Calderón y el Instituto Nacional de Estadística y Geografía (Inegi) le autorizaron fabricar, García Luna descubriría la mañana del lunes 9 de diciembre de 2019 que no todo le había salido como lo planeó: lo arrestaron mientras circulaba por calles de la pequeña ciudad texana de Grapevine, acusado de aceptar millones de dólares en sobornos del Cártel de Sinaloa y de mentirle al gobierno de Estados Unidos.

Después de su inesperado y vertiginoso ascenso con el triunfo de Fox en los comicios presidenciales de 2000 y su consolidación como secretario de Estado en el gabinete de Calderón, hasta convertirse en el hombre más poderoso del país, vivió de 2013 a 2019 un autoexilio dorado en la seguridad que le ofrecía el glamour de Golden Beach, una zona de Miami conformada por menos de 400 exclusivas y fastuosas propiedades, donde él y su esposa Linda Cristina Pereyra Gálvez, además de cimentar una empresa especializada en seguridad pública e inteligencia y entrar al ramo restaurantero, desarrollarían su potencial en proyectos inmobiliarios. Bien asentado en Golden Beach, García Luna tomó medidas para ocultar la ayuda de los capos mexicanos, además de mentir sobre sus actos criminales en 2018 cuando presentó una solicitud de naturalización.

Se hizo de la llamada «visa Einstein», un documento casi imposible de conseguir, reservado para inmigrantes con «habilidades extraordinarias». Pero la visa especial y, en los hechos, la naturalización en Estados Unidos le dieron solo una falsa seguridad: seis años lo dejaron en paz. Le permitieron entrar y salir, pero, sin que lo supiera, lo tenían bajo vigilancia.

Aparecería como una revelación a la hora de su arresto y en las siguientes audiencias en los juzgados de Texas y Nueva York. También se enteraría que todo Estados Unidos andaba siguiéndole la pista porque la investigación era dirigida por la Fuerza de Choque de Nueva York (The New York Strike Force), unidad de lucha contra el crimen que comprende corporaciones policiales federales, estatales y locales, apoyadas por la Fuerza de Tarea contra el Crimen Organizado de Drogas y el Área de Tráfico de Drogas de Alta Intensidad de Nueva York y Nueva Jersey.

***

Mientras se escriben las últimas páginas de este libro, todavía es una incógnita saber qué pasará en la corte de Nueva York, donde el juez Brian Cogan lleva su caso. Sin embargo, es importante destacar que el destino de García Luna no se torció cuando se instaló en una de las zonas más exclusivas y ricas del condado Miami-Dade, sino desde mucho antes.

La caída en desgracia y desmoronamiento de este personaje, arquitecto y brazo ejecutor de la guerra contra los cárteles de las drogas, tampoco puede atribuirse a su gran proyecto, la Secretaría de Seguridad Pública que se ahogó en un mar de corrupción y en la infiltración del crimen organizado.

Su vida no se desvió con nada de eso. Se descarriló cuando, aún adolescente, tomó la decisión de unirse como soplón al servicio de un par de corruptos agentes de la Policía Secreta de la Ciudad de México. Y, más específicamente, el día aquel, a mediados de la década de 1980, cuando formó una pandilla propia e hizo traer de Michoacán a su cuñado el Soldado para dar su primer gran golpe en una vivienda de la calle Emiliano Zapata de la colonia Primero de Mayo.

Su camino se torció cuando un abogado convenció a doña Chelito, su mamá, de no declarar en contra de su hijo Genarito, el Chango, por aquel robo a la vivienda de la calle Emiliano Zapata. Con los millones que le tocaron del golpe, el Soldado regresó a Michoacán a poner un rancho. García Luna tuvo capital para empezar. Ese día, el del arrepentimiento de doña Chelito, Genaro García Luna se echó a perder.

Genarito tiene la mirada caída, temeroso de saberse señalado por su madre, doña Chelito. Es la misma cara que, muchísimos años después, pondrá ante la jueza Peggy Kuo y luego ante el juez Brian Cogan. Es la mirada de quien teme el final de un camino que eligió con dolo. Quizá la historia hubiese sido otra si el consejo del abogado hubiera caído en oídos sordos. O quizá no. Quizá Genaro habría encontrado otro inicio que lo llevara, como destino de mito griego, al mismo final, a esa fotografía en blanco y negro con otros seis hombres, a ser dibujado en esa corte estadounidense, y ser el nombre que representa infinidad de fosas clandestinas y archivos desaparecidos.

ANEXOS

55700425

ESTADOS UNIDOS MEXICANOS

33417757

GOBIERNO DE LA CIUDAD DE MÉXICO

ACTA DE NACIMIENTO

ENTIDAD	DELEGACION	JUZGADO	LIBRO	ACTA	AÑO	CLASE	FECHA DE REGISTRO
9	1	1	15	228	1969	NA	1969-04-10

REGISTRADO

Nombre GENARO GARCIA LUNA — Género MASCULINO

Fue Presentado(a) VIVO

Fecha de Nacimiento 10 DE JULIO DE 1968

Lugar de Nacimiento HERON PROAL 6 DISTRITO FEDERAL

PADRES

Nombre del Padre JUAN NICOLAS GARCIA --- — Edad 49

Nacionalidad MEXICANA

Nombre de la Madre CONSUELO LUNA --- — Edad 43

Nacionalidad MEXICANA

ABUELOS

Abuelo Paterno BARDOMIANO GARCIA ---

Abuela Paterna ROMANA LUNA ---

Abuelo Materno GERONIMO LUNA ---

Abuela Materna HERMELINDA ACEVES ---

La presente certificación es un extracto del acta cuyos datos arriba se precisan y que se expide firmada electrónicamente y de manera autógrafa con fundamento en los artículos 48 del Código Civil para el Distrito Federal y 13 fracción VII del Reglamento del Registro Civil del Distrito Federal en esta Ciudad de México.

GOBIERNO DEL DISTRITO FEDERAL
DIRECCION GENERAL DEL REGISTRO CIVIL
CERTIFICACIONES

FIRMA

El C. Juez Central del Registro Civil del Distrito Federal. A 09 DE MARZO DEL AÑO 2020

G62OoPgUEQAckTNZpg2/iDUIQwdUATas/uGy6+elidAGbVMxTLpqkFyph/aY7+xWCaXTyCvofID
JV2S4eCII1sSReKeOTRNAecbaazBLwq2pNWLkGCWrDS7ZgeSU27N5tcHMHiUQuYDjUD6Ov8eg6b
rwu04r2bJbnU9CQ54OJ1oZzGzJFbOkY6Pu3kRFKdJFO5r35OBEMXG1gpI0vPSnreI0VaIxlq5

33417757

Pago de Derechos: $74.54 M.N.

LIC. MANUEL BECERRA GARCIA

Para verificar la validez del contenido de esta copia visite pagina en internet :
http://www.consejeria.df.gob.mx/rcivil

55700425

Acta de nacimiento de Genaro García Luna.

Año Fiscal	Ingresos	Inversiones	Seguro de Separación Individualizado	Adeudos	Manutención	Observaciones	Tipo de Operación	Tipo de bien:	Sup. Terreno en M2	Sup. Construcción en M2	Forma de Operación	Registro Público de la Propiedad	Fecha	Valor
1997							Adquisición	Casa	160	320	Contado		01/03/1997	$450,000
1998							Adquisición	Local	62	100	Contado		15/[illegible]/1998	$214,546
2000							Adquisición	Casa	450	113	Contado		05/04/2000	$522,000
2001	1,731,903	$265,000		0		Modificación								
2002							Desincorporación	Local	160	320	Contado		23/04/2002	$440,000
							Incorporación	Terreno	1586		Contado		26/04/2002	$450,000
							Sin Cambio	Terreno	1586		Contado		26/04/2002	$450,000
	2,063,313	$325,341	$626,715	-64,808	$1,000,000	Modificación								
2003							Obra	Terreno		440	Contado		[illegible]/2003	$1,000,000
	2,162,231	$209,232	$1,115,767	-70,847	$1,130,231	Modificación								
2004							Desincorporación	Casa	450	113	Contado	Escr. 133360	08/09/2004	$1,000,000
	2,200,424	$208,137	$1,640,279	277,224	$1,600,000	Modificación								
2005	2,455,001	$482,630	$2,222,159	-53,000	$1,100,000	Modificación	EL SERVIDOR PÚBLICO NO PROPORCIONÓ INFORMACIÓN DE BIENES INMUEBL							
							[illegible]	Casa	160	150	Crédito	[illegible]	[illegible]/2006	[illegible]
							[illegible]	Casa	220	200	Crédito		28/10/2006	$2,350,000
2006	160,540	$355,763	$2,772,087	-2,891,401	$1,300,000	Inicial								
	2,000,000	$355,763	[illegible]	-2,891,401	$1,300,000	Modificación								
2007							Incorporación	Casa	[illegible]	450	Crédito		01/03/2007	$7,550,000
	3,821,226	$127,000	[illegible]	-6,883,848	$1,300,000	Modificación Error en nombre	En poco más de un año termina de pagar su primer crédito Hipotecario por la casa $2,350,000							

Informes del Registro Público de la Propiedad muestran cómo, hasta 2005, las compras de bienes inmuebles por parte de Genaro García Luna se hicieron, todas, de contado.

GENARO GARCIA LUNA
TIPO DE DECLARACIÓN: MODIFICACION PATRIMONIAL 2003
FECHA DE LA DECLARACION: 29/05/2003
DEPENDENCIA: PROCURADURIA GENERAL DE LA REPUBLICA

DATOS GENERALES DEL SERVIDOR PUBLICO

NOMBRE(S): GARCIA LUNA GENARO

DATOS DEL PUESTO O ENCARGO DEL SERVIDOR PÚBLICO

NOMBRE DEL ENCARGO O PUESTO:	COORDINADOR GENERAL
DEPENDENCIA O ENTIDAD:	PROCURADURIA GENERAL DE LA REPUBLICA
DOMICILIO:	CALLE: AV. CASA DE LA MONEDA; NÚMERO EXTERIOR: 333; NÚMERO INTERIOR: 1ER. PISO; LOCALIDAD O COLONIA: LOMAS DE SOTELO; CÓDIGO POSTAL: 11200; ENTIDAD FEDERATIVA; DISTRITO FEDERAL; MUNICIPIO O DELEGACIÓN: MIGUEL HIDALGO;
ÁREA DE ADSCRIPCIÓN:	AGENCIA FEDERAL DE INVESTIGACION
FUNCIONES PRINCIPALES:	DISE?AR Y COORDINAR LA ESTRATEGIA PARA LA OPERACION DE LA AFI
TELÉFONO:	53 46 24 13
CORREO ELECTRÓNICO INSTITUCIONAL:	afi01@pgr.gob.mx
FECHA DE INICIO DEL ENCARGO:	16/12/2000
ESTÁ CONTRATADO(A) POR HONORARIOS?	NO
CLAVE PRESUPUESTAL O EQUIVALENTE:	CFDIB01 000001

DATOS CURRICULARES DEL SERVIDOR PÚBLICO

ESCOLARIDAD

GRADO MÁXIMO DE ESTUDIOS: LICENCIATURA

NIVEL	UBICACIÓN	NOMBRE DE LA INSTITUCIÓN	CARRERA O ÁREA DE CONOCIMIENTO	ESTATUS	PERIODOS CURSADOS	DOCUMENTO OBTENIDO
LICENCIATURA	Estado:DISTRITO FEDERAL Municipio:XOCHIMILCO	UNIVERIDAD AUTONOMA METROPOLITANA	INGENIERIA MECANICA	FINALIZADO		TITULO
OTRO: TOKIO, JAPON	TOKIO, JAPON TOKIO	GOBIERNO DE JAPON	SEMINARIO DE SEGURIDAD PUBLICA	FINALIZADO		CONSTANCIA
OTRO: TORONTO, CANADA	TORONTO, CANADA TORONTO	REAL POLICIA MONTADA DE CANADA	SEMINARIO DE LA ORG. DE AVIACION CIVIL INTER. CONTRA ACTOS TERRORISTAS	FINALIZADO		CONSTANCIA
OTRO: CUERNAVACA, MORELOS	Estado:MORELOS Municipio:CUERNAVACA	ACADEMIA DE SEGURIDAD PUBLICA DE MORELOS/FBI	SEMINARIO DE NEGOCIACION PARA CASOS DE SECUESTROS	FINALIZADO		CONSTANCIA
OTRO: QUANTICO, VIRGINIA	VIRGINIA, ESTADOS UNIDOS DE AMERICA VIRGINIA	ACADEMIA NACIONAL DEL FBI	SEMINARIO DE FUNDAMENTOS TECNICOS	FINALIZADO		CONSTANCIA
OTRO: BOGOTA, COLOMBIA	BOGOTA, COLOMBIA BOGOTA	POLICIA NACIONAL DE COLOMBIA	SEMINARIO TALLER INTERNACIONAL CONTRA EL DELITO	FINALIZADO		CONSTANCIA
OTRO: ASUNCION, PARAGUAY	ASUNCION, PARAGUAY ASUNCION	GOBIERNO DE LOS ESTADOS UNIDOS DE AMERICA	SEMINARIO TRIPLE FRONTERA PARA LA INVESTIGACION DE TERRORISMO	FINALIZADO		CONSTANCIA
OTRO: ESPECIALIZACION	QUANTICO, VIRGINIA. ESTADOS UNIDOS DE AMERICA VIRGINIA	ACADEMIA NACIONAL DEL FBI	XXIV NATIONAL EJECUTIVE INSTITUTE	FINALIZADO		CONSTANCIA

EXPERIENCIA LABORAL

SECTOR	PODER	AMBITO	INSTITUCIÓN O EMPRESA	UNIDAD ADMINISTRATIVA	PUESTO	FUNCIÓN PRINCIPAL	INGRESO - EGRESO

Declaración patrimonial de Genaro García Luna (1/2), hecha en marzo de 2003, cuando era titular de la Agencia Federal de Investigación (AFI). Puede leerse su domicilio, teléfono, *mail* y parte de su formación profesional académica en México, Estados Unidos, Paraguay, Colombia, Canadá y Japón.

PUBLICO EJECUTIVO FEDERAL	SECRETARIA DE GOBERNACION	POLICIA FEDERAL PREVENTIVA	COORDINADOR GENERAL DE INTELIGENCIA PARA LA PREVENCION	COORDINAR LAS ACCIONES POLICIALES PREVENTIVAS SOBRE DELITOS FEDERALES	10/1999 - 12/2000
PUBLICO EJECUTIVO FEDERAL	SECRETARIA DE GOBERNACION	CENTRO DE INVESTIGACION Y SEGURIDAD NACIONAL	COORDINADOR GENERAL	COORDINAR LAS ESTRATEGIAS PARA LA OBTENCION DE INFORMACION SOBRE SEG. NAL.	01/1989 - 09/1999

EXPERIENCIA ACADEMICA

TIPO	NIVEL	INSTITUCIÓN	AREA(S) DE CONOCIMIENTO	INICIO - TERMINO
CAPACITACION Y/O ADIESTRAMIENTO	CURSOS	DEPARTAMENTO DE ESTADO DE ESTADOS UNIDOS DE AMERICA	INVESTIGACION POST EXPLOSION	12/1991 - 01/1992
CAPACITACION Y/O ADIESTRAMIENTO	CURSOS	SERVICIO DE INTELIGENCIA ISRAELI	CURSO ANTITERRORISMO	01/1993 - 02/1993
CAPACITACION Y/O ADIESTRAMIENTO	CURSOS	CUERPO NACIONAL DE POLICIA DE ESPA?A	CURSO ESPECIAL DE INFORMACION PARA FUNCIONARIOS DE MEXICO	02/1994 - 03/1994
CAPACITACION Y/O ADIESTRAMIENTO	CURSOS	DEPARTAMENTO DEL TESORO DE ESTADOS UNIDOS DE AMERICA	CURSO AVANZADO DE INVESTIGACION	04/1997 - 05/1997
CAPACITACION Y/O ADIESTRAMIENTO	CURSOS	CUERPO NACIONAL DE POLICIA DE ESPA?A	CURSO DE DIRECCION POLICIAL Y COOPERACION INTERNACIONAL	08/2000 - 09/2000

LOGROS LABORALES O ACADEMICOS A DESTACAR

RECONOCIMIENTO A LA EXELENCIA LABORAL EN LOS A?OS 1996, 1997 Y 1998

FEBRERO DE 1999. MEDALLA AL VALOR POR PARTICIPACION EN LAS INVESTIGACIONES SOBRE SECUESTRO

OCT. 2002, MEDALLA AL MERITO POLICIAL CON DISTINTIVO ROJO, POR INVEST. SOBRE TERRORISMO, OTORGADA POR EL GOB. ESPA?OL

DECLARACION ANTERIOR

TIPO DE DECLARACIÓN ANTERIOR:	MODIFICACION PATRIMONIAL
FECHA DE PRESENTACIÓN DE LA DECLARACIÓN ANTERIOR:	30/05/2002

EL SERVIDOR ACEPTO HACER PUBLICOS SUS DATOS PATRIMONIALES

DATOS PATRIMONIALES.- INGRESOS ANUALES NETOS

POR CARGO PÚBLICO	2063313
POR ACTIVIDAD INDUSTRIAL O COMERCIAL	
POR ACTIVIDAD FINANCIERA	
POR SERVICIOS PROFESIONALES	
OTROS	
TOTAL	2063313

1.-LOS DATOS CORRESPONDEN AL 31 DE DICIEMBRE DEL AÑO INMEDIATO ANTERIOR

2.-SÓLO SE INCLUYEN LOS INGRESOS DEL SERVIDOR PÚBLICO. NO SE INCORPORAN LOS DEL CÓNYUGE Y DEPENDIENTES ECONÓMICOS.

DATOS PATRIMONIALES.- BIENES INMUEBLES

TIPO DE OPERACIÓN	TIPO BIEN:	SUP. TERRENO EN M2	SUP. CONSTRUCCIÓN EN M2	FORMA DE OPERACIÓN	REGISTRO PUBLICO DE LA PROPIEDAD	FECHA	VALOR	MONEDA
DESINCORPORACION	LOCAL	160	320	CONTADO		23/04/2002	440000	PESOS MEXICANOS
INCORPORACION	TERRENO	1586		CONTADO		26/04/2002	450000	PESOS MEXICANOS

1.-LOS DATOS CORRESPONDEN AL 31 DE DICIEMBRE DEL AÑO INMEDIATO ANTERIOR

2.-SÓLO SE PROPORCIONAN LOS BIENES QUE REPORTÓ EL SERVIDOR PÚBLICO A NOMBRE DEL DECLARANTE O DEL DECLARANTE Y SU CÓNYUGE.

NO SE INCLUYEN LOS BIENES DECLARADOS A NOMBRE DE SU CÓNYUGE, SUS DEPENDIENTES ECONÓMICOS O DE OTROS.

Declaración patrimonial de Genaro García Luna (2/2). Consta su ingreso anual por parte de la AFI, además de bienes inmuebles y su experiencia laboral como servidor público y más datos sobre su preparación profesional académica en España, Estados Unidos e Israel.

ANEXOS

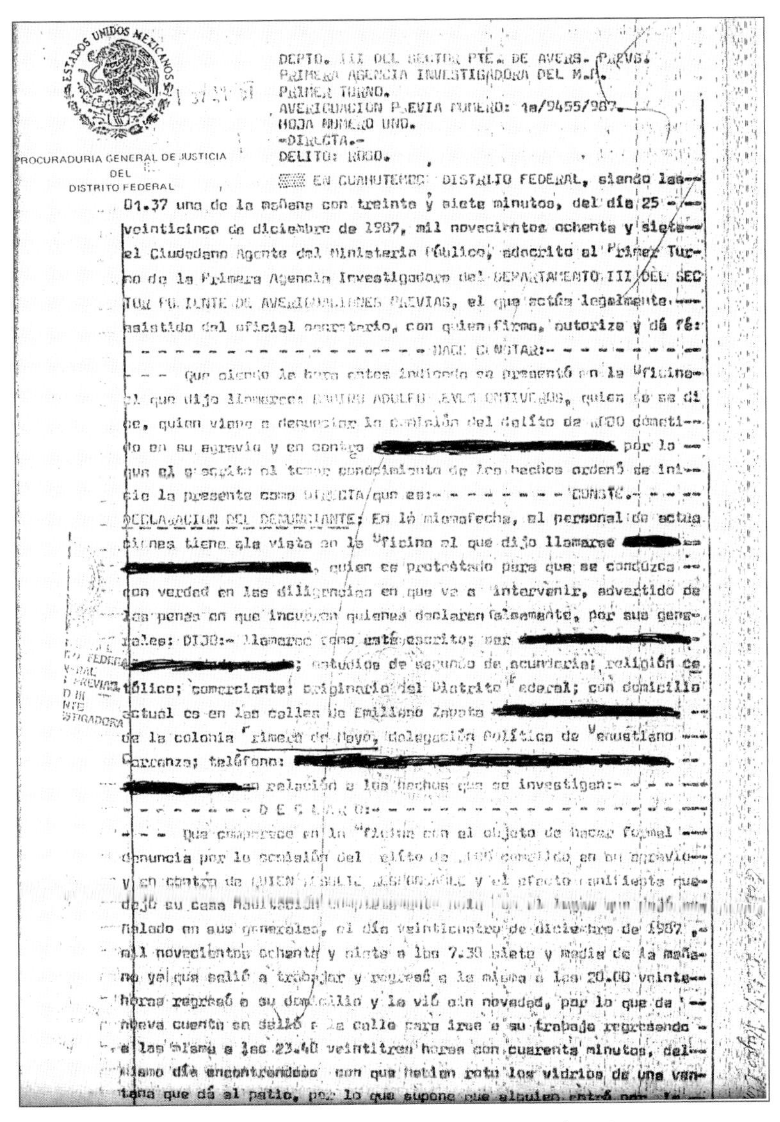

ESTADOS UNIDOS MEXICANOS

PROCURADURIA GENERAL DE JUSTICIA DEL DISTRITO FEDERAL

DEPTO. III DEL SECTOR PTE. DE AVERS. PREVS.
PRIMERA AGENCIA INVESTIGADORA DEL M.P.
PRIMER TURNO.
AVERIGUACION PREVIA NUMERO: 1a/9455/987.
HOJA NUMERO UNO.
-DIRECTA.-
DELITO: ROBO.

EN CUAUHTEMOC DISTRITO FEDERAL, siendo las 01.37 una de la mañana con treinta y siete minutos, del día 25 veinticinco de diciembre de 1987, mil novecientos ochenta y siete el Ciudadano Agente del Ministerio Público, adscrito al Primer Turno de la Primera Agencia Investigadora del DEPARTAMENTO III DEL SECTOR PONIENTE DE AVERIGUACIONES PREVIAS, el que actúa legalmente asistido del oficial secretario, con quien firma, autoriza y dá fé: - - - - - - - - - - - - - - - - HACE CONSTAR:- - - - - - - - -
- - - Que siendo la hora antes indicada se presentó en la Oficina el que dijo llamarse [illegible], quien se dice, quien viene a denunciar la comisión del delito de ROBO cometido en su agravio y en contra [redacted] por lo que el suscrito al tener conocimiento de los hechos ordenó de inicio la presente como DIRECTA que es:- - - - - - - - - CONSTE.- - - -
DECLARACION DEL DENUNCIANTE: En la mismafecha, el personal de actuaciones tiene ala vista en la Oficina el que dijo llamarse [redacted] [redacted], quien es protestado para que se conduzca con verdad en las diligencias en que va a intervenir, advertido de las penas en que incurren quienes declaran falsamente, por sus generales: DIJO:- llamarse como está escrito; ser [redacted] [redacted]; estudios de segundo de secundaria; religión católico; comerciante; originario del Distrito Federal; con domicilio actual es en las calles de Emiliano Zapata [redacted] de la colonia Primero de Mayo, Delegación Política de Venustiano Carranza; teléfono: [redacted] [redacted] en relación a los hechos que se investigan:- - - -
- - - - - - - - D E C L A R O:- - - - - - - - - - - - - - - - - - - -
- - - Que comparece en la Oficina con el objeto de hacer formal denuncia por la comisión del delito de ROBO cometido en su agravio y en contra de QUIEN RESULTE RESPONSABLE y al efecto manifiesta que dejó su casa habitación [illegible] en el lugar que [illegible] señalado en sus generales, el día veinticuatro de diciembre de 1987, mil novecientos ochenta y siete a las 7.30 siete y media de la mañana ya que salió a trabajar y regresó a la misma a las 20.00 veinte horas regresó a su domicilio y la vió sin novedad, por lo que de nueva cuenta se salió a la calle para irse a su trabajo regresando a la misma a las 23.40 veintitres horas con cuarenta minutos, del mismo día encontrandose con que habían roto los vidrios de una ventana que dá al patio, por lo que supone que alguien entró por la [illegible]

La primera averiguación previa (1ª/9455/987) que involucró como supuesto delincuente a Genaro García Luna fue la del robo a una vivienda en la calle Emiliano Zapata de la colonia Primero de Mayo. La investigación se frenó de tajo por la intervención directa de una banda de exagentes del Servicio Secreto de la Ciudad de México y porque un abogado convenció a la señora Consuelo Luna (doña Chelito) de no declarar contra su hijo, aunque se había comprometido a hacerlo. Genaro, el Chango, era cabecilla de una banda integrada por su cuñado Antonio (Toño) Chávez, alias el Soldado o el Moco; Serafín Patiño Carreño; Saúl, a quien se identificaba sólo como el Oso; Carlos, alias el Callos, amigo de Genaro, y un tal Lalo, entonces un asaltante bien conocido en las colonias Primero de Mayo y Romero Rubio.

1.- Carlos "A" El Callos
2.- Lalo "A"
3.- Tono Chavez "A" el Soldado o el "Moco"
Radicando en Michoacan
Consuelo señora, donde se escondio el Moco
Dom. Heron Proal # 6 col. 1a de Mayo
4.- Serafin Patiño Carreño tio del Callos
Presto su casa para el Robo
5.- Saul "A" el Oso

Hoja escrita a mano integrada a la averiguación previa 1ª/9455/987 con los nombres de los cómplices de Genaro García Luna. Exagentes del Servicio Secreto presionaron y amenazaron de muerte al agente del Ministerio Público para no incluir el nombre de Genaro en esa lista ni en la averiguación. De acuerdo con los informes de la época, García Luna y su pandilla robaron al menos 250 millones de pesos del domicilio de un comerciante del mercado de la colonia Romero Rubio, además de 10 mil dólares en efectivo, una docena de centenarios y joyería fina. el Soldado o el Moco vivió por unos días refugiado en la vivienda marcada por el número 6 de la calle Herón Proal, de la colonia Primero de Mayo (la vivienda de la familia García Luna), protegido por doña Chelito y Juan Nicolás García, padre de Genaro, hasta que el Moco huyó a su natal Michoacán.

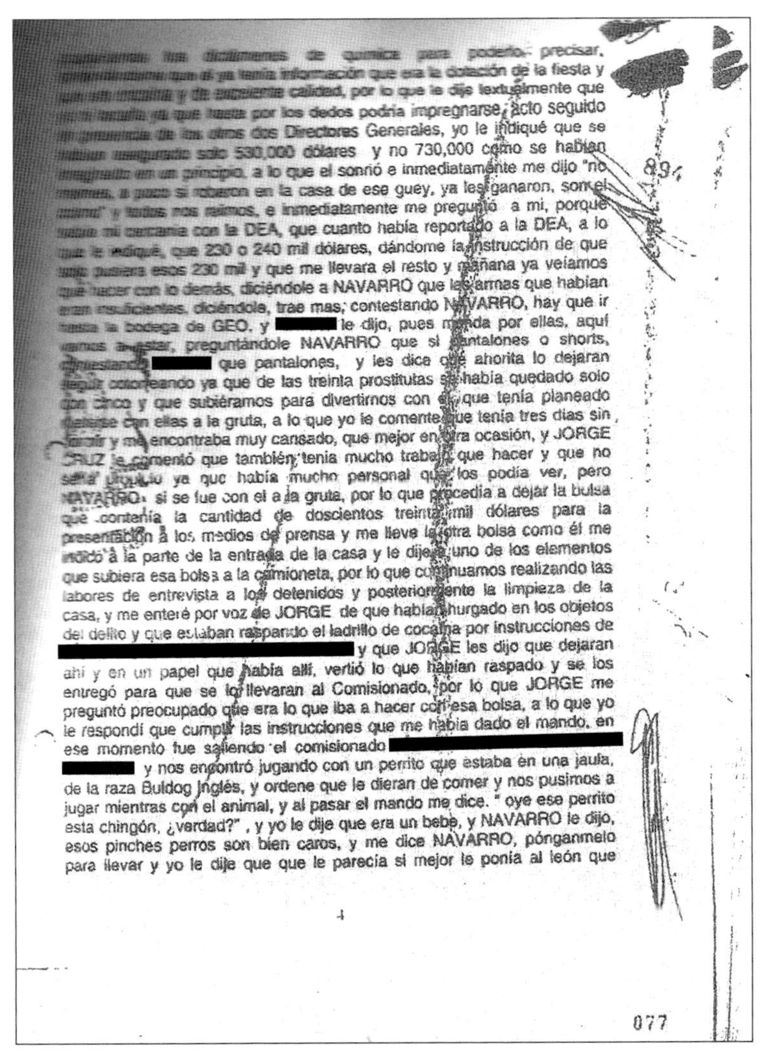

[illegible] los dictámenes de química para poderlo precisar, [illegible] que él ya tenía información que era la dotación de la fiesta y [illegible] y de excelente calidad, por lo que le dije textualmente que [illegible] ya que hasta por los dedos podría impregnarse, acto seguido en presencia de los otros dos Directores Generales, yo le indiqué que se [illegible] asegurado solo 530,000 dólares y no 730,000 como se habían imaginado en un principio, a lo que el sonrió e inmediatamente me dijo "no [illegible] si robaron en la casa de ese guey, ya les ganaron, son el [illegible]" y todos nos reímos, e inmediatamente me preguntó a mí, porque [illegible] mi cercanía con la DEA, que cuanto había reportado a la DEA, a lo que le indiqué, que 230 o 240 mil dólares, dándome la instrucción de que [illegible] pusiera esos 230 mil y que me llevara el resto y mañana ya veíamos qué hacer con lo demás, diciéndole a NAVARRO que las armas que habían eran insuficientes, diciéndole, trae mas, contestando NAVARRO, hay que ir hasta la bodega de GEO, y ████ le dijo, pues manda por ellas, aquí [illegible], preguntándole NAVARRO que si pantalones o shorts, [illegible] ████ que pantalones, y les dice que ahorita lo dejaran [illegible] ya que de las treinta prostitutas se había quedado solo con cinco y que subiéramos para divertirnos con él, que tenía planeado [illegible] con ellas a la gruta, a lo que yo le comente que tenía tres días sin dormir y me encontraba muy cansado, que mejor en otra ocasión, y JORGE CRUZ le comentó que también tenía mucho trabajo que hacer y que no sería [illegible] ya que había mucho personal que los podía ver, pero NAVARRO si se fue con el a la gruta, por lo que procedía a dejar la bolsa que contenía la cantidad de doscientos treinta mil dólares para la presentación a los medios de prensa y me lleve la otra bolsa como él me indicó a la parte de la entrada de la casa y le dije a uno de los elementos que subiera esa bolsa a la camioneta, por lo que continuamos realizando las labores de entrevista a los detenidos y posteriormente la limpieza de la casa, y me enteré por voz de JORGE de que habían hurgado en los objetos del delito y que estaban raspando el ladrillo de cocaína por instrucciones de ████ y que JORGE les dijo que dejaran ahí y en un papel que había allí, vertió lo que habían raspado y se los entregó para que se lo llevaran al Comisionado, por lo que JORGE me preguntó preocupado que era lo que iba a hacer con esa bolsa, a lo que yo le respondí que cumplir las instrucciones que me había dado el mando, en ese momento fue saliendo el comisionado ████ ████ y nos encontró jugando con un perrito que estaba en una jaula, de la raza Buldog Inglés, y ordene que le dieran de comer y nos pusimos a jugar mientras con el animal, y al pasar el mando me dice. " oye ese perrito esta chingón, ¿verdad?" , y yo le dije que era un bebe, y NAVARRO le dijo, esos pinches perros son bien caros, y me dice NAVARRO, pónganmelo para llevar y yo le dije que que le parecía si mejor le ponía al león que

4

077

Parte de la averiguación previa PGR/SIEDO/UEIDO/347/2008 y del juicio que se siguió, derivado de un operativo que tuvo lugar la madrugada del 18 de octubre de 2008 para capturar al capo colombiano Harold Mauricio Poveda Ortega, el Conejo, y cuyo capítulo central involucró sospechas de un soborno de 80 millones de dólares y culminó, entre otros, con la ejecución del comandante Édgar Bayardo del Villar —a quien aplicaron la *omertà*, código de honor de la mafia, ley de leyes o ley de silencio y bajo la cual ningún mafioso debe delatar a otro mafioso—, atribuida a la Policía Federal. Bayardo se llevó a la tumba el secreto de quiénes se quedaron con los 80 millones de dólares, pero el caso documenta la asociación de la Policía Federal con el Cártel de Sinaloa y sus capos, como se detalla en este libro.

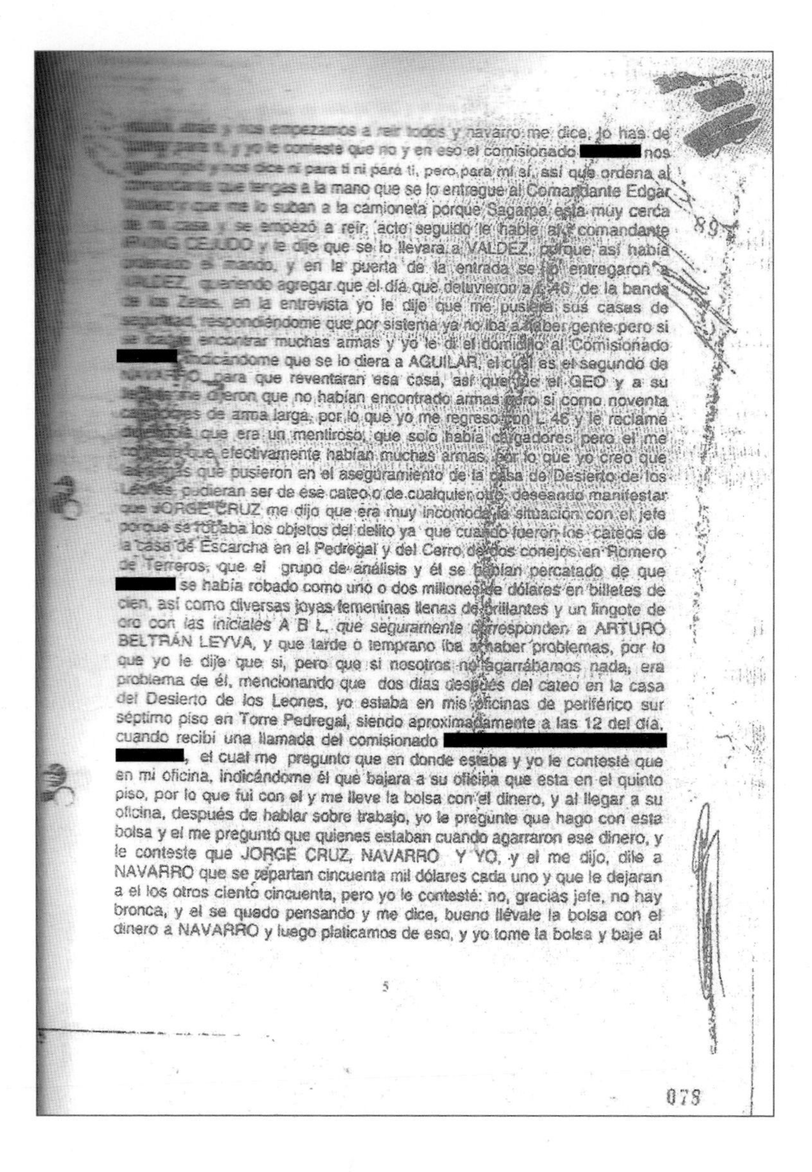

muchas armas y nos empezamos a reir todos y navarro me dice, lo has de quedar para ti, y yo le conteste que no y en eso el comisionado ██████ nos agarrando y nos dice ni para ti ni para ti, pero para mi sí, así que ordena al comandante que tengas a la mano que se lo entregue al Comandante Edgar Valdez y que me lo suban a la camioneta porque Sagarpa esta muy cerca de mi casa y se empezó a reir, acto seguido le hable al comandante IRVING CEJUDO y le dije que se lo llevara a VALDEZ, porque así había ordenado el mando, y en la puerta de la entrada se lo entregaron a VALDEZ, queriendo agregar que el día que detuvieron a L 46 de la banda de los Zetas, en la entrevista yo le dije que me pusiera sus casas de seguridad, respondiéndome que por sistema ya no iba a haber gente pero si se podían encontrar muchas armas y yo le di el domicilio al Comisionado ██████ indicándome que se lo diera a AGUILAR, el cual es el segundo de NAVARRO para que reventaran esa casa, así que fue el GEO y a su llegada me dijeron que no habían encontrado armas pero si como noventa cargadores de arma larga, por lo que yo me regreso con L 46 y le reclamé diciéndole que era un mentiroso, que solo había cargadores pero el me contesta que efectivamente habían muchas armas, por lo que yo creo que las armas que pusieron en el aseguramiento de la casa de Desierto de los Leones, pudieran ser de ese cateo o de cualquier otro, deseando manifestar que JORGE CRUZ me dijo que era muy incomoda la situación con el jefe porque se robaba los objetos del delito ya que cuando fueron los cateos de la casa de Escarcha en el Pedregal y del Cerro de dos conejos en Romero de Terreros, que el grupo de análisis y él se habían percatado de que ██████ se había robado como uno o dos millones de dólares en billetes de cien, así como diversas joyas femeninas llenas de brillantes y un lingote de oro con *las iniciales A B L, que seguramente corresponden* a ARTURO BELTRÁN LEYVA, y que tarde o temprano iba a haber problemas, por lo que yo le dije que si, pero que si nosotros no agarrábamos nada, era problema de él, mencionando que dos días después del cateo en la casa del Desierto de los Leones, yo estaba en mis oficinas de periférico sur séptimo piso en Torre Pedregal, siendo aproximadamente a las 12 del día, cuando recibí una llamada del comisionado ██████████████ ██████, el cual me pregunto que en donde estaba y yo le contesté que en mi oficina, indicándome él que bajara a su oficina que esta en el quinto piso, por lo que fui con el y me lleve la bolsa con el dinero, y al llegar a su oficina, después de hablar sobre trabajo, yo le pregunte que hago con esta bolsa y el me preguntó que quienes estaban cuando agarraron ese dinero, y le conteste que JORGE CRUZ, NAVARRO Y YO, y el me dijo, dile a NAVARRO que se repartan cincuenta mil dólares cada uno y que le dejaran a el los otros ciento cincuenta, pero yo le contesté: no, gracias jefe, no hay bronca, y el se quedo pensando y me dice, bueno llévale la bolsa con el dinero a NAVARRO y luego platicamos de eso, y yo tome la bolsa y baje al

5

89

078